Nicolai Hartmann
Einführung in die Philosophie

Nicolai Hartmann

Einführung in die Philosophie

Herausgegeben von Thomas Rolf

»Intentio Recta«
Band 2

Bibliografische Information der Deutschen Nationalbibliothek: Die Deutsche Nationalbibliothek verzeichnet diese Publikation in der Deutschen Nationalbibliografie; detaillierte bibliografische Daten sind im Internet über http://dnb.dnb.de abrufbar.

Die automatisierte Analyse des Werkes, um daraus Informationen insbesondere über Muster, Trends und Korrelationen gemäß §44b UrhG („Text und Data Mining") zu gewinnen, ist untersagt.

© 2024 Thomas Rolf

Herstellung und Verlag: BoD – Books on Demand, Norderstedt

ISBN: 978-3-759-76728-8

INHALTSVERZEICHNIS

Vorbemerkung des Herausgebers   VI

Nicolai Hartmann: Einführung in die Philosophie

I. EINLEITENDE BETRACHTUNG DER WICHTIGSTEN PROBLEME
DER PHILOSOPHIEGESCHICHTE..13

1. Die Philosophie der Antike...13
Allgemeine Themen der Philosophie, insbesondere der Metaphysik / Anfänge der Metaphysik: Anaximander, Parmenides, Heraklit / Grundgedanken Platons, Aristoteles' und des Neuplatonismus

2. Probleme des Mittelalters..22
Übergang der antiken Metaphysik ins Mittelalter / Stufen der Realität. Gott als ens realissimum. Gottesbeweise / Apophatische Theologie. Nikolaus von Cusa / Das Individuationsproblem / Der Universalienstreit

3. Wandlung des Weltbildes im Übergang zur Neuzeit..........30
Kausal- und Finalprinzip / Durchbruch der modernen Auffassung der Naturgesetzlichkeit / Wandlung des kosmischen Weltbildes

4. Umschwung und Weiterbildung der
Erkenntnistheorie...37
Kritische Einstellung und doch wieder Grenzüberschreitungen in zwei Typen von Metaphysik / Intentio recta und intentio obliqua / Problem der Induktion / Descartes: Frage nach der realitas obiectiva / Zweisubstanzenlehre und psychophysisches Problem: Descartes, der Okkasionalismus, Spinoza, Leibniz / Sensualismus und Idealismus: Locke und Berkeley / Hume

5. Kant (Systematische Darstellung)......................................54
Die Arten des Urteils / Die synthetischen Urteile a priori. Die Anschauungsformen Raum und Zeit / Die Kategorien und ihre Ableitung aus der Urteilstafel / Transzendentale Deduktion der reinen Verstandesbegriffe / Dreifache Synthesis in aller Erkenntnis / Restriktion der Kategorien / Das Ding an sich / Substanz und Kausalität / Transzendentale Dialektik / Paralogismen der reinen Vernunft / Erste und zweite Antinomie / Die Kausalantinomie und das Freiheitsproblem / Die vierte Antinomie / Die theologische Idee. Kritik der Gottesbeweise / Bedeutung von Kants kritischer Arbeit / Zweierlei Urteilskraft / Zweckmäßigkeit als regulatives Prinzip

II. EINFÜHRUNG IN DAS HEUTIGE PHILOSOPHISCHE DENKEN.............91

1. Erkenntnistheorie...91
Die Erkenntnis als einer von vielen transzendentalen Akten. Erkenntnis als dreigliedriges Verhältnis / Die sechs Aporien des Erkenntnisproblems / Die erste Aporie. Übergegenständlichkeit des Objekts / Die Aporien des Aposteriorischen und des Apriorischen / Die Wahrheitsaporie / Die Aporien des Problembewußtseins und des Erkenntnispro-

gresses / Die Grundtypen der Lösungsversuche im Erkenntnisproblem / Natürlicher, wissenschaftlicher und metaphysischer Realismus / Die Möglichkeiten des Idealismus: Berkeley, Kant, Fichte / Monistische Lösungsversuche: Plotin, Spinoza. Ontologischer Aufriß des Erkenntnisverhältnisses / Gleichgültigkeit der Objekte gegen ihr Erkanntwerden. Lösung der ersten Aporie / Behandlung der Aporie des Apriorischen / Möglichkeiten der Identität von Erkenntnis- und Seinskategorien / Doppelseitig partiale Identität; historische Konsequenz / Partial identische Kategorien: Raum und Zeit. Behandlung der Aporie der aposteriorischen Erkenntnis / Einwand gegen den Erkenntnisgehalt der Wahrnehmung / Realitätsgewicht der Wahrnehmung. Die Wahrnehmung als unleugbares Faktum und nicht bis zu Ende lösbares Problem / Die Wahrheitsaporie / Wichtigkeit des Problems. Komplikationen / Gewisse Lösung durch die Zweistämmigkeit unserer Erkenntnis. Konsequenzen / Problembewußtsein und Erkenntnisprogreß

2. Die Stellung des Menschen in der Welt............................143

Weite Fassung des Themas / Der Mensch in der Situation / Definition des Handelns / Die vier die Stellung des Menschen bedingenden Momente: Vorsehung, Vorbestimmung, Freiheit, Wertsichtigkeit / Die besondere Art der Determination durch die Werte / Schelers Personalismus

3. Vom Aufbau der realen Welt..160

Die Welt als geschichtete / Das Überformungsverhältnis (zwischen Anorganischem und Organischem / Das Überbauungsverhältnis (zwischen Seelischem und den beiden unteren Schichten) / Die Eigentümlichkeiten der geistigen Schicht. Die Fundamentalkategorien / Die kategorialen Gesetze / Schichtungsgesetze / Dependenzgesetze / Gesetze der Kohärenz / Ertrag der kategorialen Perspektive.

Forderung einer »Kategorienkritik« / Konsequenzen für das Freiheitsproblem und das Geschichtsproblem / Die Modalkategorien. Der ontologische Möglichkeitsbegriff. Der Mensch im Verhältnis zu den einzelnen Schichten der Welt. Ethik und Ästhetik als Gebiete unvollständiger Realität

4. Ethik..191

Die Grundfragen der Ethik. Ihre mannigfaltige Beantwortung durch den Eudämonismus und andere Moralen / Aristotelische Tugenden. Die Theorie der mesótes / Die Wertsynthese / Wertantinomien / Das Phänomen des Wandels der Moral / Das Problem der Werterkenntnis. Die Stellung der sittlichen Werte im Reich der Werte überhaupt / Das Fundierungsverhältnis zwischen sittlichen Werten und Güterwerten / Unterscheidung zwischen intendiertem Wert und Intentionswert / Grenzen der Erstrebbarkeit und der Realisierbarkeit sittlicher Werte / Schwierigkeiten in der begrifflichen Fassung des Guten. Kants kategorischer Imperativ und dessen Grenzen / Das Gute als die Teleologie des höheren Wertes (vorläufige Definition) / Die Rangordnung der Werte; das Wertgefühl als Kriterium für sie / Die Antinomie im Wesen des Guten und ihre Lösung. Das Gute als die Teleologie des höheren Wertes und die Ateleologie des niederen Unwertes / Konsequenzen für die Struktur der Rangordnung im Wertreich / Die Synthese der höheren sittlichen Werte / Das Wandern des Wertblicks. Konsequenz für die Synthese der höheren sittlichen Werte. Die zweite Antinomie im Freiheitsproblem: die Sollensantinomie / Zweiseitige Freiheit in der Selbstbestimmung der Person / Das Freiheitsproblem nicht bis zu Ende lösbar

5. Ästhetik...241

Die ästhetische Seite der Welt. Geringe Determinationskraft der ästhetischen Werte. Erfassen der ästhetischen

Werte / Weitere Eigentümlichkeiten im Ästhetischen: Gesetz des Besitzes. Subjektive Allgemeinheit / Das Erscheinungsverhältnis. Die vier Möglichkeiten einer Analyse des Schönen / Analyse des Gegenstandes. Gliederung in Vorder- und Hintergrund in den darstellenden Künsten. Besonderheit des Dramas / Vordergrund und Hintergrund in den nichtdarstellenden Künsten / Die Seinsweise des Kunstwerkes und ihre Konsequenzen / Vielschichtigkeit des Kunstwerkes / Verhältnis zwischen der Art des Vordergrundes und der Hintergrundschicht

6. Abschließende Betrachtung...271

Das Weltbild der Philosophie. Die Möglichkeit eines Selbstbewußtseins der Welt. Verwandtschaft von Philosophie, Religion und Kunst im Hinweis auf die metaphysischen Problemreste

Personenregister..275

Vorbemerkung des Herausgebers

Im Sommersemester 1949 hielt Nicolai Hartmann an der Universität in Göttingen eine Vorlesung zur »Einführung in die Philosophie« für Hörer aller Fakultäten. Diese gibt einen kurzen Überblick über die Philosophiegeschichte und eine systematische Einführung in Hartmanns Neue Ontologie.

Aus der Vorlesung ist eine überarbeitete, von Hartmann zur Veröffentlichung autorisierte Nachschrift hervorgegangen. Deren Autorin war Gertrud Mayer, eine Schülerin und Mitarbeiterin Hartmanns. Die Nachschrift wurde 1949 unter dem Titel »Einführung in die Philosophie« im Luise Hanckel Verlag (Hannover) publiziert und erfuhr seitdem mehrere Auflagen (u.a. ²1952, ³1954; ⁶1965).

Die vorliegende Edition orientiert sich an der 1. Auflage der Mitschrift. Die Orthographie wurde behutsam modernisiert. Altgriechische Schriftzeichen wurden aus Gründen der besseren Lesbarkeit entfernt, deren Transliteration aber beibehalten. Der Text enthält zudem mehrere Zeichnungen, die möglicherweise auf Tafelbilder aus Hartmanns Vorlesung zurückgehen. Trotz ihrer mangelhafter optischen Qualität wurden diese in die aktuelle Edition übernommen. Ein Personenregister wurde dem Text neu hinzugefügt.

August 2024
Thomas Rolf

николаі Hartmann

Einführung in die Philosophie

I. Einleitende Betrachtung der wichtigsten Probleme der Philosophiegeschichte

1. Die Philosophie der Antike

»Philosophie« hat anfänglich nichts anderes bedeutet als das, was das Wort eigentlich besagt: die Liebe zum Wissen. Es gab eine Zeit, in der die Philosophie noch nicht getrennt war von den einzelnen Wissenschaften und ihrer heutigen Mannigfaltigkeit. Man schloß damals – noch in der Zeit, in der der Geist der Griechen auf seiner klassischen Höhe war – das gesamte Wissen der Zeit in sie ein. Im Laufe der Jahrhunderte erst haben sich die einzelnen Wissenschaften langsam von der Philosophie gelöst. Noch bis in die jüngste Zeit hinein vermag man diesen Prozeß zu verfolgen; so machten sich erst im 19. Jahrhundert die Psychologie und die Soziologie selbständig.

Die wichtigsten Fragen der Philosophie, die im Kern vorwiegend metaphysische Fragen sind, sind im Wesentlichen solche, die von Anfang an bis heute immer wieder neue Lösungen gefordert haben. Die Unlösbarkeit ihrer Probleme ist ein wesentliches, charakteristisches Moment der Philosophie. Die Antwort auf die Frage: Was ist Philosophie? kann also lauten: Philosophie ist die Behandlung derjenigen Fragen, die nicht bis zu Ende gelöst werden können und deswegen perennieren. Im Hinblick hierauf äußerte Kant zu Beginn der »Kritik der reinen Vernunft«: »Die menschliche Vernunft hat das besondere Schicksal in einer Gattung ihrer Erkenntnisse: daß sie durch Fragen belästigt wird, die sie nicht abweisen kann, [...] die sie aber auch nicht beantworten kann.« So sieht es auf den ersten Blick beinahe aus, als sei die Philosophie dazu verdammt, in Ungewißheit zu verharren und keine Fortschritte machen zu können.

Jedoch ist andererseits die Philosophie, wie es gleichfalls Kant ausdrückte, in ihrer Weise die Königin der Wissenschaften. Denn sie ist diejenige, bei der es sich um eine Schau des Weltganzen handelt, wobei die Bedeutung des »Weltganzen« in einem sehr weiten Sinne genommen werden muß; dazu gehören nicht nur die weiten Gebiete der physischen Natur, sondern auch die Gottheit, der Mensch, seine Erkenntnis, seine Seele und der Geist. Die Philosophie bleibt in ihrem Themengebiet, auch wenn sie den Umschwung von der Schau der Welt zurück auf das Wesen dieser Schau, d.h. auf das Wesen der Erkenntnis vollzogen hat. In alten Zeiten hat man unter diesem weiten Gebiet die Metaphysik verstanden. Das Wort selbst verdankt seine Entstehung eigentlich einem äußeren Anlaß. Das Werk des Aristoteles, das die Probleme abhandelte, die heute als »metaphysische« bezeichnet werden, stand in der Sammlung seiner Werke hinter der Physik (metá ta physiká). Aristoteles selber nannte die »Metaphysik« die »Erste Philosophie« (próte philosophía) oder die Wissenschaft vom Seienden als Seienden (epistéme tou óntos he ón) oder vom Seienden als solchem.

Sie geht der Sache nach allem anderen voran Die Bezeichnung »Metaphysik« ist freilich dem bloßen Wortsinn nach eine zu enge. Denn sie behandelt unter vielem anderen z.B. auch das Recht und die Künste, und da sie sich auch mit dem Problem, den Hintergründen der menschlichen Seele befaßt, könnte man deren Thema ebenfalls als »metaphysisch« bezeichnen. Die Bedeutung der Metaphysik geht nun dahin, daß sie zur Wissenschaft von dem wird, was hinter den Dingen steht. So umfaßt sie später etwa die Fragen des Ursprunges der Welt, des Ursprunges des seelischen Seins, der menschlichen Gesellschaft und der Kultur. Die Anfänge dieses Wissens sind freilich bescheidener. Sie entstanden aus dem, was der Mensch vom natürlichen Sein wußte. So kam es am Anfang der griechischen Philosophie, daß man ein nicht weiter ableitbares und erklärbares Prinzip als den Ursprung der Dinge ansah – so Anaximander das Unendliche oder auch das Unbestimmte (ápeiron). Gemeint ist ein solches Prinzip, aus dem sich durch Differenzierung das Einzelne ergibt. Zuerst ist das Unbestimmte bei Anaximander auch als ein göttliches Prinzip gedacht. Das Hervorgehen der Dinge aus ihm stellte man sich vor als eine Versündigung, für welche die Dinge Buße und Strafe zu zahlen hätten. Man sieht also in ihrem Entstehen eine Ungerechtigkeit (adikía), deren Sinn wohl darin liegt, daß die Dinge dazu verurteilt sind, wieder zugrunde zu gehen. Sie bezahlen für ihr Entstehen, das in Bestimmung, Begrenzung liegt, Buße und Strafe aneinander, immer an das Nächste, das aus ihnen wird. So finden wir hier schon etwas von der Grundkonzeption eines Prozesses, der die ganze Welt umfaßt.

Diese Vorstellung steht keineswegs allein da, sondern tritt ein halbes Jahrhundert später (ca. 500 v. Chr.) in der Philosophie des Eleaten[1] Parmenides wieder hervor. Er dachte sich das Entstehen und Vergehen als Hervorgehen

---

[1] Elea = gr. Handelsstadt (Kolonie) in Süditalien.

des Seienden aus dem Nichts und als ein Zurückgehen in das Nichts. Das, was wir nun eigentlich das Seiende nennen, ist für Parmenides kein eigentlich Seiendes, sondern auch zugleich Nichtseiendes. Letzteres aber ist nicht. Es vermag auch nicht gedacht zu werden; denn nur Seiendes kann man denken. Wenn aber nun das Werden als der Übergang vom Nichtsein zum Sein und wieder zurück in das Nichtsein verstanden wird, das Nichtsein als eine Voraussetzung dieses Werdens aber gar nicht existiert, so folgt daraus, daß auch das Werden gar nicht wirklich sein kann. Es ist vielmehr bloßer Schein (dóxa), der uns durch die trügerischen Sinne vermittelt wird. Das eigentliche Sein aber, das hinter dem Werden steht, vergeht und entsteht nicht, es hat Unvergänglichkeit und Unsterblichkeit. (Diese Auffassung, in Sein und Werden zwei ganz verschiedene Arten des Bestehens überhaupt zu sehen, steht im Gegensatz zu unserer heutigen Anschauung, für die alles real Seiende im Werden befindlich ist.)

Gleichzeitig mit Parmenides (ca. 500 v. Chr.) stellt Heraklit eine andere Lehre auf. Für ihn ist die ganze Welt ein stetes Werden, ein Fluß (pánta rhei). Der Prozeß, das Werden, ist das eigentlich Seiende. Wir vermögen nicht zweimal in denselben Fluß zu steigen, nicht nur, weil der Fluß ein anderer geworden ist, sondern weil auch wir selbst andere geworden sind. In diesem Prozeß ist der Weg aufwärts – aus dem Nichts in das Sein – und der Weg abwärts – aus dem Sein in das Nichts – ein und derselbe Vorgang. Das Entstehen des einen ist das Vergehen des anderen. In diesem Übergang des einen in das andere besteht gerade der Weltprozeß. In diesem Wechsel der Formen erkennt Heraklit aber etwas das den Prozeß zusammenhält und hinter ihm als identisch bestehen bleibt. Es ist der lógos. (Dieses nur schwer übersetzbare Wort ist hier vielleicht am besten mit »Weltgesetz« wiederzugeben.) In dem ontologischen Problem vom Sein als solchem war also neben der Frage nach dem Urstoff die nach einem – später so genannten – »Formprinzip« aufgetaucht. Sie fußt auf der schon früh beobachteten Gleichmäßigkeit und steten Wiederkehr von Formen auf allen Gebieten. So ist es nicht erstaunlich, daß etwa ein Jahrhundert später eine Lehre auftaucht, welche die Form selbst zum Prinzip erhebt. Der damalige Ausdruck für sie war Eidos. Dieses Eidos kehrt in den einzelnen Individuen immer wieder; es hat den Charakter eines Urbildes, nach dem die einzelnen Dinge geformt sind. Der ewige Sinn dieser bekannten Platonischen Ideenlehre ist der, daß es wirklich gleichbleibende Formen gibt. Das Formprinzip entspricht dabei in etwa einem Magneten, der die Einzeldinge zu sich hinzieht. Die Dinge haben die Tendenz, so zu sein, wie die ewig und unberührt stehenden Ideen, aber sie erreichen sie nicht ganz, sie verhalten sich schwächer als die Ideen.

Dieses Reich der Ideen vermögen wir gerade noch mit unserem Denken zu erreichen; vielmehr erinnern wir uns eigentlich daran. Denn unsere Seele hat – wie Platon [427-347 v. Chr.] erklärt – in ihrer Präexistenz, bevor sie in unseren Leib eintrat, die Ideen unmittelbar geschaut. Bei der Bindung an den Leib, d.h. bei der Geburt des Menschen, hat sie diese Kenntnis verloren. Wenn sie aber im Laufe des Lebens die unvollkommenen Nachbildungen der Ideen – die Dinge – auf Erden wahrnimmt, besinnt sie sich auf die vollkommenen Formen. Diese Erinnerung, diese nachträgliche Besinnung (anámnesis) füllt das ganze menschliche Leben aus.) Anámnesis heißt auch Heraufholen. Es ist ein Heraufholen aus den Tiefen der Seele, das oft durch geschicktes Fragen veranlaßt wird. Sokrates war ein Meister dieser Kunst, den

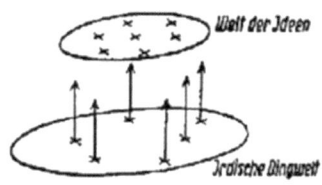

Schematische Darstellung **Platonische Ideenlehre:**

Menschen durch Fragen der in ihm ruhenden Vorstellung zu entbinden und ihn zur Besinnung zu führen. Am Anfang des Weges zur Besinnung stand dabei die Überzeugung vom eigenen Nichtwissen, das Wissen um das Nichtwissen.

Die Wirkung Platons war sehr groß. Immer wieder kann man seine Lehre oder ihr ähnliche Anschauungen in der Geschichte der Philosophie auftauchen sehen. Überhaupt läßt sich die Vielfalt der Namen, der Systeme und Theorien, ihrer Titelbegriffe, in der Philosophiegeschichte auf verhältnismäßig wenige, immer wiederkehrende Weltbilder zurückführen.

Die Beschäftigung mit der Philosophiegeschichte ist auch in einer Einleitung erforderlich; denn die Philosophie muß sich im Gegensatz zu anderen Wissenschaften immer wieder erneut mit ihrer Geschichte auseinandersetzen, in der es versucht worden ist, die Welt als Ganzes zu schauen. Eine solche lebendige höhere Schau aber meint ursprünglich auch das Wort theoria, nicht etwa eine Lehre in abstrakten Begriffen. Die philosophischen Grundbegriffe gebrauche man nicht, ohne aus ihnen die ursprüngliche Schau wieder herauszuarbeiten, ohne das auf sich zu nehmen, was Hegel die Anstrengung des Begriffes« nannte.

Der Begriff theoria steht an der Schwelle der Aristotelischen Philosophie. Sie hat mit ihrer Definition des Gegenstandes der »Ersten Philosophie«, des Seins als Seiendem, die Grundwissenschaft für alle Zeiten charakterisiert. Hier bei Aristoteles [384-322 v. Chr.] wurden die Fragen nach dem Prinzip, dem Identischen, das der Welt des Werdens zugrunde liegt, zusammengefaßt in den Gegensatz von Materie und Form. Alles, was es gibt, ist nach dieser Sehweise der Welt einerseits Materie, die undifferenziert ist wie das alte Apeiron (ápeiron) des Anaximander, undenkbar und unerkennbar. Die andere Seite der Dinge ist die Form (morphé). Bei diesem Aufweis des Aristoteles, wie das All aus Materie und Form besteht, setzt die klassische Philosophie ein, die bis in das 16. Jahrhundert Geltung gehabt hat.

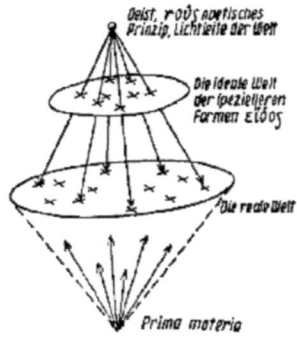

Alles wird vom Urbild wie von einem Magneten angezogen. Da die Ideen allein das vollkommene sind, verlegt sich das Schwergewicht ganz klar vom Diesseits in das Jenseits. Die irdische Welt wird entwertet.

In der Aristotelischen Philosophie zieht das Prinzip, das allem zugrundeliegt, alles an. Wie die Liebe, die Sehnsucht, strebt alles zu ihm. Es ist das Prinzip des Geistes, das gelegentlich auch theos genannt wird. Während Platon annahm, daß die Ideen selbständig in einer höheren Welt existieren, spricht Aristoteles vom Wesen in den Dingen. Durch diese Verlagerung der alten Platonischen Ideen in die Dinge wird der realen Welt das ihr bei Platon geraubte Schwergewicht wiedergegeben. Aber die Differenzierung unterhalb des speziellen Reiches der Form, die individuelle Ausprägung der realen Dingwelt, hängt nur von der Materie ab. Die Materie allein ist das Individuationsprinzip. Dieser Erklärungsversuch der Bildung der Individualität muß aber, selbst wenn man ihn noch im Reiche des Anorganischen gelten lassen könnte, bei seiner Anwendung auf das tierische oder gar auf das menschliche Leben scheitern.

Im weiteren Verlauf der philosophiegeschichtlichen Entwicklung trat dann Plotin [3. Jhd. n. Chr.] mit dem System des Neuplatonismus auf. Über den Weltgeist geht Plotin noch eine Stufe höher hinaus und denkt sich dort das schlechthin »Eine«. Dann erst folgen das Reich des Geistes mit seiner Ideenmannigfaltigkeit, die Weltseele, die untergeordnete

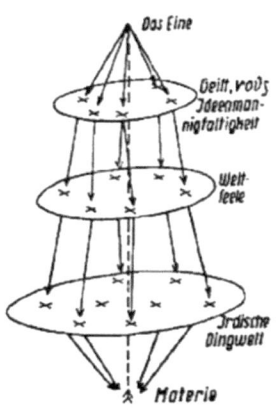

Mannigfaltigkeit der Dinge und schließlich als große Unbekannte die Materie. In dieser Reihenfolge stuft sich auch die Vollkommenheit der einzelnen Stufen ab. Jede Stufe geht aus der ihr zunächst übergeordneten hervor, ohne daß dabei die Substanz des Verursachenden vermindert würde. Dieses Hervorgehen (próodos) wird Emanation genannt. Diese Bezeichnung trifft insofern allerdings bei Plotin nicht ganz zu, als hier andererseits alles wieder nach oben strebt, als die einzelnen Stufen die Tendenz haben, sich mit dem Einen wieder zu verbinden, so daß hier ein Kreislauf besteht. Die wertmäßige Abstufung erreicht ihre schärfste Ausprägung, wenn man das Eine der Materie gegenüberstellt. Letztere ist an ihrer untersten Grenze schlechthin nichtseiend. Wie für Platon, so ist auch für Plotin das oberste Prinzip das absolut Gute, während die Materie in ihrem Wesen das Urböse darstellt. Ein Emanationssystem – ein Ausläufer des Plotinschen – vermag man auch bei Pseudo-Dionysius Aeropagita (5. Jahrhundert) aufzufinden. Auch Johannes Scotus Eriugena (9. Jahrhundert) verwendet eine ähnliche Stufenfolge.

Im Emanationssystem Plotins besteht wie bei Platon wieder ein selbständiges Reich der Ideen. Da auf ihm das Schwergewicht ruht, wird die reale Welt auch hier entwertet. Das bedeutet eigentlich ein Zurücksinken von der Reife des Aristotelischen Gedankens von der Immanenz der Formen Gleichfalls tritt der Gedanke der Stufung des Seienden bei Aristoteles viel nüchterner auf. Wir finden hier folgende Stufenreihe: Physischer Körper (soma physikon), organischer Körper (sóma organikón), beseeltes Lebewesen (zóon émpsychon) und Geist (nous). Letzterer Begriff meint nicht nur den Weltgeist, sondern auch den menschlichen Geist.

Innerhalb der Seele nahm Aristoteles eine Gliederung vor in die »nährende und den Werdegang bestimmende Seele« (die Vitalseele), die der Pflanze eignet, die »wahrnehmende und strebende Seele«, die beim Tier hinzutritt, und die geistige Seele, die nur der Mensch zusammen mit den beiden unteren Stufen hat (noétikon, logistikón, nous). Der Mensch war also bei Aristoteles als in sich selbst gestuftes Wesen gedacht.

2. Probleme des Mittelalters

Der Ertrag der antiken Metaphysik vererbt sich dann auf das Mittelalter, wird dabei aber starken verändernden Einflüssen durch das Christentum unterworfen. Die Weltmetaphysik wird zur Gottesmetaphysik. Das Reich der Ideen, des Eidos, wird als Reich der formae substantiales in den göttlichen Intellekt hineingenommen. Der Intellekt Gottes wird dabei nicht nur intellectus divinus, sondern auch intellectus infinitus, archetypus oder intuitivus genannt. Letztere Benennung bezieht sich darauf, daß man dem göttlichen Intellekt unmittelbares Erfassen im bloßen Anschauen zuschrieb, ähnlich wie man ja noch heute von einer intuitiven Erkenntnis spricht und der Ansicht ist, daß sich z.B. die mathematischen Verhältnisse intuitiv erfassen lassen.

Erwähnt sei nun an dieser Stelle ein sehr wesentlicher Gedanke, der erklärt, wie wir überhaupt die Welt erkennen können. Nach der damaligen Vorstellung schuf der göttliche Intellekt nach den in ihm befindlichen Prinzipien die Welt. An diesen Prinzipien hat der Mensch teil, auch er trägt sie in sich – und deswegen vermag er die Welt zu erkennen. Es ist derselbe Gedanke, der schon bei Platon zu finden war: Gott hat als Demiurg (Werkmeister) nach den Ideen die Welt geschaffen. Der Mensch vermag sich in der Wiedererinnerung auf diese Prinzipien der Weltschöpfung zu besinnen und kann so die Welt erkennen. Treffend ist dieses Verhältnis mit einem Wort Spinozas formuliert: Ordo et connexio idearum idem ac ordo et connexio rerum. In der Reihe der metaphysischen Grundprobleme des Mittelalters ist das Problem des Allgemeinen und des Individuellen, das Universalienproblem, von besonderer Bedeutsamkeit. Es stellt die Frage: Existiert das Allgemeine an sich, ist es nur in den Dingen, oder ist es überhaupt nur ein Name?

Dieses Problem greift zurück in die Antike. Aristoteles hatte das Problem des Individuellen vernachlässigt. Das Allgemeine war in den Dingen. Die Differenzierung unterhalb des eídos in das Individuelle hatte allein in der Materie ihren Grund, war nur mitlaufend, rein zufällig (symbebekós). Plotin meinte dann, daß es auch Ideen des Individuellen geben müsse. Für Platon war nur das Allgemeine das Bleibende, das Individuelle dagegen war dem Wechsel des Entstehens und Vergehens unterworfen.

Im Mittelalter formulieren sich die hier angedeuteten Probleme in dem Gegensatz von essentia (dem Aristotelischen ti en einai, dem zugrunde liegenden, vorausgesetzten Sein, das auch nicht schlecht mit »Wesenheit« übersetzt wurde) und existentia, der Seinsweise des Einzelfalls, der Dinge, der Lebewesen. Wenn nun das Reich der essentia das prius hat, dann verlegt man die eigentliche Realität in dieses Reich. Das schlägt aber der natürlichen Weltansicht ins Gesicht; denn diese geht dahin, die Dinge als das eigentlich Reale aufzufassen. Diese Entwertung der Dingwelt, ja, alles dessen, was uns begegnet, hat die ungeheuerliche Konsequenz, das Sein der Dinge in Frage zu stellen.

Deshalb bildet sich eine Gegenthese, die die Frage, wo denn eigentlich das Reale zu finden sei, dahingehend beantwortet, daß es doch eigentlich nur in den einzelnen Dingen sein könne, und daß man diese als das eigentlich Reale zu bezeichnen habe. Diese Ansicht aber würde wiederum eine Herabsetzung des Allgemeinen bedeuten und damit auch Gottes, denn dessen Intellekt trägt ja die allgemeinen Prinzipien in sich.

Aus diesem Widerstreit erwächst eine merkwürdige Theorie: Alles, was es in der Welt gibt, stuft sich in seiner Realität ab. Was mehr Seinsbestimmungen hat, ist das Realere. Die Dinge, die wir in die Hand nehmen können, haben die geringste Realität; ihr Wesen erschöpft sich in wenigen materiell-physischen Bestimmungen. Die nächste Stufe, der Organismus, hat durch sein Charakteristikum des Lebens schon ein plus realitatis den Dingen gegenüber. Die darauf folgende höhere Stufe ist der Geist. Als höchste Stufe ist Gott nicht nur das ens perfectissimum, sondern eben auch das ens realissimum. Diese Abstufung ist auch eine des Wertes, ist nach dem Gesichtspunkt des Guten (bonum) ausgerichtet. Zwar heißt es: omne ens est bonum, das bonum stuft sich aber ab mit der Höhe der Realität. Summum bonum ist Gott.

In dieser Reihenfolge sah man schon früh eine Möglichkeit, das Dasein Gottes zu beweisen. Anselm von Canterbury [1033-1109] stellt den ontologischen Gottesbeweis in seiner klassischen Form auf: Gott ist seinem Wesen nach id quo nihil maius cogitari potest, dasjenige, größer als welches nichts gedacht werden kann. Wenn dem so ist, dann muß aber zu den positiven Prädikaten der Gottheit auch die Existenz gehören; denn wenn die Existenz ihm nicht zu eigen wäre, dann wäre er eben nicht das, als welches größer nichts gedacht werden könnte. Gehört so die Existenz zum Wesen Gottes, so muß er auch wirklich existieren. Dieser ontologische Beweis wurde schon zu Lebzeiten Anselms, später von Thomas von Aquino [1225-1275] und schließlich von Kant angefochten.

Ein anderer Gottesbeweis war der kosmologische. Er schließt von der Endlichkeit, Bedingtheit, Zufälligkeit der Welt (daher auch argumentum a contingentia mundi genannt) auf die Existenz eines durch sich selbst notwendigen, unbedingten Wesens, einer ersten Ursache. Die Kette der kausal ablaufenden Geschehnisse in der Welt verlangt ein erstes Glied.

Ein dritter Gottesbeweis ist das sogenannte physiko-teleologische Argument, das von der zweckmäßigen Einrichtung der Welt, besonders von der der Organismen ausgeht und daraus auf das Vorhandensein eines dahinterstehenden ordnenden Verstandes – also auf den Verstand Gottes – schließt.

Wenn man Gott beweisen will – besonders bei Anwendung des ontologischen Argumentes – so muß man vorher wissen, was Gott eigentlich ist. So erhält die Frage Bedeutung, ob wir von Gott überhaupt ein Wissen haben können. Und nicht nur, wenn man einen Gott als Schöpfer der Welt voraussetzt, sondern auch wenn man irgendeinen anderen Weltengrund – wie etwa Schopenhauer den Willen – annimmt, hat man sich mit der entsprechenden Frage nach der Möglichkeit, diesen Weltengrund zu erkennen, zu befassen. In der arabischen Scholastik war es, wo der Gedanke geboren wurde, der dann erst auf das Abendland übergegriffen hat, daß Gott eigentlich erst da faßbar sei, wo man auf alle vom Menschlichen entnommenen Begriffe verzichtet. Man hat diesen Gedanken apophatische, absprechende Theologie genannt, wogegen man etwa Anselms Theologie als zusprechende bezeichnen könnte. Spricht man aber Gott z.B. die drei bekannten Prädikate der Allmacht, Allweisheit und Allgüte zu, so wendet man doch auf den intellectus divinus aus dem Menschlichen gewonnene, ins Unendliche projizierte Begriffe an. Ein später geprägter Ausdruck nennt diese Übertragung menschlicher Begriffe auf Nichtmenschliches Anthropomorphismus.

Nicolaus von Cusa [1401-1464] sprach es dann in »De docta ignorantia« mit besonderem Nachdruck aus, daß Gott für den endlichen menschlichen Verstand unfaßbar und unbegreiflich sei. Eine präzise Erkenntnis von Gott zu erlangen, sind wir nicht in der Lage. Aber der Cusaner gibt doch den Ansatz zu einem neuen Weg: Wir sind imstande, eine gewisse Anschauung vom Unendlichen zu gewinnen. Die Gegensätze, in denen sich unser Denken bewegt, müssen eine sie zusammenschließende Einheit haben. Dieser Zusammenfall der Gegensätze erfolgt im Unendlichen, erfolgt in Gott. Nicolaus von Cusa weist zu solchem Zusammenfall der Gegensätze (coincidentia oppositorum) Analogien in der Mathematik auf: Es gibt auch zwischen der geraden und der krummen Linie, zwischen der Geraden und dem Kreis keine scharfe Grenze. Wir brauchen uns ja nur den Radius des Kreises bis ins Unendliche verlängert zu denken, dann geht der Kreisbogen in die Gerade über, dann fällt das Gegensätzliche zusammen. Auch kann man sich Punkt und Kreis zusammenfallend denken; wenn man nämlich den Radius des Kreises immer mehr verkleinert, so muß der Kreis schließlich zum Punkt werden. – Diese Überlegungen sind die Vorbildung eines Gedankens, der bei Leibniz dann im Begriff des Differentials mündet. Die geometrischen Formen bleiben auch im unendlich Kleinen bestehen.

Die Gegensätze, die in Gott zusammenfallen, falten sich in der Welt auseinander. So besteht ein großer Zusammenhang zwischen Gott und der Welt. – Weiterhin greift der Cusaner den schon in der Stoa aufgetauchten Begriff des Mikrokosmos auf; das Bewußtsein des Menschen spiegelt die Welt, den Makrokosmos, wider. Die Philosophie des Cusaners wird zu einem Beispiel dafür, wie die Metaphysik durch das Gewicht ihrer Probleme gleichsam über sich selbst hinausgetrieben wird und so in ein anderes Weltbild führt. Aus der hier angedeuteten Linie hat sich der Pantheismus bei Giordano Bruno und Spinoza herausgebildet.

Es ist nicht nur das Gottesproblem, das mit dem Universalienstreit in Verbindung steht; auch die schon kurz angedeutete Frage nach dem principium individuationis treibt zu ihm. Schon bei Plotin war es klar geworden, daß es nicht bei der alten Aristotelischen Bestimmung bleiben konnte, daß nur die Materie die Individuation ausmache. Die Aristotelische Paradoxie bestand darin, daß sich zwei Menschen wie Sokrates und Kallias nur durch das Materielle unterscheiden sollten, daß das Formprinzip bei ihnen aber als ein und dasselbe angesehen wurde. Noch bei Thomas von Aquino ist das Individuationsprinzip in der Materie. Thomas kommt zwar insofern ein Stück über die alte Theorie hinaus, als er für das, was das konkrete Individuum ausmacht, nicht mehr die Materie überhaupt, die völlig unbestimmte Materie (materia non signata) ansah, sondern die schon in bestimmten Dimensionen abgegrenzte Materie (materia signata). Aber auch diese Lösung vermag keine Antwort auf die Frage nach der Herkunft der charakteristischen seelisch-geistigen Unterschiede der Menschen untereinander zu geben.

Das Individuationsproblem hatte im christlichen Bereich deshalb ein besonderes Gewicht, weil es dort ja die Individualität war, die gerettet werden sollte. Duns Scotus [1266-1308] greift es im ausgehenden 13. Jahrhundert wieder auf und wendet sich hier gegen Thomas. (Sonst ist er durchaus nicht immer Gegner des Aquinaten. Wenn er des öfteren als solcher herausgestellt worden ist, so geschah das zu Unrecht.) Es kann nicht sein, meint Duns, daß das Individuationsprinzip nur in der Materie gelegen ist. Die Form selbst muß sich weiter differenzieren. Duns strebt also hier über Aristoteles hinaus, der auf halber Höhe beim Reiche des eídos, der causae immanentes, haltgemacht hatte. Als erster nach Plotin spricht Duns wieder den Gedanken aus, daß das Prinzip, welches den Einzelfall zum Einmaligen und Individuellen macht, die Form selbst sei. (Principium individuationis est forma.)

In den Bemühungen um das Individuationsprinzip taucht dann noch ein anderer Gedanke auf, der aus gewissen Reflexionen Meister Eckharts [um 1260-1327] bekannt ist: Das principium individuationis liegt in Raum und Zeit. Diese These geht von der Einsicht aus, daß nicht zwei Dinge in derselben Zeit an demselben Ort sein können. Dieser Gedanke ist, wenn man ihn nur in numerischem Sinn auffaßt, unmittelbar einleuchtend; es ist aber damit nicht gesagt, ob ein Einzelding, das im Verhältnis zu einem anderen eine von diesem entfernt liegende Raumstelle einnimmt oder an denselben Ort zu späterer Zeit gelangt, damit auch qualitativ von dem anderen verschieden ist.

Es zeichnet sich hier also eine Differenzierung des Individualitätsbegriffes in einen numerischen und einen qualitativen ab. Letzterer hat seinen Vertreter im Mittelalter nur in Duns Scotus. Kehren wir nun zu dem Universalienproblem zurück! Es lassen sich hier deutlich drei Auffassungen unterscheiden.

Aus dem Platonischen Gedanken, daß die Ideen in einer Welt über der der irdischen Dinge existierten und vollkommener, also auch realer als ihre irdischen Nachbildungen seien, bildet sich der Universalienrealismus heraus. Nach seiner Anschauung sind also die allgemeinen Begriffe das Zugrundeliegende und eigentlich Reale; sie haben das prius. Alle Dinge, die ganze Welt, in der wir leben, oder auch andere mögliche Welten neben oder nach dieser – der Gedanke der Pluralität der Welten ist alt – bilden sich erst durch das Hinzutreten des Individuationsprinzips zu dem Allgemeinen heraus. Für den Universalienrealismus gilt: universalia ante rem.

Im Gegensatz zu dieser Anschauung hatte sich schon Aristoteles gegen eine selbständige Existenz der Ideen gewandt. Das reale Sein kann für ihn nur in den Dingen sein. Aristoteles nimmt damit den Standpunkt der universalia in re ein. Diese Anschauung tritt uns dann im 12. Jahrhundert wieder entgegen bei Abaelard und im 13. Jahrhundert bei Albertus Magnus und Thomas von Aquino. Besonders bei den letzteren wird sie immer eindringlicher, wie sich in dieser Zeit überhaupt der Aristotelismus immer mehr in den Vordergrund schiebt. Man scheut wie er die Verdoppelung der Welt.

Die Unhaltbarkeit dieses Gedankens der Weltverdoppelung tritt dann hervor, als Duns Scotus lehrt, daß die Individuation nicht im bloßen Hinzutreten der Materie bestehen könne, da es sich ja nicht bloß um die verschiedene Lagerung der Dinge in Raum und Zeit, sondern auch um die inhaltliche Verschiedenheit der Individualitäten handele.

Nimmt man nun mit Duns die Form selbst als Individuationsprinzip an, so wird das Reich der Formen, in dem für jedes Individuum eine besondere Form bestehen muß, ungeheuer kompliziert, und der Sinn einer Weltverdoppelung wird unverständlich. Das ist der Grund, weshalb dann mit Wilhelm von Ockham [um 1285-1349] wieder die schon früher einmal aufgetauchten nominalistischen Tendenzen einsetzen. Für den Nominalismus, der sich besonders deutlich bei Ockhams Nachfolgern durchsetzt, sind die Begriffe bloße Namen, nur etwas Gedachtes. Was früher Realprinzipien waren, sind jetzt nur noch Vorstellungen. Für den Nominalismus gilt: universalia post rem.

3. Wandlung des Weltbildes im Übergang zur Neuzeit

Sind die Allgemeinbegriffe einmal als nachträglich entstehend erklärt, so rückt damit der Bereich der Dinge, der Einzelfälle, wieder in den Vordergrund. Es taucht nun, zuerst bei Albertus Magnus und Roger Bacon (beide im 13. Jahrhundert) der Gedanke neu auf, daß man wieder an die Natur selber herantreten müsse, daß man vom Einzelfall auszugehen habe. Hieraus entwickelt sich später der Weg der Induktion, d.h. die Hinführung auf das Allgemeine vom Einzelfall aus – eine Denkweise, die sich dann bei Francis Bacon fortgebildet hat.

Bei der Beobachtung der Natur fiel natürlich deren Prozeßcharakter auf. Der überkommene Formbegriff aber, der jetzt nur noch in mente bestand, war rein statisch. Was sollte man nun mit diesen statischen Formen anfangen, wenn es sich darum handelte, die in der gesamten Natur grundlegende Bewegung, den Prozeß, zu erklären und darzustellen?

Aristoteles hatte von einem zwecktätigen Prozeß gesprochen. Nach ihm hat jedes organische Lebewesen sein Zweckprinzip, auf das hin es angelegt ist. Das Werden des Organismus ist nichts anderes als die Entwicklung zu diesem schon im Samen angelegten Zweck hin (entelécheia).

Nun erhebt sich die Frage, wie man sich einen solchen zwecktätigen Prozeß denken soll. Von der Beantwortung dieser Frage im Sinn des physiko-teleologischen Gottesbeweises, der Erklärung also, Gott würde in jedem einzelnen Fall den Prozeß selbst leiten, kam man langsam immer mehr ab. Aristoteles schon hatte im Buch Z der Metaphysik analysiert, was Zwecktätigkeit überhaupt bedeutet. Dazu sei hier ein Beispiel vom Baumeister gebracht. Wenn ein Baumeister ein Haus bauen will, so muß er zuerst die Idee desselben haben. Sodann sucht er die Mittel zu erlangen, die nötig sind, um es in Wirklichkeit erstehen zu lassen. Danach erst ist die Verwirklichung des Hausbaues möglich. Aristoteles unterscheidet hier also einen Bewußtseinsprozeß (nóesis) vom Realprozeß.

Dieser Anschauung vom Wesen des Prozesses, die damals sehr weit verbreitet war und auf die ganze Natur übertragen wurde, trat dann eine andere gegenüber, die in der alten Atomistik in der vorsokratischen Zeit bei Demokrit und Leukipp ihre Grundlage hat. Zwei Prinzipien des Seienden gibt es nach Demokrit: die Atome und das Leere. Alles in der Welt besteht nur in der Lagerung der Atome im Leeren. Alle Veränderung bedeutet nichts anderes als eine Verlagerung, Umänderung der Atome im Leeren.

Im weiteren Ausbau dieser ursprünglich ziemlich unbekannten Theorie wird es klar, daß die Art, wie hier der Prozeß determiniert gedacht wird, nicht eine finale war, sondern eine kausale, daß es sich nicht um ein Final-, sondern um ein Kausalprinzip handelt. Der Unterschied von Kausal- und Finalnexus besteht in folgendem: Im Kausalnexus geht von einer Ursache eine Wirkung aus; diese Wirkung ist wiederum Ursache einer neuen Wirkung, und so geht es fort in infinitum. Es findet ein Vorwärtsschreiten von Fall zu Fall statt, ohne daß mit dem Nexus ein Zweck verwirklicht werden soll. Beim Finalnexus hingegen wird ein bestimmter Zweck, der weit voraus liegen kann, gesetzt (vgl. Pfeil 1. der Zeichnung). In Gedanken werden rückwärts vom Zweck aus die Mittel gesetzt (2.), um sie dann schließlich und

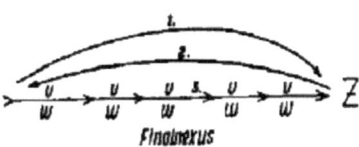

damit den Zweck zu verwirklichen (3.). Der Finalnexus baut sich also über dem Kausalnexus auf, insofern ich ja bei der Suche nach den Mitteln fest mit der Folge von Ursache und Wirkung rechne. Als Beispiel für den Finalnexus hatten wir oben das Beispiel vom Baumeister.

Demokrits Erkenntnisdrang und die Exaktheit seiner Bemühungen treten in einem Ausspruch zutage, in dem er ausdrückte, daß ihm ein einziger Beweis mehr wert sei als das Königtum der Perser.

Die wirkliche Erkenntnis der wahren Ursache ist für ihn das Wichtigste im Menschenleben. Alle aus anthropomorphistischen Deutungen versuchte Ursachenerkenntnis erreicht nicht die wahren Ursachen der Dinge.

Die Atomistik setzt sich im Epikureismus weiter fort und wird dann im 17. Jahrhundert von Descartes und anderen wieder aufgegriffen. Das Kausalprinzip beginnt durchzudringen. Die causae finales (der Ausdruck ist eigentlich ein hölzernes Eisen, denn entweder ist etwas durch eine Ursache oder durch ein Endziel bestimmt) müssen ihm weichen. – Wenn man nach einer Erklärung sucht, wie man z.b. bei dem Fall eines Steines eine Zweckbestimmtheit annehmen konnte, fällt einem eine Stelle in Aristoteles' Physik auf. Alle Dinge haben nach Aristoteles ihre natürliche Tendenz in sich – der Stein die, nach unten zu fallen, andere Stoffe die, nach oben zu steigen (z.B. das Feuer). Sehr plastisch und anschaulich bekräftigt Aristoteles seine Anschauung: Man versuche den Stein dadurch, daß man ihn immer wieder hochschleudert, an das Emporsteigen zu gewöhnen! Es wird vergeblich sein. Deshalb ist also die Zwecktätigkeit in ihm.

Diese Denkweise fällt zugleich mit dem Gedanken der substantialen Formen. Der große Umbruch, der sich schon im Kreis der Ockhamisten bemerkbar gemacht hatte, wird spruchreif um das Jahr 1600. Hier beginnt die Wende zur eigentlichen Neuzeit, die sich aus einem großen und radikalen Umbruch des physikalischen Denkens heraus erklärt.

Hier ist der Punkt, an dem als etwas spezifisch Neuzeitliches die Kategorien auftauchen. Eine dieser ist die Kausalität. Als zweiter wichtiger Gedanke, der nicht mit dem der Kausalität identisch ist, erscheint die Gesetzlichkeit. Kausalität bedeutet nur, daß im Zug der Geschehnisse das

Spätere durch das Frühere bestimmt ist, daß das Geschehen, in einer unendlichen Reihe dem Gang der Zeit folgend, vorwärtsschreitet. Der Gedanke der Gesetzlichkeit hingegen sagt aus, daß es eine Gleichartigkeit – die man bisher immer nur in den feststehenden Formen der Natur gesehen hatte – auch im Geschehen selbst gibt.

Wie man früher durch ein statisches Formprinzip die gleichbleibenden Formen zu erklären versuchte, so suchte man nun nach einem Formprinzip, das imstande war, den Prozeß selbst zu erfassen. Es mußte selbst etwas vom Fluß (fluxus) in sich haben. Zunächst dachte man an eine stete Folge von Formen. Da das aber bedeutet haben würde, daß man für einen einzigen Prozeß unendlich viele Formen annehmen müßte, kam man zu dem Begriff einer fließenden Form, der forma fluens. Sie müßte man als innere Ursache, gewissermaßen als causa immanens, für alle Prozesse gleicher Art verstehen. Die große Frage lautet hier, wie eine solche Form des näheren zu denken sei.

An diesem Problem haben die Mathematiker gearbeitet. Die Bemühungen darum beginnen im Kreise der Ockhamisten, unter denen Nicolaus von Oresme hervorragt. Allmählich wird die Mathematik wieder in ihre Rechte eingesetzt, die sie in der beginnenden Naturwissenschaft der Alten – man denke dabei etwa an Archimedes – gehabt hat. Ursprünglich waren – wie Aristoteles es überliefert – die Pythagoräer schon im 5. vorchristlichen Jahrhundert auf den Gedanken gekommen, daß die Prinzipien der Mathematik zugleich Prinzipien alles Seienden seien. Die Mathematik müßte also imstande sein, den Prozeß – über ihn macht das Naturgesetz Aussagen, niemals über ein einzelnes Stadium – zu erfassen. Die Bemühungen um das exakte

Begreifen des Prozesses durch die Mathematik, denen der Erfolg nicht versagt bleibt, gehen bis zur Newtonschen Fluxionsrechnung.

Galilei [1564-1642] formulierte das Programm dieser Bestrebungen, wenn er sagte: »Die Philosophie ist im Buch der Natur mit mathematischen Buchstaben geschrieben.« Er sprach es aus in einem Zeitalter, in dem zwischen Naturwissenschaft und Philosophie noch keine scharfe Grenze gezogen war – wovon übrigens auch zeugt, daß Newton [1643-1727] seine wichtigsten physikalischen Erkenntnisse unter dem Titel »Philosophiae naturalis principia mathematica« veröffentlichte.

In das neuzeitliche Denken gehen die causa immanens und die causa transiens über. Erstere wird zum mathematisch formulierten Naturgesetz, das ein bleibendes Verhältnis zwischen zwei sich ändernden Größen ausdrückt. Letztere gestaltet sich zur modern verstandenen Kausalität, zum sogenannten Kausalnexus.

Es ist verständlich, daß diese Entwicklung die endgültige Aufhebung der causa finalis bedeutet. Damit ist der ganze Anthropomorphismus der alten Metaphysik aufgehoben. »Anthropomorph« soll dabei nicht in einem engeren Sinne, nur in der Anwendung auf die menschliche Gottesvorstellung verstanden werden, sondern in bezug auf den Begriff, den sich der Mensch von der ganzen Welt macht. Lange Zeit ist die Welt, in der wir leben, und die Einheit ihres Prozesses nach Analogie des menschlichen Handelns verstanden worden, als ob ein Zweck dahinter stünde.

Hand in Hand mit diesen Wandlungen vollzog sich eine große Umwälzung des kosmischen Weltbildes. Jahrhundertelang dachte man sich die Erde als ruhend im Mittelpunkt der Welt und um sie herum den sich drehenden Himmel. Bei dieser Annahme war jedoch die beobachtete Rückläufigkeit der Planeten, d.h. die Tatsache, daß die Wandelsterne zeitweise von ihrer gewöhnlichen rechtläufigen Bewegung abweichen und eine rückwärtslaufende Schleifenlinie beschreiben, nur unter großen Schwierigkeiten und nicht ausreichend erklärbar. Die Vertreter dieser Theorie – als der bedeutendste unter ihnen wäre Ptolemäus zu nennen – mußten sich mit sogenannten Epizykeln, d.h. aufgesetzten Kreisen, behelfen: die Bahnen der Wandelsterne waren nach dieser Erklärung Kreise, deren Mittelpunkt wieder einen Kreis beschrieb: in des letzteren Mittelpunkt ruhte die Erde.

Zwar hatte schon Aristarch von Samos im 3. Jahrhundert v. Chr. die scheinbare Bewegung des Fixsternhimmels und die Bahnen der Planeten aus der Drehung der Erde hergeleitet. Aber gewisse Unvollkommenheiten seiner Theorie ließen bei genauer Beobachtung eine Übereinstimmung mit den Phänomenen nicht zustande kommen. So gab Hipparch die Theorie wieder preis. In ähnlicher Weise wurde auch die Theorie Kopernikus' von Tycho Brahe wieder aufgegeben. Kopernikus [1473-1543] hatte in seinem Werk »De revolutionibus orbium coelestium« die das damalige Weltbild umstürzende moderne Lehre niedergelegt, welche die Sonne in den Mittelpunkt stellte und die Erde sich um sich selbst und um die Sonne drehen ließ. Unzulänglichkeiten auch in dieser Theorie, wie etwa die Annahme, die Erde bewege sich in einem Kreis um die Sonne, verhinderten wiederum eine Übereinstimmung mit den Phänomenen, die Tycho Brahe sehr genau und vorbildlich für die neue naturwissenschaftliche Forschungsmethode beobachtet hatte. Noch einmal wurde das moderne Weltbild zurückgedrängt, bis ihm Kepler – der viele Schwierigkeiten dadurch löste, daß er an die Stelle der Kreisbahnen Ellipsen setzte – neuen Auftrieb gab. Eine besondere Unterstützung gewann die moderne Theorie durch die Erfindung des Fernrohrs. Galilei beobachtete als erster den Jupiter und seine Monde und erkannte dort an einem Sonnensystem im kleinen die Richtigkeit der Kopernikanischen Lehre.

Den Abschluß dieser Entwicklung bilden dann Newtons wichtige Entdeckungen, welche die komplizierten Erscheinungen im Lauf der Gestirne auf eine Grundkraft zurückführen konnten.

4. Umschwung und Weiterbildung der Erkenntnistheorie

In dieser Wandlung des naturwissenschaftlichen Weltbildes zeigt sich ein Grundsatz, der auch in die Philosophie eindringt: Nichts ist glaubhaft, was wir nicht selbst beobachten und auf Grund unserer eigenen mathematischen Prinzipien damit in Einklang bringen können. Beobachtung und Experiment einerseits und mathematische Berechnung andererseits – das sind nicht nur in der Naturwissenschaft die Säulen, auf denen man aufbauen will, sondern es sind auch die Elemente der nachfolgenden Erkenntnistheorie. Um das Jahr 1600 etwa liegt der Zeitpunkt, an dem die Metaphysik beginnt, in Erkenntnistheorie überzugehen. Damit steht in Zusammenhang, daß von hier an die Metaphysik kritisch zu werden beginnt. Dieser

Vorgang erreicht seinen Höhepunkt 1781 mit Kants »Kritik der reinen Vernunft«.

Die Tendenzen der naturwissenschaftlichen Betrachtungsweise sind sozusagen eine Gegenmetaphysik gegenüber der Gottesmetaphysik. Diese Bewegung hatte sich auch schon im Nominalismus geäußert; man sah in den Universalien nicht mehr Kategorien des Göttlichen, sondern nur vom Menschen geschaffene Begriffe.

Auf der anderen Seite aber wird das mechanische Weltbild selbst metaphysisch. Das hängt mit einem immer wieder hervortretenden Wesenszug des Menschen zusammen. Wenn ein großer Forscher etwas Bestimmtes entdeckt hat, dann ist er in seiner Entdeckerfreude geneigt, es auf alle anderen Gebiete zu übertragen. Selten weiß ein Entdecker genau, was er gefunden hat.

Beispiele für diese Grenzüberschreitungen bieten sich in betzrächtlicher Zahl und schon im Anfang der Philosophiegeschichte. Demokrit wollte nicht nur das Bestehen und die Veränderung anorganischer Körper atomistisch erklären, sondern auch den organischen Prozeß, das Wachstum der Tiere und Pflanzen. Ja, sogar das Seelenleben des Menschen versuchte er auf atomistische Grundlage zurückzuführen; er dachte sich die Seele aus einer – wenn auch sehr feinen – Materie bestehend, und er verkannte so das psychische Problem des Bewußtseins mit seinen Vorstellungen, Akten und Stimmungen, die doch völlig unräumlich und infolgedessen immateriell sind. Die Atomistik hat bei der Erklärung des Materiellen ihre Berechtigung, versucht sie aber, sich auf andere Gebiete, die des Organischen, des Seelischen oder Geistigen, auszudehnen, dann setzt sie sich ins Unrecht.

Die Ismen im Titelbegriff zeigen stets eine solche unberechtigte Übertragung und Zuspitzung an. Der Psychologismus im 19. Jahrhundert z.B. vertrat die Annahme, daß alles in der Welt auf seelische Akte zurückzuführen sein müsse, daß alles nur nach Art des Seelischen erklärt werden könne.

In der beginnenden Neuzeit befindet sich die Metaphysik in einem Stadium, in dem sie deutlich zwei Typen zeigt. Es sind dies die mittelalterliche Gottesmetaphysik, die alles aus einem geistigen Prinzip heraus erklärt, und der Materialismus, der alles von der Materie ableitet. Es handelt sich, mit einem Stichwort gesagt, um die Metaphysik von oben und die Metaphysik von unten. Als Vertreter der letzteren ließen sich etwa Gassendi [1592-1655], der Wiederentdecker Epikurs, und Thomas Hobbes [1588-1679] in England mit seiner Korpuskulartheorie anführen.

Das intellektuell schlechte Gewissen wegen der erwähnten Grenzüberschreitungen, die auf unsauberen Voraussetzungen basieren, zeigt sich nun sehr klar um die Wende vom 16. zum 17. Jahrhundert in der Erkenntnistheorie. In deren Entwicklung läßt sich verfolgen, daß die ganze Reflektion, in welcher die Philosophie besteht, gewissermaßen umgekehrt wird. Zuerst befindet sich einem erkennenden Subjekt eine unbegrenzte Sphäre von Objekten gegenüber, Die natürliche Tendenz der Erkenntnis geht nach außen. Bei Wilhelm von Ockham etwa heißt dieser Erkenntnisweg intentio prima. Heute ist der Terminus intentio recta (nach Nicolai Hartmann) gebräuchlich. Diese natürliche Einstellung auf den Gegenstand, auf die Welt überhaupt, ist die geläufige Grundeinstellung im Leben des Menschen. Durch sie findet er sich mit seiner Erkenntnis in der ihn umgebenden Welt zurecht, sie verhilft ihm zu seiner Überlegenheit, zu seiner Stellung im Leben.

Wenn man sich nun – nachdem eine ganze Reihe metaphysischer Weltbilder durchmessen worden ist – darauf besinnt, daß wir gar nicht wissen können, was Wahrheit und was Irrtum ist, daß man also auf sehr ungewissen Boden gebaut hat, dann steht man in einer anderen Intention. Man hat die Erkenntnisrichtung gewissermaßen umgebogen, gegen das Subjekt selbst zurückgewendet, um zu untersuchen, unter welchen Bedingungen es überhaupt die Welt zu erkennen vermag. Unter dem Terminus reflexio hat man früher die Umbiegung der Erkenntnis des erkennenden Subjekts gegen sich selbst verstanden. Diese Umwendung im Gegensatz zur intentio recta sei intentio obliqua genannt. Sie spielt eine überaus wichtige Rolle in der Aufrollung der Probleme der Neuzeit; sie beginnt bei Descartes und erreicht ihren Gipfelpunkt mit Kant.

Die Philosophie ist im Buch der Natur mit mathematischen Buchstaben geschrieben – hatte Galilei gesagt. Die Natur steht also unter Gesetzlichkeiten; aber sie macht sie zweifellos nicht. Wenn wir die Natur und ihre Gesetzmäßigkeit erkennen und uns in ihr zurechtfinden wollen, dann müssen wir etwas in uns tragen, was der Naturgesetzlichkeit entspricht. Die »mathematischen Buchstaben« müssen auch in uns sein.

Der alte Gedanke der formae substantiales hatte sich zur Erfassung der Gesetzmäßigkeiten des Prozesses als unzureichend erwiesen. Er verwandelte sich in den Gedanken des Gesetzes. Die neue Methode geht aus vom Einzelfall und bemüht sich, von ihm aus zum Grundsätzlichen und Allgemeinen, auf das es hier allein ankommt, zu gelangen.

Es erhebt sich die Frage: Wie kommt die Wissenschaft vom Einzelfall zur allgemeinen Gesetzmäßigkeit, und worauf beruht die Sicherheit dieses Gesetzes? Es handelt sich um das Problem der Induktion, mit dem sich damals besonders Francis Bacon in seinem Novum organon scientiarum eingehend auseinandersetzte.

Dieses Problem hängt ab von dem der apriorischen Erkenntnis. Wir können uns nicht mit Erfolg um die Aufstellung von Gesetzen bemühen, wenn wir dabei unzählige Fälle zusammenstellen müßten und aus ihnen die Summe zu bilden hätten. Wir müssen aus wenigen Fällen im voraus die Allgemeinheit erkennen können. Wir bedürfen also der apriorischen Erkenntnis, die Kant als diejenige Erkenntnis bezeichnete, die sich durch Allgemeinheit und Notwendigkeit dessen, was sie erkannt hat, auszeichnet. Es muß hier ein deduktives Element geben, aus dem deduziert werden kann, mit dessen Hilfe man von einigen wenigen Fällen auf das Wirkliche und Mögliche zu schließen vermag. Dabei ist natürlich Voraussetzung, daß die Natur überhaupt unter Gesetzen steht.

Descartes [1596-1650] unterschied drei mögliche Vorstellungen von Dingen und Dingverhältnissen, die wir uns machen: 1. Die ideae adventitiae, die von außen auf uns zukommen (advenire), mit der Wahrnehmung zusammenfallen. 2. die ideae a me ipso factae. Unter ihren Begriff fällt alles, was ich mir an Meinungen bilde, was ich an Vorstellungen habe. Sie reichen niemals bis zur wissenschaftlichen Haltbarkeit. 3. Die ideae innatae, die sogenannten eingeborenen Ideen. Sie sind für die Möglichkeit apriorischer Erkenntnis, für die Erkenntnis von Gesetzen entscheidend.

Wenn ein Wissenschaftler das Verhältnis zwischen Fallraum und Fallzeit feststellen will, dann errechnet er die gesetzmäßigen Beziehungen in seinem Kopf. Nun lautet die entscheidende Frage: Stimmen die errechneten Gesetze mit dem Verhalten der Naturvorgänge überein?

Descartes stellte die Frage nach der realitas obiectiva, nach der objektiven Gültigkeit solcher Prinzipien, die uns nicht von der Natur in der Erfahrung gegeben werden, sondern die wir mitbringen und in die Erfahrung hineinlegen. Und weiter forscht er: Wo habe ich überhaupt eine Erkenntnis, die ich nicht zu bezweifeln brauche? Hatte nicht im Altertum Demokrit schon von der Subjektivität der Sinnesqualitäten gesprochen und behauptet, daß sie nicht reale Eigenschaften der wahrgenommenen Körper, sondern nur subjektive Zustände des wahrnehmenden Subjekts seien? Kann man nicht auch an der Wahrnehmung der Sinne zweifeln?

Diese Fragestellung Descartes' ist seine eigentliche geschichtliche Tat. Hier beginnt die kritische Erkenntnislehre. Descartes trifft folgende Entscheidung: Es gibt unter all den Gegenständen, die ich zu erkennen trachte, nur einen, den ich mit Sicherheit zu erkennen vermag – und das bin ich selbst. Von meiner Existenz allein kann ich mich untrüglich überzeugen, und zwar durch die Tatsache, daß sich mein Ich im Zweifeln, d.h. im Denken, als wirkliches über alles Zweifeln erhabenes Sein erfährt. Cogito ergo sum, lautet die bekannte Folgerung Descartes.

Wie komme ich nun von dem Wissen von mir selbst zum Wissen von anderem, das allein eine Wissenschaft möglich macht? In Beantwortung dieser Frage geht Descartes vom Beweise des Daseins Gottes aus. Wir haben in uns die Idee eines vollkommensten Wesens. Sie übersteigt uns als unvollkommenes Sein; deshalb können wir sie nicht hervorgebracht haben, sie muß von Gott selbst stammen. Und das bedeutet, daß Gott existiert.

Descartes verwendet auch das ontologische Argument, das uns zuerst bei Anselm von Canterbury begegnet war. Wenn nun die Existenz Gottes bewiesen ist, und zwar nicht als eines beliebigen Wesens – etwa als Weltbaumeisters –, sondern als vollkommensten Wesens (ens realissimum et perfectissimum), dann folgt, daß Gott notwendig ein deus benignus, ein gütiger, gnädiger Gott ist. Wenn dem aber so ist, dann kann er den Menschen unmöglich mit Prinzipien ausgerüstet haben, die nicht zur Erkenntnis der Welt taugen und die ihn täuschen. Gott kann kein deus malignus sein – in diesem Punkt freilich gleicht die Metaphysik der Erkenntnistheorie bei Descartes der alten Metaphysik. – Soweit die Deduktion der objektiven Möglichkeit der eingeborenen Ideen.

In Descartes' ideae adventitiae stellt sich die andere Seite unserer Erkenntnis dar. An ihr kann man zweifeln, sie ist Sinnestäuschungen unterworfen. Sie ist Erkenntnis aposteriori, was nicht ein zeitliches Nachher bedeutet, sondern Erkenntnis vom Einzelfall, von der Erfahrung aus – wogegen die oben behandelte apriorische Erkenntnis auf allgemeinen Prinzipien beruht.

In unserer Sinneserkenntnis liegt nun ein großes Problem. Der Mensch ist, wie Descartes es in seiner Zweisubstanzenlehre ausführt, offensichtlich in zwei gänzlich voneinander verschiedene Wesen aufgespalten. Einerseits ist uns ein Bewußtsein zu eigen mit Vorstellungen, die sich ständig ändern, und andererseits sind wir biologische Wesen. Wir gehören sowohl dem Reich der cogitatio als auch dem der extensio an. Wie ist es nun möglich, daß von einem Ding in der extensio eine Idee in der cogitatio hervorgebracht wird?

Wie ist eine Wirkung von der extensio auf die cogitatio oder umgekehrt denkbar, d.h. wie ist das doch unleugbare Phänomen der Zusammenordnung von Physischem und Psychischem zu erklären? Gibt es eine psycho-physische Kausalität?

Diese Fragen erörtern also die höchst wichtigen Beziehungen zwischen unserem seelischen Innen und dem äußeren Getriebe der Welt. Sie lassen sich auch in bezug auf die Handlung stellen. Hier wird im Bewußtsein ein Zweck gesetzt, und dann besteht die Handlung eben darin, daß er durch den Willen verwirklicht wird. Dabei müßte doch eigentlich eine Einwirkung von der cogitatio auf die extensio – im umgekehrten Sinn wie bei der Wahrnehmung – erfolgen.

Arnold Geulincx [1624-1669] bestreitet als Vertreter eines scharfen Rationalismus jede Möglichkeit einer Einwirkung der beiden Substanzen aufeinander. Er stützt sich dabei auf sein Axiom der unerschütterlichen Wahrheit (axioma inconcussae veritatis): quod nescis quomodo fiat, id non facis, d.h. wovon du nicht weißt, wie es verwirklicht wird, das bewirkst du auch nicht. Um das unbestreitbare Phänomen eines Zusammenhanges zwischen extensio und cogitatio erklären zu können, verfiel Geulincx auf einen seltsamen Ausweg: In jedem einzelnen Fall, in dem scheinbar die beiden Substanzen aufeinander wirken, greift Gott selbst ein. Bei jeder Gelegenheit, occasio, – danach heißt die von Geulincx vertretene Anschauung Okkasionalismus

– einer Wahrnehmung, ruft Gott im Menschen die entsprechende Vorstellung hervor, wie er auch bei der Handlung bewirkt, daß dem Vorgang in der extensio die Vorstellung in der cogitatio entspricht. Für jede Kleinigkeit bemüht man hier also Gott, was eigentlich eine Entwürdigung des höchsten Wesens bedeutet. – Schon dieser Erklärungsversuch zeigt, daß Metaphysik und Erkenntnistheorie enger zusammenhängen, als man es meist annimmt. Die Grundprobleme der Erkenntnisse sind selbst metaphysische Probleme; denn Erkenntnis setzt eine Wirkungsweise voraus, die wir nicht erklären können.

Es gibt nun noch andere Möglichkeiten, sich das Phänomen menschlicher Handlung und Wahrnehmung verständlich zu machen. Spinoza [1632-1677] weist in seinem pantheistischen Weltbild eine solche auf. Die Grundthese seines Hauptwerkes, der »Ethica«, ist, daß über den zwei Substanzen, die Descartes sich dachte, eine dritte steht, die jenen beiden gemeinsam ist und sie umfaßt (vgl. Zeichnung). Diese höhere Substanz ist zugleich Gott. Sie allein

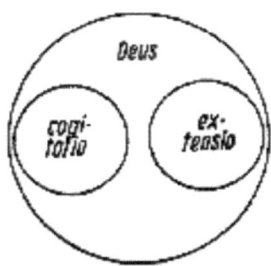

ist selbständig, und im Grunde besteht nur sie als einzige Substanz. Sie entfaltet sich aus sich selbst heraus, zerfällt in ihre modi, die Einzeldinge oder Ideen als Daseinsweisen, und ergibt so die Welt. Diese Lehre Spinozas, in der er Gott als das Prinzip verstand, was in allem ist, stellt einen einheitlichen Pantheismus dar, der später sehr bekannte Vertreter in Lessing und Goethe fand.

Die unendliche Substanz besteht aus unendlich vielen Attributen, unter denen Spinoza das gesprochen, versteht, was der Verstand als die Wesensbeschaffenheit der Substanz erkennt. Diese unendlich vielen Attribute bestehen aber nur sub specie aeternitatis, unter dem Gesichtspunkt des Ewigen, Unendlichen. Wir erfassen nur zwei von ihnen, die extensio und die cogitatio, die, bildlich nur zwei Sektoren eines Kreises darstellen. Indem wir sie erkennen, erfahren wir uns selbst als psycho-physische Wesen (vgl. Zeichnung). Diese beiden Attribute sind wesensverschieden. Aus dem Grundsatz des Rationalismus folgert Spinoza, daß es eine Wirkung von der extensio auf die cogitatio oder umgekehrt nicht geben kann. Wohl aber besteht in jedem Attribut eine series modorum, eine Reihenfolge der Dinge und Geschehnisse.

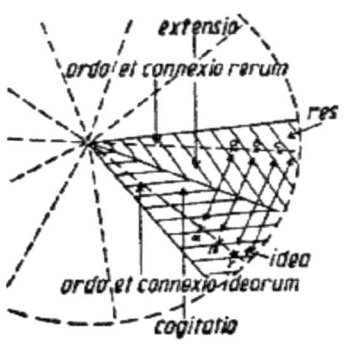

Da nun alles von Gott stammt und die beiden Attribute zu ein und derselben Substanz gehören, so ist die Ordnung und Verbindung, die Abfolge der Dinge und Geschehnisse in der extensio dieselbe wie die Ordnung und Verbindung der Ideen in der cogitatio (ordo et connexio rerum idem ac ordo et connexio idearum). Wenn ich eine res a habe, dann muß ihr in der cogitatio eine idea « entsprechen, weil die Abfolge der Ideen in diesem Attribut identisch mit der Abfolge der Dinge in dem anderen Attribut ist. Wegen der Parallelität der Vorgänge ist diese Theorie Parallelismus genannt worden.

Eine weitere Erklärung des Erkenntnisproblems, dem wir uns hier besonders widmen wollen, hat noch im selben Jahrhundert Leibniz [1646-1716] gegeben. Er ist der Ansicht, daß wir es gar nicht wissen können, ob es eine Welt der extensio, der Materie, eine alogische Welt gibt, denn wir können von ihr nur Kenntnis aus unseren Vorstellungen haben. Deshalb läßt Leibniz die Substanz der extensio fallen und nimmt an, daß es nur eine Art von Substanz gibt. Sie allerdings muß sich vervielfältigen, aus vielen Einheiten bestehen, aus Monaden, von denen jede die Welt repräsentiert. Die Welt besteht nicht in der Materie, sondern in den Monaden. Diese sind unendlich kleine unausgedehnte Punkte.

Es kann nun sein, denkt Leibniz weiter, daß die Monade sich abstuft nach unten, der Mensch ein höchstes Entwicklungsstadium ist, in dem sich eine Innensphäre herausgebildet hat, daß es vielleicht aber unbewußte Monaden gibt, welche auch die Welt repräsentieren. Leibniz stellt sich eine Stufenfolge etwa so vor: Zuunterst steht das Anorganische, das nur unbewußte Repräsentationen hat. Darauf folgt die Pflanze, deren Aufbauprinzip Leibniz, Aristoteles folgend, Entelechie nennt. In der nächsthöheren Stufe, der des Tieres, erwacht bereits das Bewußtsein. Zuoberst steht der Mensch, bei ihm tritt das Selbstbewußtsein hinzu. Er hat nicht nur die Fähigkeit der perceptio, er kann nicht nur die Welt spiegeln, repräsentieren, sondern er vermag dabei die Reflexion auf sich selbst (apperceptio) zu vollziehen.

Die Erkenntnis bedeutet hier nichts anderes, als daß in unserem Bewußtsein die Vorstellungen von den Formen, die es in der Welt gibt, wiederkehren. Leibniz nennt die Gebilde, die in unserem Bewußtsein aufkommen und in ihm ein Weltbewußtsein bilden, repraesentatio mundi. In diesen Vorstellungen ist die ganze Welt enthalten. Auf dieser Feststellung gründet Leibniz einen neuen Erkenntnisbegriff: Die Monade bringt in sich eine Mannigfaltigkeit von Perzeptionen hervor. Verlangt nun aber das Erkenntnisproblem wirklich, daß sie durch etwas außer ihr hervorgerufen werden, kann nicht vielmehr im Wahrnehmenden etwas eingeboren sein, das in ihm in dem der Wahrnehmung entsprechenden Moment die Perzeption hervorbringt? Leibniz bejaht das letztere. Die Monade kann gar nichts von außen aufnehmen, denn sie hat keine Fenster.
Wie kommt aber nun die Parallelität der Vorstellungen zustande, wie geschieht es, daß einer bestimmten Vorstellung in der einen Monade eine bestimmte Vorstellung in anderen Monaden entspricht? Spinoza hatte diese Frage dadurch gelöst, daß er alles im Göttlichen verankert hatte. Leibniz bemüht sich um die Lösung dieses Problems mit seinem Prinzip der prästabilierten Harmonie, der von Anbeginn der Dinge festgesetzten Bezogenheit der Monaden aufeinander und insbesondere der genauen Entsprechung von Leiblichem und Seelischem. Die Fensterlosigkeit der Monaden fordert, daß jede nur von innen heraus das entwickelt, was sie schon vorher in sich hat. In dieser Entwicklung besteht eine genaue Entsprechung unter den einzelnen Monaden.

Bei seiner Darstellung greift Leibniz wieder auf den mittelalterlichen Gottesbegriff zurück und säkularisiert ihn in gewisser Weise. Im Verstande Gottes, im intellectus infinitus, der nach seinen Ideen die Welt schafft, ist alles vorbereitet worden. Er hat die Monaden so eingerichtet, daß sie in strengem Gleichmaß nach einer Richtung hin ablaufen.

Dieses Verhältnis hat Leibniz in dem bekannten populären Uhrengleichnis ausgedrückt. Man denke sich zwei Uhren, die in ihrem Gang genau miteinander übereinstimmen. Für das Zustandekommen dieser Übereinstimmung gibt es drei Möglichkeiten:

1. Die Pendel der Uhren sind miteinander verbunden. Dieses Bild entspricht dem psycho-physischen Parallelismus.

2. Eine nachregulierende Hand ist ständig tätig, um jede mögliche Abweichung auszugleichen. Dieses Gleichnis ist auf den Okkasionalismus bezogen.

3. Der Werkmeister hat von Anbeginn der Dinge die Werke der Uhren so präzis konstruiert, daß ihr Pendelschlag für alle Zeiten derselbe bleiben muß. Das trifft zu auf Leibniz' prästabilierte Harmonie.

Die Theorien des 17. Jahrhunderts erweisen sich durchweg als anfechtbar. Das ist der Grund, weshalb aus einer gewissen ewigen Notwendigkeit heraus nun der idealistischen Betrachtungsweise des Erkenntnisproblems eine Gegenthese erwächst im Empirismus, der die Problematik allein vom Aposteriorischen her anfaßt. Vertreter einer solchen Theorie ist im 17. Jahrhundert der Engländer John Locke [1632-1704]. Freilich ist bei ihm die ganze Argumentation etwas vorschnell.

Er wendet sich in seiner Kritik zunächst gegen die eingeborenen Ideen. Wenn es sie wirklich gäbe, dann müßten sie doch schon von früh an im Kinde nachzuweisen sein. Wo aber sind die großen axiomatischen Prinzipien, etwa das der Gottesidee oder des Satzes der Identität oder des Widerspruchsprinzipes beim Kinde zu finden? Ist nicht vielmehr die Entstehung der allgemeinen Idee nur auf die Erfahrung zurückzuführen?

Die Theorie läuft auf einen gewissen Nominalismus hinaus, der sich bei Locke auf die Prinzipien bezieht, von denen Descartes meinte, daß Gott sie garantiere. Am Kinde und am Bewußtsein des Primitiven, dessen Analyse überhaupt in diesem Jahrhundert einsetzt, erweist Locke, daß es eingeborene Ideen nicht gibt. Quelle der Erkenntnis ist allein die Erfahrung.

Locke unterscheidet dabei zwischen äußerer Erfahrung (sensation), die durchaus im alten Sinn als aus der Außenwelt kommend und durch die fünf Sinne vermittelt gedacht wird, und innerer Erfahrung (reflection), die in der Umwendung der Sinne gegen sich selbst besteht, in dem, was die Scholastiker intentio secunda nannten. Während für Descartes die eingeborenen Ideen das Einfache waren – und noch Leibniz spricht von den simplices – sind für Locke einfach gerade die unmittelbar aus der Wahrnehmung entsprungenen Ideen, wogegen die allgemeinen Ideen, die wir freilich aus den einfachen durch Verknüpfung im Verstand bilden können, sekundär und komplex sind.

Diese Richtung, bei der die Einseitigkeit besonders stark in Rechnung gesetzt werden muß, heißt Sensualismus. Dieser ist die eigentliche Gegenthese zum Apriorismus, der bei Leibniz seinen Höhepunkt erreicht hatte. So erscheint das ganze Erkenntnisproblem in zwei Lager gespalten. Offenbar gibt es zwei Stämme der Erkenntnis, den sinnlichen Stamm und den Stamm der Besinnung auf die Prinzipien, den aposteriorischen also und den apriorischen. Locke erkannte nur den ersten an. Er formulierte seinen Standpunkt in dem Satz: nihil est in intellectu, quod non prius fuerit in sensu, d.h. nichts ist im Verstand, was nicht vorher in den Sinnen gewesen ist. Leibniz betonte den apriorischen Stamm und antwortete ebenfalls mit einem Schlagwort, indem er gegen Locke eine Ergänzung zu dessen These ins Feld führte: ... nisi intellectus ipse, ausgenommen der Intellekt selbst. Er meinte damit, daß die Erfahrung, die er als Erkenntnisquelle zugibt, doch ein »Geschäft« sei, wie Kant es ausdrückte, wozu Verstand gehöre. Die reflection war für Locke die uns näherliegende Erkenntnisquelle. Wir sind uns selbst nähere und deshalb, wie Locke meint, besser gegebene Gegenstände. Die Selbstgegebenheit des Bewußtseins steht uns immer zur Verfügung.

An diesem Punkt setzte George Berkeley [1685-1753] ein mit einem erkenntnistheoretischen Idealismus als »Immaterialismus« oder einem – von Kant so genannten – empirischen Idealismus. Er geht davon aus, daß die äußeren Gegenstände uns durch die fünf Sinne nur fragwürdig gegeben seien, daß das Innere allein Gewißheit besitze.

Descartes hatte analysiert: Was bleibt von einem Stück Wachs übrig, wenn ich sämtliche an ihm haftenden Eigenschaften abziehe? Quelque chose étendue, etwas Ausgedehntes, hatte er geantwortet und war so auf die räumliche Ausdehnung als einziges, der körperlichen Substanz zukommendes Prädikat gekommen. Berkeley setzt die Analyse fort: Wenn ich wirklich alle Eigenschaften abziehe, bleibt nicht einmal die Ausdehnung übrig, sondern gar nichts.

Mit diesem Nichts ist der subjektive Idealismus erreicht. Wie mit dem Stück Wachs ist es mit allem anderen. Auch von dem Menschen, der in der Außenwelt bestehen soll, bleibt nichts übrig. Alles, was wir mit Sicherheit aussagen können, ist nur, daß es unsere Vorstellungen, Vorstellungen des Subjekts gibt. Damit wird die ganze Welt der Objekte zu einer Welt der bloßen Vorstellungen. Die Wahrnehmung wird fragwürdig, und es verbleibt allein die Vorstellung, die wir glauben, von der Außenwelt bekommen zu haben. An die Stelle der Mannigfaltigkeit der Außenwelt tritt eine Mannigfaltigkeit im Bewußtsein.

Diese Theorie ist besonders lehrreich, weil sie erkenntnistheoretisch ein Extrem ist. Es wäre nun doch auch möglich, daß das, was für Leibniz die Hauptsache war, die Person, bloße Vorstellung wäre, daß ich selbst allein (solus ipse) mit dem Vorstellungsinhalt meines Bewußtseins verbliebe. Eine solche – Solipsismus genannte – Theorie ist später tatsächlich aufgetaucht. Hans Driesch [1867-1941], der aus dem Neukantianismus hervorgegangen ist, hat mit dem Solipsismus begonnen. Der Solipsismus ist das Musterbeispiel einer Theorie, die einen möglichst großen Vorstellungsinhalt aus einem Prinzip, dem Ich, erklären will. Berkeley zog allerdings seine Konsequenzen nicht so weit. Er behielt die Vielheit der menschlichen Subjekte übrig. Als einzige Substanz bleibt das, was Descartes als die cogitatio bezeichnet hatte.

Die Erkenntnistheorie tendiert nun wieder, nachdem sie in Extreme verfallen war, zurück zur Synthese der Gegensätze, wobei die Einseitigkeiten weggelassen werden. Das bedeutet, daß man wieder wie im Altertum mit zwei Erkenntnisstämmen rechnet. Hier ist der Punkt, an dem Kant einsetzt. Bevor wir uns ihm zuwenden, haben wir uns noch mit dem englischen Philosophen David Hume [1711-1776] zu beschäftigen, der Kant aus seinem »dogmatischen Schlummer« weckte. Hume wendet sich mit seiner Kritik gegen den Apriorismus, wo dieser sich auf die Tatsachenerkenntnis auszudehnen sucht. Ist es wahr, daß Prinzipien wie das der Kausalität oder der Substanz wirklich bestehen? Schon Berkeley hatte ja das Vorhandensein einer materiellen Substanz bestritten. Wie ist es vor allem mit dem Kausalitätsgedanken? Er kommt doch etwa so zustande: Wenn ich einmal oder mehrere Male wahrgenommen habe, daß auf ein Geschehnis A ein Geschehnis B folgt, dann bin ich geneigt, bei den nächsten Malen dieselbe Abfolge anzunehmen. Warum erwarte ich aber nun, daß aus einer Bewegung A eine Bewegung B folgt? Gegeben sind mir doch nur erstens die Wahrnehmung der Bewegung A, zweitens die Wahrnehmung der Bewegung B und drittens das Nacheinander der beiden Wahrnehmungen, deren zeitliche Aufeinanderfolge. Was tue ich, wenn ich glaube, daß die Bewegung A die Bewegung B hervorruft? Ich wandle, antwortet Hume, das post hoc, das Nachher, in ein propter hoc, in ein Deswegen um. Was mich aber darauf bringt, so zu tun, ist keine eingeborene Idee, sondern die Erfahrung. Sie bewirkt ein eigentümliches Wechselspiel der Vorstellungen, Assoziationen, Verbindungen einzelner Vorstellungen untereinander. Die Vorstellung A assoziiert sich so fest mit der Vorstellung B, daß ich sie mir nacheinander vorstellen muß, und in diesem Sichvorstellenmüssen steckt schon das propter hoc. Die Natur unserer Vorstellungen überhaupt ist so geartet.

Descartes' Grundproblem war: Wer garantiert mir, daß meine eingeborenen Ideen in der cogitatio ihre objektive Gültigkeit in der extensio haben? Descartes antwortet darauf noch: Gott. Das verschmäht Hume. Für ihn gibt es nicht mehr die Idee eines deus benignus. Für ihn ist es unmöglich nachweisbar, daß tatsächlich etwas bestehe, was notwendig die Wirkung aus der Ursache hervorgehen ließe.

Hebt man aber nun tatsächlich die Idee der Kausalität auf, dann stürzt die ganze Naturwissenschaft von Galilei bis Newton hin. Das alles wäre ebenso subjektiv gemacht, Bild des einzelnen Menschen, wie Berkeley das von der ganzen Außenwelt behauptet hatte. Gibt es nicht doch vielleicht einen Grund, durch den wir uns überzeugen können, daß die Kausalität und andere auf die Erfahrung angewandte Prinzipien objektive Gültigkeit haben?

Das ist die Frage, von der Kant [1724-1804] ausgeht. Hier muß die bisher geschichtliche Betrachtung in eine systematische übergehen; denn das jetzt zu Erörternde ist heute noch Problem.

5. Kant (Systematische Darstellung)

Prinzipien, die objektive Gültigkeit haben, und die in allen theoretischen Wissenschaften der Vernunft enthalten sind, stellen die synthetischen Urteile a priori dar. Von ihnen handelt die »Kritik der reinen Vernunft«, die 1781 erschien, und deren Grundtatsachen auch durch eine spätere Überarbeitung nicht umgestoßen wurden. Mit ihnen wendet sich Kant, wie vorher Hume, der besonders schwierigen apriorischen Seite der Erkenntnis zu.

Es gibt nach Kant zwei Arten von Urteilen. Bei der einen ist es so, daß das Prädikat des Urteils im Subjekt enthalten ist. Wenn ich z.B. sage: »Alle Körper sind ausgedehnt«, so bedeutet das, daß ich nur eines der Prädikate des Begriffes der Körperlichkeit von der Vielzahl der Bestimmungen, die zu diesem Begriff gehören, herausnehme. Es gilt für alle Körper, auch für den geometrischen. Ein solches Urteil ist analytisch. Es kann aber auch etwas ausgesagt werden – und das ist die zweite Art der Urteile –, was

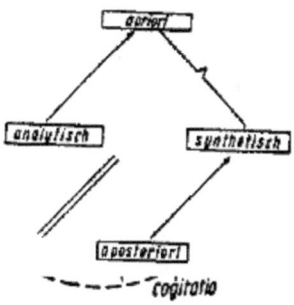

nicht im Subjektbegriff enthalten ist, z.B.: »Alle Körper sind schwer.« Dieses Prädikat liegt nicht im Wesen der Körperlichkeit. So kann bei geometrischen Körpern von Schwere nicht die Rede sein. Es handelt sich um ein Urteil, das nicht analytisch ist. Es muß zu den Merkmalen, die im Subjekt enthalten sind, noch etwas hinzugefügt werden. Das ist aber erst möglich, wenn ich erfahren habe, daß die Schwere zu den Körpern gehört. Diese Urteile sind synthetisch. Sie sind der Ausdruck der neu gewonnenen Einsicht.

Quer zu dieser Einteilung der Urteile steht eine andere (vgl. Zeichnung). Es gibt aposteriorische und apriorische Urteile, einerseits Urteile, die aus der Erfahrung stammen, letzten Endes also von dem, was die Sinne bzw. das direkte Erleben uns sagen und andererseits Urteile, die wir zuerst in der Allgemeinheit erschauen, und die deswegen für alle

Gegenstände gelten müssen. In dieser Einteilung äußert sich wieder die Zweiheit der Erkenntnisstämme. – Es ist nun zu untersuchen, wie sich die Urteile in der sich überschneidenden Einteilung zueinander verhalten. Es lassen sich hier folgende Aussagen machen (vgl. Zeichnung):

1. Alle analytischen Urteile sind apriorisch, da das Prädikat nur aus dem Subjektbegriff entnommen wird. Als allgemeines, universales Urteil (alle S sind P) ist diese Aussage nicht umkehrbar. Nicht alle, sondern nur einige apriorische Urteile sind analytisch.

2. Alle aposteriorischen Urteile sind synthetisch, weil sie auf der Erfahrung beruhen, die dem, was wir schon wissen, etwas hinzufügt.

3. Es gibt keine analytischen Urteile, welche aposteriorisch sind, da kein Begriff aus der Erfahrung gewonnen wird.

4. Es ist wohl möglich, daß es synthetische Urteile gibt, die apriorisch sind. Das Prädikat solcher Urteile sagt etwas aus, was weder in der Reihe der in dem Subjektbegriff enthaltenen Eigenschaften liegt, noch aus der Erfahrung kommt. Das Ausgesagte rührt vielmehr von solchen apriorischen Prinzipien her, die einst Descartes unter den ideae innatae verstanden hatte, die aber jetzt nach Lockes Kritik nicht mehr »eingeboren« genannt werden. Gerade die synthetischen Urteile a priori sind für die Wissenschaft besonders bedeutungsvoll.

Kant führt nun den Nachweis, daß es synthetische Urteile a priori in der Tat in großer Zahl gibt. So ist z.B. in der Geometrie das Urteil: die Gerade ist der kürzeste Weg zwischen zwei Punkten – ein synthetisches Urteil a priori. Es kann nicht analytisch sein, weil das Prädikat, die Kürze, eine

Quantität aussagt, wogegen im Subjektbegriff eine Qualität liegt, die Geradheit nämlich, die ausdrückt, daß die Richtung der Linie sich nicht ändert. Erst die Synthese zwischen dem Begriff der Geradheit und dem der Kürze ergibt das Axiom.

Vor allem auch in der Mathematik sind synthetische Urteile a priori leicht nachweisbar. Der Satz 7+5 = 12 ist auch synthetisch, der Begriff der 12 ist nicht in dem bloßen Begriff der Vereinigung von 5+7 enthalten. Man vermag die Synthesis erst zu vollziehen, wenn man die Anschauung zu Hilfe nimmt, sich die räumlich vorstellt und sie nach und nach zu dem Begriff 7 hinzufügt.

Daß synthetische Urteile a priori möglich sind, ist gewiß. Die Frage lautet nun, wie sie möglich sind, und ob sie objektive Realität haben. Und wenn sie diese haben, unter welchen Bedingungen das möglich ist.

Auch die Naturwissenschaft enthält synthetische Urteile a priori in sich. Die Gesetze sind gemischt empirisch-apriorisch. Im Unterschied zu der Regel, welche, wie es populär heißt, die Ausnahme bestätigt, verträgt das Gesetz keine einzige Ausnahme. Für dieses gilt, was Francis Bacon äußerte: Eine einzige negative Instanz ist stärker als 99 positive. Die exakte Naturwissenschaft bemüht sich, wirkliche Gesetze zu ergründen. Es genügt dazu nicht, wenn wir noch so oft bemerkt haben, daß z.B. die Körper schwer sind und zur Erde fallen, und auch nicht, wenn wir sogar wissen, daß die Fallgeschwindigkeit mit zunehmender Fallzeit größer wird. Die Aufstellung des Gesetzes ist ohne apriorische Prinzipien nicht möglich, wenn es auch immer erst von der Natur abgelesen werden muß.

Die Urteile der Metaphysik sind wenigstens ihrem Zweck nach durchweg synthetische Urteile a priori. So sucht die Seelenmetaphysik zu beweisen, daß die Seele unsterblich sei. Das aber kann kein empirisches Urteil sein. Man glaubte vielmehr, aus einem apriorischen Prinzip den Beweis führen zu können. Man nahm die Seele als Substanz an und als das Wesen der Substanz, daß sie weder geschaffen werde noch vergehe. Das ist aber nun in Wirklichkeit lediglich denkbar, keinesfalls aber zu beweisen. Zu diesen Urteilen der Metaphysik gehören auch die Gottesbeweise, die im Grunde auf dem Glauben beruhen,

Synthetische Urteile a priori sind nur möglich, wenn es absolut gewisse Prinzipien gibt, aus denen sie folgen. Ein solches Prinzip ist das des Raumes, der als solcher reine Anschauungsform ist. Der Raum ist eine Bedingung der Möglichkeit, unter der synthetische Urteile a priori möglich sind. So ist z.B. der Satz: Die Winkelsumme im Dreieck beträgt zwei Rechte, nur aus der Anschauungsform des Raumes zu beweisen.

Die Frage nach dem Raum ist eine transzendentale Frage, eine Frage nach den Bedingungen der Möglichkeit der Erkenntnis. Mit dieser Frage beschäftigt sich der erste Teil der »Kritik der reinen Vernunft«, die transzendentale Ästhetik. (Ästhetik, von aísthesis, bedeutet hier nichts anderes als die Theorie der Wahrnehmung.) Sie läuft auf den Gedanken hinaus, daß Raum und Zeit solche Prinzipien seien, die von vornherein in unserer Wahrnehmung stecken. Sie deckt die beiden inneren Bedingungen auf, ohne welche die Wahrnehmung nicht zustande kommt.

Daß Raum und Zeit nicht aus der Erfahrung stammen, sondern vielmehr deren Grundlage bilden, weist Kant ausführlich nach. So ist der Raum, um nur einige Nachweise für ihn hier anzuführen, kein empirischer Begriff, der von der äußeren Erfahrung abstrahiert wäre, sondern er ist aller äußeren Anschauung schon vorausgesetzt. Denn es ist sehr wohl möglich, sich alle Dinge aus dem Raum wegzudenken, aber nicht umgekehrt sich die Dinge ohne Raum vorzustellen. – Der Raum kann auch kein nachträglich gebildeter Begriff sein. Denn dann müßte er diskursiv oder ein allgemeiner Begriff von Verhältnissen der Dinge überhaupt sein. Alle räumliche Begrenzung ist aber Begrenzung im Raum. Es gibt also nur einen Raum, und verschiedene Räume sind nur Teile eines und desselben. Der Raum kann somit nur reine Form der sinnlichen Anschauung sein und kein allgemeiner Begriff.

Einen wichtigen Hinweis auf die Problematik der transzendentalen Ästhetik gibt Kants Erklärung von »transzendental«. Er sagt: »Ich nenne alle Erkenntnis transzendental, die sich nicht sowohl mit Gegenständen, als mit unserer Erkenntnisart von Gegenständen, sofern diese apriorisch möglich sein soll, überhaupt beschäftigt.« Es handelt sich also hier nicht um die Gegenstände der Wahrnehmung, sondern um die Wahrnehmung selbst. Aller Sinneswahrnehmung schon vorausgesetzt sind Raum und Zeit als apriorische Anschauungsformen. »Transzendentaler Idealismus« bei Kant bedeutet, daß die Dinge, wie wir sie wahrnehmen, durch Prinzipien bedingt sind, die unsere Anschauungsformen sind. Damit soll nicht eine Aufhebung der Realität ausgesprochen sein.

Der zweite Teil der »Kritik der reinen Vernunft« beschäftigt sich mit der Lehre von den Kategorien. Die Kategorien bringen wir mit und legen sie in die Erkenntnisse hinein.

»Kategorie« ist nur ein anderer Name für das, was Descartes unter den ideae innatae verstand, was für Leibniz die simplices oder für Platon einfach die Ideen waren. Die Hauptfrage bei diesem Thema ist: wie kann man sich von der objektiven Gültigkeit unserer Kategorien überzeugen? Kant leitet die Kategorien von den Urteilstafeln ab, d.h. von den Arten des Urteils, die von der formalen Logik aufgestellt worden sind.

Urteile	Kategorien der Quantität	Urteile	Kategorien der Qualität
singuläre, einzelne Urteile	Einheit	affirmative, bejahende Urteile	Realität
partikuläre, besondere Urteile	Vielheit	negative, verneinende Urteile	Negation
universale, allgemeine Urteile	Allheit	limitative, unendliche Urteile	Limitation

Urteile	Kategorien der Relation	Urteile	Kategorien der Modalität
kategorische Urteile	Substanz (Subsistenz und Inhärenz)	assertorische Urteile	Wirklichkeit – Unwirklichkeit
hypothetische Urteile	Kausalität (Kausalität und Dependenz)	problematische Urteile	Möglichkeit – Unmöglichkeit
disjunktive Urteile	Wechselwirkung oder Gemeinschaft	apodiktische Urteile	Notwendigkeit – Zufälligkeit

Für die Quantität der Urteile folgende Beispiele: Singulär: Ein S ist P; partikulär: einige S sind P; universal: alle S sind P. Es handelt sich bei diesen Urteilen wie bei den ihnen entsprechenden Kategorien um Quantitätsunterschiede.

Bei den Urteilen der Qualität sind affirmatives und negatives Urteil positives Behaupten und negatives Absprechen. Ihnen entsprechen die Kategorien der Realität und Negation. Von dem negativen Urteil (S ist nicht P oder S non est P) ist das unendliche (S ist [nicht-P], S est [non-P]) wohl zu unterscheiden. Ein unendliches Urteil findet sich in der apophatischen Theologie: Gott ist [non-P], menschliche Prädikate treffen auf ihn nicht zu. Wenn man im Altertum aussagte, daß der Ursprung der Dinge nur etwas sein könne, was keine besondere Bestimmtheit habe, was noch völlig unbestimmt sei (ápeiron), etwas, von dem man nicht wisse, was es sei, so ist das gleichfalls ein unendliches Urteil.

Von den Urteilen der Relation sagt das kategorische einfach ohne jede Bedingtheit aus (S ist P). Die Form des hypothetischen Urteils ist die der inneren Abhängigkeit (wenn A B ist so ist C D). Das disjunktive Urteil meint, daß von mehreren Prädikaten eines gelten muß (S ist entweder A, oder B oder C). Aus dem kategorischen Urteil leitet sich die Kategorie der Substanz ab, die auch in den zwei Gliedern Subsistenz und Inhärenz ausgedrückt werden kann, was dem mittelalterlichen substantia et accidentia entspricht. Dem hypothetischen Urteil muß etwas entsprechen, was auch in unserer Vorstellung von der Welt ein Wenn-so bedeutet, das heißt die Ursächlichkeit des einen Gliedes. Das ist die Kausalität, womit aber nicht die causa immanens, sondern die causa transiens, die in die Wirkung übergehende Ursache gemeint ist. Die Kausalität ist die Grundlage der modernen Naturwissenschaft. So grundlegend sie ist, so war ihr Nachweis doch nötig, da Hume sie nur als Assoziation gelten ließ. Das Problem der Kausalität ist von Galilei über Descartes bis in das 19. Jahrhundert hinein ein höchst wichtiges gewesen. Der Kausalitätsbegriff hat die alte Kategorie der Zweckmäßigkeit abgelöst. – Dem disjunktiven Urteil entspricht die Wechselwirkung. Alles, was gleichzeitig im Raum geschieht, beeinflußt sich gegenseitig.

Von den Urteilen der Modalität behauptet das assertorische einfach. Das problematische läßt einen Zweifel, ob es in Wirklichkeit so ist, und das apodiktische gilt bewiesenermaßen, mit Notwendigkeit. An diesen zwölf Kategorien ist allein schon höchst bedeutsam, daß die beiden Grundkategorien des naturwissenschaftlichen Denkens im Vordergrund stehen: Die Substantialität und die Kausalität. Substantialität bedeutet, daß es in allem Geschehen, in allem Fluß der Dinge doch etwas geben muß, was sich nicht verändert. In der alten Metaphysik war das die Materie. Hinter Kants Auffassung von der Substanz steht noch das Problem der Metaphysik, das im 19. Jahrhundert – namentlich bei Jul. Rob. Mayer – Energieproblem wird.

Bei der Beantwortung der so wichtigen Frage nach der objektiven Gültigkeit der Kategorien geht Kant von der Sphäre des menschlichen Subjekts aus, das er auch empirisches Bewußtsein oder empirisches Subjekt nennt. Ihm gegenüber steht eine Welt der Objekte, die uns in einer Mannigfaltigkeit von Vorstellungen gegeben ist. Durch die Wahrnehmung bekommen wir also etwas von den Objekten gegeben. Im Hintergrund unseres Verstandes stehen die Kategorien, und unter sie fassen wir das Sinnesmaterial, d.h. wir schreiben diese Kategorien den Objekten zu, die draußen stehen. Wir behaupten, daß zwischen diesen einzelnen Geschehnissen, die uns die Wahrnehmung gibt, Kausalität bestehe, daß das eine Geschehnis die Ursache eines anderen sei, oder wir behaupten, daß bei der Entwicklung der Lebewesen nur die Akzidenzen sich wandeln, die Substanz aber dieselbe bleibe.

Bei der Frage der transzendentalen Deduktion werden nicht die Kategorien selbst deduziert, sondern nur ihre objektive Gültigkeit, die Wahrheit dessen, was sie in unserem Verstande von den Objekten behaupten. Descartes hatte eine Deduktion der objektiven Gültigkeit der Kategorien aus dem Gottesbegriff versucht. Kant bemüht sich um die Deduktion aus einem transzendentalen Prinzip, d.h. aus einem solchen Prinzip, dessen wir uns apriorisch vergewissern können. In diesem Vorhaben liegt die Kernfrage der »Kritik der reinen Vernunft«. Das Prinzip der objektiven Gültigkeit der Kategorien besteht für Kant darin, daß die beiden Sphären des Objektes und des Subjekts nicht die einzigen sind, sondern daß sich um sie beide noch eine viel größere Sphäre breitet, die die Subjekts- und Objektssphäre einschließt (vgl. Zeichnung). Das ist die Sphäre der transzendentalen Prinzipien, die Sphäre von Raum und Zeit und der Kategorien. Kant nennt sie nicht wie die alte Metaphysik Verstand Gottes, sondern das transzendentale Bewußtsein oder die transzendentale Apperzeption. Die in ihr enthaltenen Prinzipien determinieren einerseits unseren Verstand und andererseits die Welt der Objekte, wie in der alten Metaphysik der göttliche Verstand einerseits unser Erkenntnisvermögen einrichtete und andererseits als Weltbaumeister das All schuf.

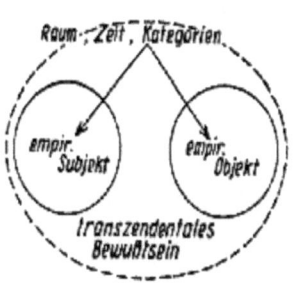

Unter diesen Verhältnissen ist die Erkenntnis der Welt mit unseren Kategorien sehr wohl ein Ding der Möglichkeit.

Kant hat die transzendentale Deduktion in der ersten Auflage der »Kritik der reinen Vernunft« in eine Reihe von Synthesen aufgelöst und gibt so eine Ergänzung der zweiten Auflage. In jeder Erkenntnis kommt notwendig eine dreifache Synthesis vor:

1. Die Synthese der Apprehension in der Anschauung. Das bedeutet, daß in der bloßen anschaulichen Wahrnehmung der Dinge schon eine Synthese steckt. Wir nehmen nicht einzelne Qualitäten, nicht Rot oder Grün oder einen bestimmten Geschmack allein wahr, sondern wir beziehen sie immer in einer Einheit auf anderes. Die Prinzipien unter denen wir die Eindrücke zusammenfassen, sind Raum und Zeit und die Kategorien, wie z.B. die der Substanz. Wenn wir nun die verschiedenen Sinneseindrücke nebeneinander stehen ließen, käme niemals ein Ding heraus. Wir beziehen die Eindrücke zusammen auf eine Substanz.

2. Die Synthesis der Reproduktion in der Einbildung. Sie bedeutet eine Wiedergewinnung, eine Wiederherstellung, wie sie die Gedächtnisfunktion leistet. Es ist die Vorstellungskraft, die das, was sie einmal aufgefaßt hat, in unserem Bewußtsein reproduziert.

3. Die Synthesis der Rekognition im Begriff. Hier handelt es sich um die Heraushebung des allgemeinen Begriffes. Es soll das Gleichartige der sonst voneinander verschiedenen Einzelfälle wiedererkannt werden. Diese Feststellung der durchgängigen Identität muß zur Reproduktion hinzukommen.

Dieser Reihenfolge Kants ähnelnd, ist schon bei Aristoteles folgende Stufung vorzufinden: 1. Wahrnehmung, 2. Gedächtnis und Wiedererinnerung, 3. Erfahrung, 4. das Herausheben des Allgemeinen, die Begriffsbildung, die Erkenntnis des Gemeinsamen. Auf letzteres, auf die Ermittlung des Gesetzes, kommt es in den Wissenschaften an.

Aus der transzendentalen Deduktion ergibt sich als Konsequenz eine Restriktion (Einschränkung, Begrenzung) der Kategorien. Die Anwendung der Kategorien ist gebunden an eine Bedingung: sie haben objektive Gültigkeit nur für Gegenstände möglicher Erfahrung. Wir verlassen das Gebiet der Erfahrung, sobald wir die Kategorien auf das anzuwenden versuchen, was Kant das Ding an sich nennt, das hinter den Erscheinungen steht, und das auch transzendentaler Gegenstand genannt wird. Nach Art des Dinges an sich aufzufassen wären etwa auch die unerkennbaren Monaden Leibniz', die hinter den Erscheinungen stehen, das Apeiron Anaximanders oder die Gottheit. Die transzendentalen Gegenstände überschreiten unser Erkenntnisvermögen.

Diese Restriktion darf nicht mißverstanden werden. Obgleich der Mensch z.B. auf Grund seiner Bindung an die Erdoberfläche die Rückseite des Mondes nicht zu betrachten vermag, kann er doch seine Kategorien auf sie anwenden. Er vermag den ganzen Mond als dreiachsiges Ellipsoid zu definieren. Hier liegt auch nach Kant eine berechtigte Anwendung der Kategorien vor. Die Rückseite des Mondes können wir bloß aus äußeren räumlichen Gründen nicht sehen; an sich ist sie sehr wohl ein Gegenstand möglicher Erfahrung.

Wir vermögen ja auch mit einem Blick die Form mancher Dinge, z.B. einer Vase oder eines Tisches zu erfassen, wenn wir sie auch nur von einer Seite sehen. Gegenstände jenseits der möglichen Erfahrung aber sind z.B. der Weltanfang, die Welt als Ganzes, die erste Ursache und das Wesen der Seele (ob sie Substanz ist oder nicht).

Das empirische Ding erscheint uns unter den Anschauungsformen Raum und Zeit und unter den Kategorien als konstitutiven Prinzipien. Diese determinieren die empirischen Objekte und die Deutung, die wir ihnen geben, aber auch uns selbst als empirisches Bewußtsein des eigenen Subjekts, in dem wir uns von anderen Subjekten unterscheiden. Das Ding an sich aber steht jenseits dieser Bestimmung. Es fällt nicht unter die Kategorien und auch nicht unter Raum und Zeit. Wir erkennen überhaupt nur Erscheinungen, nicht aber Dinge an sich – das ist eine charakteristische Formulierung des transzendentalen Idealismus.

Schema des transzendentalen Idealismus

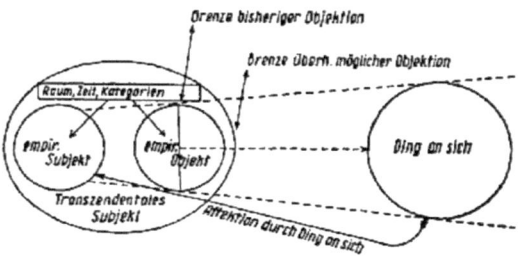

Was wäre nun, wenn hinter der Welt der Erscheinungen kein Ding an sich stände? Das würde bedeuten, daß die ganze Welt der empirischen Realität – der Dinge, Ereignisse und der Menschen, mit denen wir leben – Schein sein müßte, daß es sie gar nicht gäbe, sondern nur das Subjekt mit seinen Vorstellungen. Das wäre Berkeleys Idealismus.

Wenn die empirische Welt nicht etwas an sich Seiendes hinter sich hätte, dann wäre die Erscheinung leerer Schein. Kant aber unterscheidet streng zwischen Schein und Erscheinung. Letztere hat für Kant eine wohl fundierte Grundlage – wie schon Leibniz von dem phaenomenon bene fundatum sprach, das nicht identisch mit den unerkennbaren Monaden war. Es ist eine der wichtigsten Thesen der »Kritik der reinen Vernunft«, daß in der bloßen Sinneswahrnehmung unsere Sinne von dem Ding an sich affiziert werden.

Was können wir aber nun in Gedanken über das Ding an sich ausmachen? Unsere Kategorien reichen doch nicht bis zu ihm hin, und wenn wir es uns vorstellen, dann überschreiten wir doch schon die Grenze möglicher menschlicher Erkenntnis. Die transzendentalen Gegenstände bleiben eben – und das ist ein höchst wichtiger kritischer Gedanke – unerkennbar.

In der Mathematik ist die objektive Gültigkeit der synthetischen Urteile a priori durch unsere Anschauungsformen Raum und Zeit garantiert. In der Naturwissenschaft ruht sie auf dem System der Kategorien unseres Verstandes, unter der Bedingung, daß die Kategorien zugleich solche unserer Erfahrung sind. Kant hat dieses Verhältnis in einem obersten Grundsatz der synthetischen Urteile a priori ausgesprochen: »Die Bedingungen der Möglichkeit der Erfahrung überhaupt sind zugleich Bedingungen der Möglichkeit der Gegenstände der Erfahrung und haben darum objektive Gültigkeit in einem synthetischen Urteil a priori.« Die Bedingungen der Möglichkeit der Erfahrung sind die Kategorien: Erfahrung steht für die menschliche Erkenntnis. So läßt sich auch formulieren: Die Kategorien der Erkenntnis sind zugleich die Kategorien der Gegenstände der Erkenntnis. Unter solchen Bedingungen sind Kategorien mit objektiver Gültigkeit möglich.

Für die Metaphysik treffen diese Bedingungen nicht zu. Wir haben eben nicht einen intuitiven Verstand oder eine intellektuelle Anschauung, die aus sich heraus das Wesen aller Dinge erschauen könnten, ohne Erfahrung zu haben.

Es sieht nun beinahe aus, als ob die Welt zerfiele in Dinge an sich und in empirische Gegenstände. Und doch muß ein Zusammenhang bestehen, denn die Erfahrung unterscheidet sich doch gerade vom leeren Schein dadurch, daß das Ding an sich in ihr teilweise zur Erscheinung kommt. Hier liegt eine Schwierigkeit in Kants Lehre vom transzendentalen Gegenstand. Die Lösung kann man in folgendem sehen: Für die Erkenntnis des Dinges an sich müßte nach Kant eine Totalität der Bedingungen vorhanden sein. Wir aber haben nur die Möglichkeit der Erkenntnis innerhalb der Reichweite unserer Kategorien. – Wählen wir als Beispiel für einen transzendentalen Gegenstand das Wesen der Seele, so beweist die gerade nach Kant stark anwachsende Psychologie, daß es die Seele auch als Erfahrungsgegenstand gibt. Und doch ist andererseits die Seele zweifellos ein transzendentaler Gegenstand. Ebenso verhält es sich mit dem Wesen der Welt. Die Welt ist einerseits sehr wohl empirisches Objekt; andererseits aber liegt sie als Ganzes, liegen ihr Anfang und ihr Ende jenseits der Grenze der möglichen Erfahrung. Ein und dieselbe Welt ist einmal empirischer und das andere Mal transzendentaler Gegenstand.

Somit erstreckt sich der empirische Gegenstand bis an die Grenze des transzendentalen Bewußtseins und verlängert sich bis zum Ding an sich (vgl. Zeichnung S. 66). Der empirische Gegenstand deckt sich keineswegs mit dem, was wir schon von der Welt wissen, schon von ihr objektiviert haben, schließt aber die Möglichkeit fortschreitender Erkenntnis ein. Diese geht bis zur Grenze möglicher Erfahrung, und erst an dieser setzt das Ding an sich ein. Letzteres ist Erkenntnisgegenstand selbst, insofern als dieser als Ganzes gemeint ist, aber nur als Teil erfaßt werden kann. Die transzendentalen Gegenstände hängen mit den empirischen insofern zusammen, als diese sich zu jenen über die Grenze möglicher Erfahrung hinaus zu einer nur mit der Totalität der Bedingungen erfaßbaren Vollständigkeit auswachsen.

Ein und derselbe Gegenstand ist im transzendentalen Idealismus sowohl ideal als auch real, transzendental ideal und empirisch real. Diese Behauptung ist durchaus sinnvoll, weil transzendentaler Idealismus eben nicht bloße Vorstellung bedeutet, sondern nur, daß unsere Erkenntnis unter den Bedingungen des Verstandes steht. Kant geht in aller Strenge gegen Berkeleys Idealismus vor und nennt es sogar einen »Skandal der Philosophie«, daß man für die Realität der Dinge eines Beweises bedürfe.

Wenn Kant in den »Prolegomena« sagt, daß unser Verstand der Natur der Gesetze vorschreibt, so ist das nicht auf das empirische, sondern auf das transzendentale Subjekt zu beziehen, das seine Gesetze den Dingen vorschreibt. Dieses transzendentale Bewußtsein garantiert die objektive Gültigkeit der Kategorien, deren wichtigsten, die Substanz und die Kausalität, hier noch eine nähere Betrachtung erfahren sollen.

Der Grundsatz der Substanz besagt: Die Substanz kann weder erschaffen noch vernichtet werden. In allem Wechsel der Erscheinungen beharrt etwas, was nicht mehr entsteht und vergeht. Das zu beweisen, dient folgendes Argument Kants: Veränderung kann es überhaupt nur an etwas geben, was unveränderlich ist, was identisch bleibt. Veränderung bedeutet nämlich nicht, daß ein Ding A mit einem Ding B vertauscht würde. Wenn ein Ding nur an die Stelle eines anderen träte, so wäre das einfach ein Wechsel. Vielmehr muß ein A im Zeitpunkt t1, mit irgendwelchen Bestimmungen auftreten, etwa b, c, d, im Zeitpunkt t2 aber mit anderen Bestimmungen, etwa mit d, e, f. Bei Veränderung muß immer etwas beharren, nur die veränderlichen Bestimmungen wechseln dabei. Veränderung ist es, wenn ein und derselbe Körper zuerst fest ist, flüssig und dann gasförmig wird, oder wenn aus einem Kind ein Mann wird. Veränderung ist nur möglich an etwas Beharrendem, oder, paradox formuliert: nur das Unveränderliche kann verändert werden, das Veränderliche erleidet Wechsel.

Der Grundsatz der Kausalität bedeutet: Alles, was geschieht, hat seine Ursache in einem früheren Geschehen und ist in gleicher Weise wieder Ursache eines späteren Geschehens. Dabei folgen aus gleichen Ursachen gleiche Wirkungen. – Humes auflösende Analyse hatte die Kausalität als Denkgewohnheit, als Assoziation hingestellt. Was ist nun gegen Hume zu sagen, wie kann man erweisen, daß die Dinge und Geschehnisse selbst, wie die Vorstellungen, verbunden sind? Hume hatte gesagt, daß wir bei einem für kausal gehaltenen Geschehen eigentlich nur die Bewegung A, die Bewegung B und das Nacheinander dieser beiden Vorgänge mit Sicherheit feststellen könnten. Das Nacheinander deuten wir dann in ein Durcheinander, in ein propter hoc, um. Kant stellt demgegenüber zwei Phänomene nebeneinander. Wenn ich z.B. vor einem Hause mit breiter Fassade stehe, die ich nicht mit einem Blick zu erfassen vermag, so lasse ich meinen Blick willkürlich wandern, sehe einzelne Bilder nacheinander und beziehe sie aufeinander. Kein Mensch wird hier das Nacheinander in ein propter hoc umdeuten. Wenn ich aber, um ein anderes Beispiel zu nennen, ein Schiff einen Strom hinunterfahren sehe und es nacheinander an mehreren Orten befindlich feststelle, so ist hier meine Wahrnehmung an das objektive reale Geschehen des fahrenden Schiffes gebunden. Im ersten Fall ist die Reihenfolge der Wahrnehmung von mir abhängig, im zweiten Fall von mir unabhängig, an sich bestehend, ein objektiver Nexus. In solcher Weise von der Wahrnehmung unabhängig, apriorisch gegeben, ist auch die Kausalität. Wie sie uns erscheint, erscheint sie uns als das empirisch Reale, als das, was uns von der ganzen empirisch realen Welt zur Erscheinung kommt. Sie ist kein bloßer Schein.

Was wissen wir nun von dem, was jenseits der Grenze möglicher Erfahrung liegt, von den transzendentalen Gegenständen, die wir, mangels einer Totalität der Bedingungen, mit unseren Kategorien nicht zu erfassen vermögen? Mit dieser Frage wenden wir uns den eigentlich metaphysischen Problemen zu, auf die Kant in der »Transzendentalen Dialektik« eingeht. Drei Gebiete sind es hier, die wir mit bloßer Vernunft erkunden: Die Lehre von der Seele (rationale Psychologie), von der Totalität der Welt (rationale Kosmologie) und von Gott (rationale Theologie, nicht im Sinne einer Religionslehre, sondern als metaphysische Weltansicht). Von diesen transzendentalen Gegenständen bilden wir uns Vorstellungen, transzendentale Ideen, indem wir unsere Kategorien – ihre Restriktion auf das Gebiet möglicher Erfahrung nicht beachtend – doch auf Dinge an sich anwenden. Dieser Gebrauch der Kategorien jenseits des Gebietes möglicher Erfahrung aber ist ungerechtfertigt. Die Kategorien haben hier keine objektive Gültigkeit.

So geschieht z.B. eine Anwendung der Substanzkategorie auf das Wesen der Seele als transzendentalen Gegenstandes per nefas. Der Schluß, daß die Seele eine Substanz sei, kann nur ein Fehlschluß der reinen Vernunft sein, ein Paralogismus (im Gegensatz zum Syllogismus, dem legitimen Schluß). Er geht davon aus, daß die Seele als Subjekt aller möglichen Vorstellungen, die ich überhaupt habe, beharrt, identisch bleibt. Das läßt sich zweifellos nachweisen. Wie wären denn die Synthesen der Apprehension, der Reproduktion und der Rekognition möglich, wenn nicht eine Bewußtseinseinheit bestünde? Aber wenn ich diesen Subjektsbegriff im Obersatz des Schlusses verwende, darf ich nicht im Untersatz einen Begriff verwenden, der das Subjekt als eine Substanz ansieht, die sich in allem Zustandswechsel erhält, also auch nach dem Tode. Von dem letzteren können wir keine Erfahrung haben, und wir dürfen die Substanzkategorie hier nicht anwenden. Die Unsterblichkeit der Seele kann nicht bewiesen werden – soll aber auch ebensowenig geleugnet werden.

Kant hat insgesamt vier Paralogismen der reinen Vernunft aufgefunden.

Im zweiten Hauptstück der transzendentalen Dialektik behandelt Kant die Antinomien. Eine Antinomie ist ein Widerstreit zweier Sätze (Thesis und Antithesis), die gleiche Geltung haben. Sie beziehen sich auf eine Sache, die in sich einen Widerspruch trägt. Kant kennt vier solcher Antinomien, die sich alle auf die Welt beziehen.

Die erste Antinomie betrifft den Gegensatz von Endlichkeit und Unendlichkeit, dem Raum und der Zeit nach, in der Welt. Dieser Gegensatz stellt vor die Alternative, ob die Welt im Raum irgendeine Grenze hat oder keine, und ob sie in der Zeit jemals angefangen hat und jemals enden wird, oder ob sie niemals angefangen hat und ebenso ins Unendliche weiterlaufen wird. Die zweite Antinomie geht aus von der Teilbarkeit der Welt, von der frühen Überlegung, die schon in der alten Atomistik angestellt wurde, daß es kleinste Teilchen (Atome oder Korpuskeln) geben müsse, aus denen sich alles, was existiert, zusammensetzt. Dabei ergibt sich die Frage, ob sich die Teilung ins Unendliche, bis auf den Punkt, das Unausgedehnte, fortführen läßt, wie Leibniz das annahm. Wie soll sich dann aber das Ausgedehnte aus Unausgedehntem zusammensetzen? Es steht hier neben der Thesis, daß alles in der Welt aus einfachen Teilen oder aus aus ihnen Zusammengesetztem besteht, die Antithesis, daß es kein aus einfachen Teilen Zusammengesetztes gibt und überall in der Welt nichts Einfaches existiert.

Die Lösung der beiden ersten Antinomien, die Kant die mathematischen nennt, sieht negativ aus. Wir können weder das eine noch das andere rechtfertigen. Die Thesis ist für unseren Verstand zu klein, die Antithesis zu groß. Der Verstand verlangt einerseits, daß es einen Anfang in der Welt geben muß, andererseits aber gerade, daß die Welt bis ins Unendliche gehen muß. Thesis wie Antithesis sind unfertig. Letztere geht auf die Welt als Totalität, die aber als solche, als transzendentaler Gegenstand, nicht erfahrbar ist. Die Grenzen von Raum und Zeit sind unserer Erfahrung nicht zugänglich.

Wenn es sich nun mit den beiden anderen Antinomien ebenso verhält, steht es sehr schlecht um die Stellung des Menschen in der Welt. Denn bei der dritten Antinomie stehen seine Freiheit und seine Moralität auf dem Spiel. Wenn wir etwas als sittlich gut oder böse bezeichnen, hat das zur Voraussetzung, daß sich der Mensch frei von sich aus dazu entschieden haben muß. Sittliches Handeln ist unmöglich, wenn – gewußt oder ungewußt – eine lange Kette von Bedingungen für den Menschen entscheidet. Seit alter Zeit hat dieses Freiheitsproblem eine große Rolle gespielt. In der mechanistischen Naturauffassung des 17. Jahrhunderts herrschte ein allgemeiner Kausaldeterminismus. Ein aus der Unendlichkeit herkommender Kausalzusammenhang bestimmte nicht nur die Dinge, sondern auch den Menschen. Wenn es aber nur die Kausalzusammenhänge gibt, dann ist der Mensch kein sittliches Wesen und steht genau so da wie das Tier, das so reagieren muß, wie seine Konstitution und seine Art es ihm vorschreiben. Das ethische Grundproblem wird hier von Kant auf kosmologischem Boden zur Entscheidung gebracht, und zwar in einem Sinne, der gegen den Determinismus entscheidet. Die dritte, kosmologische, Antinomie spricht zunächst gar nicht von der menschlichen Willensfreiheit, sondern von dem Anfangspunkt der Kausalreihen. Gibt es überhaupt eine erste Ursache? Die Thesis bejaht diese Frage. Wie könnte es denn auch eine zweite, eine dritte Ursache und so fort geben, wenn nicht eine erste dagewesen wäre! Es gibt also nicht nur die Kausalität nach Naturgesetzen, sondern es muß auch eine Kausalität aus Freiheit angenommen werden – und das bedeutet ein erstes Anheben einer Kausalreihe in der Zeit. Die Antithesis fragt dagegen: Wie kann es denn überhaupt eine erste Ursache geben? Wenn sie Weiteres bewirken soll, so trifft doch auf sie das Kausalitätsgesetz zu, das besagt, daß es keine Ursache gibt, die nicht selbst früher Wirkung gewesen ist. Daher behauptet die Antithese: Es gibt in aller Welt keine Kausalität aus Freiheit, sondern nur Kausalität nach Naturgesetzen.

Die Stellung des Menschen als sittliches Wesen hängt nun daran, diese Antinomie positiv zu lösen, zu zeigen, daß es in ein und derselben Welt zwei Arten von Kausalität gibt – solche Kausalität, die aus der Unendlichkeit herkommt und solche, die auf einen Anfang zurückgeht, der keine Ursachen mehr hinter sich hat. Kant treibt die Antinomie zunächst auf die Spitze: Auch in bezug auf den Menschen ist gar nichts daran zu ändern, daß jede Wirkung ihre Ursachen haben muß, letztere wieder Wirkung einer Ursache ist und so fort in infinitum. Wenn man einen Menschen so durchschauen könnte, daß alle seine Motive im gegebenen Augenblick zu erfassen wären, so müßte man seine jeweilige Handlungsweise ebenso voraussagen können wie eine Sonnen- oder Mondfinsternis. Freilich haben wir einen solchen intuitiven Verstand nicht, dem das möglich wäre. In einer kausaldeterminierten Welt vermag keine Kausalreihe abzubrechen; wenn die Ursache einmal vorhanden ist, vermag die Wirkung nicht aufgehalten zu werden. Ein Indeterminismus ist nicht möglich, und es könnte also auch keine neue Kausalreihe anfangen. Kant steht hier fest auf dem Boden des Kausaldeterminismus, wie ihn Descartes, Gassendi, Geulincx, Spinoza und Leibniz vertreten haben. Was bleibt nun übrig, wenn man, um dem Menschen freie Entscheidung zuzuerkennen und ihm seine sittliche Würde zu sichern, dennoch das erste Anheben einer Kausalreihe in der Zeit annehmen muß?

Das entscheidet Kant mit seinem transzendentalen Idealismus. Erinnern wir uns der Unterscheidung zwischen empirischem und transzendentalem Gegenstand (vgl. dazu S. 65ff.)! Wir wissen doch, daß die Welt weiter reicht als unsere Erfahrung – so z.B. in der hohen Kompliziertheit der Organismen und in der Einheit zwischen dem seelischen unräumlichen Sein und dem körperlichen Sein im Menschen. So stellt sich das Ding an sich dar als Verlängerung des empirischen Gegenstandes in infinitum. Wir können es zwar nicht erkennen, aber wir müssen es denken, weil wir wissen, daß vieles nicht auf das beschränkt ist, was wir davon erkennen können. Hinter oder neben dem empirischen Gegenstand muß eine zweite Seinssphäre, die des transzendentalen Gegenstandes oder des Dinges an sich, bestehen. Für den transzendentalen Gegenstand treffen unsere Kategorien und Anschauungsformen nicht mehr zu. Diese zweite Sphäre ist also weder räumlich noch zeitlich, noch durch Kategorien zu erfassen. Auch die Kausalkategorie, die ja die Zeitlichkeit voraussetzt, ist in diesem Bereich nicht anzuwenden Wenn es also dort irgendeine bestimmende Macht gibt, die in die Sphäre der empirischen Gegenstände von oben herunter reicht (vgl. Zeichnung S. 78), dann steht diese auf sich selbst, ist Ursache ihrer selbst, causa sui. (Die Bezeichnung causa sui wird von Kant nicht verwandt, sie fand im Mittelalter Anwendung auf Gott, dessen absolute Ursprünglichkeit und Unabhängigkeit auch durch den Terminus »Aseität« [ens a se] ausgedrückt wurde. Spinoza formulierte am Anfang seiner

Ethik: Unter causa sui verstehe ich das, dessen bloße Wesenheit seine Existenz involviert, d.h. mit sich bringt, notwendig macht.)

Wenn es sich also nachweisen läßt, daß auch in dieser unserer Welt eine Macht existiert, die ganz offenbar nicht aus dem Zusammenhang der Kausalität stammt, die hinter sich keine Kausalreihe hat, also nach der Vergangenheit zu gleichsam abgeschirmt ist, die nur eine Kausalreihe in die Zukunft hinein verursacht, dann ist der Kantische Begriff eines ersten Anhebens in der Zeit verständlich. Was hier nachgewiesen werden muß, ist nicht das Ding an sich: dieses wird bestätigt durch die Affektion unserer Sinne, die durch es erfolgt. Aber es muß in uns Menschen eine solche determinierende Macht festgestellt werden, denn wir sind diejenigen Wesen, die allein darauf die Prätention erheben, frei entscheiden zu können. Bei der Ermittlung dieser determinierenden Instanz weist Kant darauf hin, daß der Mensch teils Natur-, teils Vernunftwesen ist, also die Grenze zwischen der Sphäre der Dinge an sich und der Erscheinungswelt überschreitet. Es gibt in uns zweifellos eine Determination aus dem sittlichen Bewußtsein. Die Phänomene des sittlichen Bewußtseins wurzeln in einem System von Forderungen, die wir vernünftigerweise anerkennen, auch im Gegensatz zu unseren empirischen Interessen, im Gegensatz zu aller Natürlichkeit, aller Berechnung, aller Leidenschaft. Es gibt nicht nur Tatsachen der Erfahrung, sondern auch ein Faktum der Vernunft, von dem uns unsere innere Erfahrung kündet. Kant nennt diese in uns zu bemerkende Forderung der Vernunft Imperativ, der, wenn er bedingungslos an uns herantritt, ein kategorischer Imperativ ist. Das ist eine andere Bezeichnung für das Sittengesetz, das nicht etwa von Kant entdeckt worden ist.

»Gewissen« z.B., das vor einer bösen Tat warnt, nach ihr anklagt, oder »göttliches Gebot« sind andere Namen für dasselbe unabweisbare Faktum. In unserer Fähigkeit, Entscheidungen zu fällen, die unsere Vernunft uns vorschreibt, in unserem Vermögen, dem Gebot des Sittengesetzes Folge zu leisten, liegt offensichtlich die gesuchte andere determinierende Komponente neben der des Kausalablaufes. Sie kommt aus der Sphäre des Dinges an sich und ermöglicht so ein neues Anheben einer Kausalreihe in der Zeit.

Das ist die Kantische Lösung der Kausalantinomie. Sie bedeutet keinen Indeterminismus. Es ist der geniale Griff Kants, daß er als erster dieses Verhältnis erkannt hat, daß man in einer finaldeterminierten Welt nicht von Freiheit sprechen kann, wohl aber in einer kausaldeterminierten, weil der Kausalnexus so beschaffen ist, daß er zwar keine Linie kausaler Bestimmungen abbrechen läßt, wenn sie einmal im Zuge ist, daß er aber keineswegs hindert, daß anderweitige positive Determinanten oder Komponenten hinzutreten können. Der Kausalnexus ist eben kein geschlossener Komplex von Komponenten, sondern er ist offen für weitere Bestimmungen. So ist es dann möglich, daß die Freiheit auftaucht aus der Sphäre des Dinges an sich.

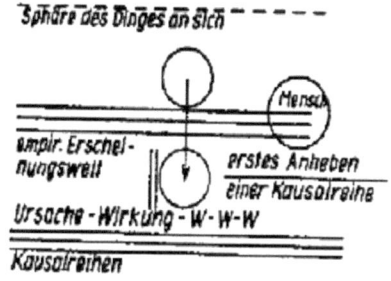

Dieses Problem, das der transzendentale Idealismus mit dem positiven Einsetzen einer Bestimmung aus einer anderen Seinsweise löst, hat eine ethische und eine theoretische Seite. Es mußte einerseits aufgezeigt werden, daß es in uns ein solches determinierendes Faktum gibt, und andererseits war nachzuweisen, daß innerhalb einer kausaldeterminierten Welt eine solche andere Komponente freien Spielraum hat und sich auszuwirken vermag.

Es war Fichte, der, als er mit der Kantischen »Kritik der reinen Vernunft« bekannt wurde, es als eine Befreiung des Menschengeschlechts empfand, was Kant hier nachgewiesen hatte, weil der herrschende Determinismus, der bereits ein kausaler war und als durchgehend erkannt wurde, der aber bisher keinen Spielraum für ein sittliches Wesen übrig zu lassen schien, durch Kant überbrückt, aber nicht aufgehoben wurde. Die alte Vorstellung der Willensfreiheit war so, als ob es sich dabei um ein Minus an Determination handele. Bei Kant findet sich ein Plus an Determination, es ist nach einem Ausdruck Kants »Freiheit im positiven Verstande« »Freiheit im negativen Verstande« würde nicht Willensfreiheit bedeuten, sondern Unentschiedenheit. Der freie Wille ist aber gerade der entscheidende und – wenn er entschieden hat – der entschiedene Wille. Erst einem solchen Willen, der mit gutem Recht – nicht nur von anderen, sondern auch vom Täter selbst – als frei beurteilt zu werden vermag, kann man Schuld und Verdienst zusprechen. Kants Lösung der Kausalantinomie hat also in der Tat eine weitreichende weltanschauliche Bedeutung. Hier ist der zentrale Punkt, an dem sich Kants Philosophie zu einer eigentümlich beherrschenden Stellung aufgeschwungen hat, die alles spätere Denken mitbestimmte.

Die vierte Antinomie ist die modale, weil es sich bei ihr um die Notwendigkeit, eine Kategorie der Modalität, handelt. Sie ist kosmologisch gedacht, und sie betrifft nicht nur die Kausalzusammenhänge. Die in dieser Welt bestehenden Notwendigkeitsketten müßten in sich zufällig bleiben, wenn sie nicht zurückzuführen wären auf ein absolut notwendiges Glied, von dem sie ausgehen. Innerhalb der Welt kann es ein solches nicht geben, weil dort nichts absolut notwendig ist, sondern alles immer wieder, wie es das Kausalitätsgesetz verlangt, durch anderes bedingt ist – wohl aber als zur Welt gehörig. So sagt hier die Thesis: Zu der Welt gehört als ihre Ursache oder als ihr Teil ein schlechthin notwendiges Wesen. Demgegenüber behauptet die Antithesis: Es kann kein absolut notwendiges Wesen geben, weil dann »absolut notwendig« bedeuten würde: notwendig auf Grund von nichts. Aus nichts kann aber nichts notwendig sein.

Unter dem absolut notwendigen Wesen verstand man früher Gott. Der Schluß von der Zufälligkeit der Welt (demonstratio a contingentia mundi), daraus, daß die ganze Welt sonst zufällig bleiben würde, auf ein absolut notwendiges Wesen war auch als kosmologischer Gottesbeweis gebräuchlich. Gott wurde dafür verantwortlich gemacht, daß die Welt gerade so und nicht anders eingerichtet war. So vertrat Leibniz die Ansicht, daß Gott aus unzähligen Welten nur eine ausgewählt und verwirklicht habe. Weil diese ausgewählte Welt dem Menschen als unvollkommen erscheinen könnte, was Zweifel an der göttlichen Allmacht, Allweisheit oder Allgüte nach sich ziehen würde, galt es, Gott als Schöpfer dieser Welt zu rechtfertigen. In diesem Gedanken wurzelt das Theodizee-Problem. Leibniz versuchte nachzuweisen, daß Gott diese Welt nach dem Prinzip der Angemessenheit (principium convenientiae) geschaffen habe, und daß sie die vollkommenste sei, die es geben könne.

Nach Kant vermag die modale Antinomie genau so wie die kausale gelöst zu werden. Innerhalb der Welt der empirischen Zusammenhänge kann es ein absolut notwendiges Wesen nicht geben Für die Erscheinungswelt ist also die Antithesis wahr. Aber zur Welt als Totalität, im Sinne des Dinges an sich, kann sehr wohl ein solches Wesen gehören; die Thesis trifft also zu für die Sphäre der Dinge an sich.

Diese vierte Antinomie führt unmittelbar hinüber zu der dritten Idee, der theologischen. (Wir haben früher schon erstens die psychologische Idee, auf die sich die Paralogismen der reinen Vernunft bezogen, kennengelernt.) Die theologische Idee, das »Ideal der reinen Vernunft«, ist die Idee eines vollkommensten Wesens als Urbild; sie stellt zugleich das Ideal der Einheit der Welt dar. Auf sie beziehen sich die drei Arten des Gottesbeweises, der ontologische, der kosmologische und der physiko-teleologische.

Der ontologische Gottesbeweis schließt nach dem Vorgange Anselms von Canterbury von der essentia auf die existentia Gottes. Gerade dieser Beweis ist sehr häufig bekämpft worden. Thomas von Aquino hatte ihn abgelehnt, weil der Schluß von der Essenz auf die Existenz nur berechtigt sei, wenn wir Gott erkennen könnten. (Ab essentia ad existentiam non valet consequentia.) Und schon zu Lebzeiten Anselms hatte der Mönch Gaunilo argumentiert: Wenn man auf diese Weise die Existenz Gottes als eines vollkommensten Wesens beweisen könnte, müßte man doch auch die Existenz einer vollkommensten Insel – dabei erinnerte er an die alte Atlantissage – zu beweisen vermögen. Freilich ist gegen diesen Einwand wieder vorgebracht worden, daß es nicht dasselbe sei, ob man die Existenz eines absolut vollkommenen Wesens oder einer Insel beweisen möchte. Man könne gar nicht behaupten, daß es eine vollkommenste Insel gäbe, denn das hinge von mancherlei Voraussetzungen, z.B. von der Gestaltung und der Geschichte der Erdoberfläche ab. Bei einer solchen Überlegung setzte Hegel ein, der etwas vom Wesen des ontologischen Argumentes hatte retten wollen. Auch Descartes verwandte noch ein dem ontologischen ähnliches Argument, indem er dieses in das Rational-Psychologische übertrug. Es ist unmöglich, so dachte er, daß ich als unvollkommenes Wesen die Idee des allervollkommensten Wesens hervorbringe. Wenn ich diese Idee aber nicht aus mir selbst habe und sie auch nicht empirisch bekommen kann – denn wie sollte ich das vollkommenste Wesen erkennen können? –, so kann es nur so sein, daß Gott existiert und mir die Idee seines eigenen Wesens gegeben hat.

In bezug auf die Gottesbeweise hat Kant das entscheidende Wort schon durch die Restriktion unserer Kategorien auf den Bereich der möglichen Erfahrung gesprochen. Auf Gott treffen unsere Kategorien nicht mehr zu. Seine Kritik am ontologischen Beweis expliziert Kant an dem berühmten Beispiel von den hundert Talern. Ist es eigentlich wahr, daß hundert wirkliche Taler mehr sind, d.h. mehr positive Bestimmungen oder Prädikate enthalten als hundert mögliche? Keinesfalls, antwortet Kant, hundert wirkliche Taler enthalten nicht das mindeste mehr als hundert mögliche. Selbstverständlich ist es ein Unterschied, ob in meinem Vermögensbestand hundert Taler wirklich da sind oder nicht. Die gegenständlichen hundert Taler haben aber nur genau so viel positive Bestimmungen wie die begrifflichen hundert Taler; denn sonst vermöchte kein Begriff seinen Gegenstand vollständig auszudrücken. Wenn ich ein Ding denke, so kommt zu dessen Begriff dadurch, daß ich noch hinzusetze, »dieses Ding ist«, nichts hinzu. Die Existenz ist also unabhängig von dem Begriff oder Wesen, und deshalb darf aus dem Begriff nicht auf die Existenz geschlossen werden.

Auf den kosmologischen Gottesbeweis läuft die vierte Antinomie hinaus. Mit dieser ist also auch jener besprochen. Wenn man nun auch a contingentia mundi auf die Existenz eines notwendigen Wesens schließen könnte, so würde es immer noch übrigbleiben zu behaupten, daß dieses Wesen das vollkommenste sei, und damit würde hier wieder die Kritik des ontologischen Beweises zutreffen.

Der physiko-teleologische Beweis schließt von der wunderbaren Struktur besonderer Erscheinungen in der Natur auf einen Verstand, der diese Einrichtungen geschaffen haben muß. In erster Linie ist dabei gedacht an organische Gebilde, weil sie so subtil und erstaunlich zweckmäßig eingerichtet sind. Man glaubte aus dieser Zweckmäßigkeit auf eine sie setzende, zwecktätige Macht schließen zu können, die etwa, um das aristotelische Beispiel zu nennen, die Entwicklung des Samenkorns zur Pflanze, ja, zum Baum, steuere. Nicht lange vor seiner kritischen Periode ließ Kant in einer Frühschrift, die von dem »einzig möglichen Beweis für das Dasein Gottes« handelt, den physiko-teleologischen Beweis gelten. In der »Kritik der reinen Vernunft« aber lehnt er ihn ab aus dem schlichten Grunde heraus, daß wir niemals aus der Zweckmäßigkeit – und wenn sie noch so subtil wäre – auf die Zwecktätigkeit schließen dürfen.

Wenige Jahre nach dem Erscheinen der »Kritik der reinen Vernunft« tauchte eine Polemik gegen Kant auf, die ihn den »Alleszermalmer« nannte. Er habe die ganze Metaphysik zerstört, mit der man doch die Existenz Gottes, die Unsterblichkeit der Seele, den Anfang der Welt u.a. zu beweisen versucht hätte. Es war Karl Leonhard Reinhold, der mit seinen »Briefen über die Kantische Philosophie« eine weite Verbreitung und richtigere Auffassung der Kantischen Lehre bewirkte. Reinhold hatte eine erstaunliche Gabe, schwierige Probleme in einfachen und klaren Formulierungen darstellen zu können. So erkannte man, daß Kants Kritik nicht zerstören, sondern vielmehr »Prolegomena zu einer jeden künftigen Metaphysik, die als Wissenschaft wird auftreten können« sein wollte, wie es Kant mit seinem Buchtitel für die zusammenfassende Einleitungsschrift zur »Kritik der reinen Vernunft« selbst formuliert hatte. Die Metaphysik läßt es, wie Kant sagte, noch fehlen am sicheren Gange einer Wissenschaft; sie gleicht in ihrem geschichtlichen Gange vielmehr einem Herumtappen im Dunkeln. Er meinte damit dieses: Hunderte von Systemen haben die großen Denker seit alten Zeiten aufgestellt, und immer wieder ist es der nächste Nachfolger, der an irgendeiner Ecke zu kritisieren anfängt, und sofort stürzt das ganze Gebäude ein. Wenn man so die Metaphysik überblickt, sieht es dort wie ein Trümmerfeld aus. Zwar sind viele wahre Erkenntnisse dazwischen, aber immer haben die Denker deren Grenzen überschritten und sie verallgemeinert. Deshalb mußten hier zuerst Grenzen gezogen und Fundamente gelegt werden. Kants Kritik ist in Wirklichkeit eine Schwelle zu dem Aufbau einer neuen Weltansicht, an dem in unserer Zeit weitergearbeitet wird.

Unter den Problemen der Kantischen Erkenntnislehre ist eines, das hier bisher nur flüchtig berührt worden ist, das Kant aber in besonderer Weise in der »Kritik der Urteilskraft« behandelt hat. Es betrifft die Organismen und ihre Zweckmäßigkeit. In dem genannten Werk hat Kant das Problem zusammengestellt mit den Grundlagen der Ästhe-

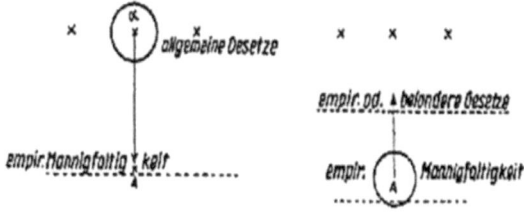

tik. Von diesem Zusammenhang sei hier abgesehen. Nach Kant gibt es zweierlei Urteilskraft. Bei der bestimmenden Urteilskraft (1.) (vgl. Zeichnung) besteht schon ein System von allgemeinen Gesetzen, unter das die Mannigfaltigkeit der Erfahrung nur subsumiert zu werden braucht. Die bestimmende Urteilskraft findet auch bei dem naturwissenschaftlichen Experiment Anwendung. Der Naturwissenschaftler experimentiert nicht um des Einzelfalles willen. Er weiß schon vorher, daß ein Gesetz bestehen muß, und er bedient sich des Experimentes nur, um das betreffende Gesetz ausfindig zu machen und dann die gleichartigen Einzelfälle ihm unterzuordnen.

Bei der reflektierenden Urteilskraft (2.), die in den biologischen Wissenschaften Anwendung findet, ist das Besondere, der Einzelfall, gegeben. Wir kennen das Gesetz nicht, ja, wir wissen nicht einmal, ob ein solches herrscht, oder ob es eine Regel ist. Von dem Einzelfall aus sucht nun die reflektierende Urteilskraft nach einer Art von Naturgesetzen, von denen wir nicht wissen, wie sie beschaffen sind, sondern nur annehmen, daß sie irgendwie die Organismen unter sich begreifen. Kant nennt sie die besonderen oder empirischen Gesetze, die gewissermaßen auf halber Höhe unter den allgemeinen Spielregeln des Verstandes, den Kategorien, stehen müssen (vgl. Zeichnung S. 85 rechts).

Untersucht man das Verhältnis des einzelnen Organs zum Ganzen, so läßt sich feststellen, daß das Organ in tiefsinniger Zweckmäßigkeit seine bestimmten Dienste zur Erhaltung des Ganzen leistet. Jeder Teil im Organismus ist dabei ebenso Mittel wie auch Zweck, d.h. für ihn sind die übrigen Organe mit ihren Leistungen und Funktionen ebenso bloß Mittel seiner Existenz, wie er selbst bloßes Mittel zur Erhaltung der anderen und des Ganzen ist. Haben wir aber nun ein Recht, diese Zweckmäßigkeit so aufzufassen, als ob dabei eine Zwecktätigkeit herrschte? Das ist doch wohl nicht möglich, denn wir können doch nicht annehmen, daß in den einzelnen Organen ein Verstand lebt.

Aristoteles prägte den Begriff der Entelechie. Sie ist dasjenige, was ein Ziel in sich selbst hat. Sie trägt die Ausrichtung auf den Zweck in sich, wie z.B. im Samen die Pflanze angelegt ist. Aristoteles übertrug die in menschlichen Verhältnissen wohl zu beobachtende Zielstrebigkeit, Zwecktätigkeit, auf alle Naturprozesse, bis hinunter auf die anorganische Natur. Darin bestand das Unkritische seiner Physik und Biologie. – Die Herrschaft der Kategorie der Zwecktätigkeit dauerte lange. Als sie im 19. Jahrhundert für das gesamte Reich der Natur als Gegenstand der exakten Naturwissenschaften in ihrer Eigenschaft als konstitutives Prinzip aufgehoben wurde, blieb sie in der biologischen Wissenschaft nach wie vor bestehen. Das ist verständlich, da es sich hier um sehr verwickelte Verhältnisse handelt.

Kant hatte mit seiner Kritik auch nicht beabsichtigt, alles abzustreiten; er wollte nur vorschnelle Schlüsse verhindern. Wir dürfen, und darauf kam es ihm an, niemals aus bloßer Zweckmäßigkeit auf Zwecktätigkeit schließen. Diese Forderung leuchtet ein. Der ermüdete Wanderer, der sich auf einen gefällten Baumstamm setzt, wird nicht ernsthaft behaupten können, der Baum sei deshalb gefällt worden, damit er sich ausruhen könne. Kant prägte deshalb, um eine anthropozentrische Ausweitung und Anwendung des Zweckbegriffes zu verhindern, die als rein spekulativ völlig nichtssagend wäre, einen neuen Begriff: »Zweckmäßigkeit ohne Zweck.« Es kann sehr vieles im Leben für so manchen Zweck geeignet sein, ohne daß es auf diesen Zweck hin angelegt worden wäre. Die Steine, die am Wegesrande liegen, sind für uns insofern zweckmäßig, als wir uns damit eines uns anfallenden Hundes erwehren können, aber keinesfalls liegen sie zu diesem Zwecke da.

Im Fall der Organismen ist freilich die Sache derartig kompliziert, daß man auf das Zweckverhältnis nicht ohne weiteres verzichten kann. Jeder Arzt fragt: Welches Organ ist gestört, und welcher Zweck wird daher nicht erfüllt? Es ist nun aber etwas ganz anderes, wie Kant es in einer anderen Wendung des Begriffes der Zweckmäßigkeit ohne Zweck zum Ausdruck bringt, ein Ding als Naturzweck zu beurteilen, als zu behaupten, daß es zum Zwecke der Erreichung eines bestimmten Zieles so organisiert wäre. Das bedeutet: Der Begriff der Zweckmäßigkeit ist ein regulatives

Prinzip, ein Leitprinzip; es hat aber keine realitas objectiva, es ist nicht konstitutiv. Man darf also, etwa zum Zwecke der medizinischen Diagnostik, ruhig so vorgehen, als ob die Organe auf Zwecke hin eingerichtet wären. Der Organismus ist ein Gefüge komplexer Kausalität, in welchem alle Teile wechselseitig untereinander sowohl Ursache als auch Wirkung sind. Aber es ist möglich, das Verhältnis der Organe zueinander auch als ein finales zu verstehen, wenn wir damit die kausale Betrachtungsweise ergänzen und unsere Untersuchungen fördern können. Dies ist umso eher möglich, als auch im Finalnexus ein kausales Moment steckt. Die Analyse des Finalnexus, bei dem wir drei Glieder unterscheiden können, nämlich das Setzen des Zweckes, das Zurückschließen auf die Mittel und die Realisierung des Zweckes durch die Mittel, zeigt, daß das dritte Glied dieses Nexus kausal ist. – Es kommt Kant hier besonders darauf an, daß die Beurteilung nach Zwecken lediglich als regulatives Prinzip gebraucht wird. Die Zweckmäßigkeit ist eben nicht eine Kategorie, für die wir objektive Gültigkeit nachweisen könnten, von der wir zu sagen vermöchten, daß sie nach dem Prinzip des obersten Grundsatzes Bedingung der Möglichkeit der Erfahrung und der Möglichkeit der Gegenstände der Erfahrung zugleich sei. Sie reguliert bloß unser Denken, ist aber nicht auf die Sache übertragbar. Das Verhältnis, das überall im Organismus vorliegt, ist, wie Kant ausführt, so, als ob in jedem einzelnen Teil ein Verstand, wenn schon nicht der unsrige, zum Behufe unseres Erkenntnisses tätig wäre. Diese Erörterung der Zweckmäßigkeit als Kategorie ohne objektive Gültigkeit gehört zum Erkenntnisproblem, weil sie die transzendentale Frage berührt. Transzendental aber nannte Kant alle Erkenntnis, die sich nicht sowohl mit Gegenständen, sondern mit unserer Erkenntnisart von Gegenständen, sofern diese a priori möglich sein soll, überhaupt beschäftigt. Hier ist über den Apriorismus der Zweckmäßigkeit diskutiert, und seine objektive Gültigkeit ist ihm abgesprochen worden, genau so wie in der Metaphysik der Substanz-, Kausalkategorie usw. die objektive Gültigkeit für transzendentale Gegenstände hatte aberkannt werden müssen. Auf dieser Bahn ist die biologische Wissenschaft dann in der Tat fortgeschritten, und so gelangen ihr die Fortschritte, die uns heute so großartig anmuten: Die Entdeckung der Chromosomen, die Erhellung des morphogenetischen Prozesses usw.

1. Erkenntnistheorie

An Hand der Kantischen Erkenntnisphilosophie sind wir schon tief in das Erkenntnisproblem hineingekommen. So bietet sich hier der Übergang zu einer systematischen Betrachtung des Erkenntnisproblems, das dabei noch einmal von Grund auf aufgerollt werden soll. Wir wenden uns damit dem heutigen Stand der Philosophie zu. Der grundlegende Unterschied zwischen der früheren Erkenntnistheorie in der Zeit von Descartes bis Kant und der heutigen wird dadurch charakterisiert, daß wir in unserer Zeit in ein anthropologisches Stadium getreten sind. Wir beurteilen die Erkenntnis nicht einfach allein von den Fakten der Wissenschaft, sondern von den Tatsachen des ganzen menschlichen Daseins aus als eine von den vielen Funktionen des Menschen. Dieser Unterschied ist ein radikaler. Die Erkenntnis ist – das ist hier grundlegend – ein Akt, welcher

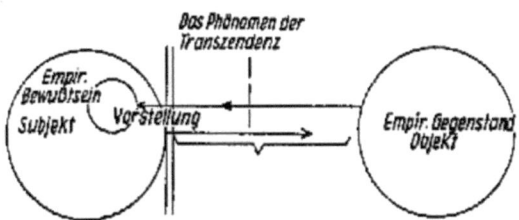

das Bewußtsein überschreitet. Das Subjekt steht dem Gegenstand, der sich als räumlich, empirisch, dinglich darstellt, gegenüber (vgl. Zeichnung). Die Erkenntnis ist nichts anderes als der Zusammenhang, die Relation, zwischen dem Subjekt und dem Objekt. Das Bewußtsein und das Objekt zusammen erst machen die ganze reale Welt aus. Wenn man vom Bewußtsein aus die Richtung der Intention von ihm auf das Objekt zum Grundphänomen macht, dann ist dabei eben das Charakteristische, daß das Bewußtsein an seiner Grenze überschritten wird. Deshalb ist die Erkenntnis ein »transzendentaler Akt«. »Transzendent« in diesem Sinn verwandt, widerspricht nicht der Bedeutung von transcendere (hinübersteigen), wohl aber in der sonst üblichen Anwendung auf Gegenstände in ihrer Unterscheidung von immanenten Gegenständen. Nicht die Gegenstände übersteigen eine Grenze, sondern die Akte.

Es gibt eine Unzahl von transzendenten Akten, die immer auf etwas gehen, was unabhängig vom Bewußtsein an sich besteht, und sie verbinden es mit ihm. Das Ursprüngliche dabei ist, daß den Menschen irgendein Interesse an das Ding bindet. Das primitive Bewußtsein und das der höheren Tiere ist ganz und gar geleitet von den Akten des Habenwollens, des Dranges und des Fliehens, des Vermeidens. Erst das geistige Bewußtsein macht sich den Interessen des vitalen Dranges gegenüber frei – und erst bei ihm geschieht es, daß so etwas wie ein Erkenntnisverhältnis zustande kommt. Damit aber sind im entwickelten Bewußtsein die anderen Formen des transzendenten Aktes nicht aufgehoben; durch eine Fülle von ihnen steht der Mensch mit der ihn umgebenden Außenwelt in Konnex. Zum Beispiel ist das Handeln auch ein transzendenter Akt; im Gegensatz zur Erkenntnis, die das Objekt unverändert läßt, strebt die Handlung, das Objekt zu verändern. Auch das Wollen wäre hier zu nennen; man kann gar nicht wollen, ohne damit in die umliegende Außenwelt vorzustoßen und die Tendenz zu verfolgen, in ihr etwas zu bewirken. Während Handeln und Wollen spontan sind, von innen auf die Außenweltgehen, wirkt beim Erfahren, Erleben, Erleiden umgekehrt etwas von der Außenwelt auf das Innere. Diese Akte sind rezeptiv. Alle die eben aufgezählten Akte unterscheiden sich vom Erkenntnisakt dadurch, daß sie nicht wie dieser rein registrierend sind, sondern emotional, wobei unter »emotional« nicht nur das verstanden werden soll, was gefühlsmäßig ist, sondern auch, was eine Tendenz verfolgt. Charakteristisch für die Art, in der bei den emotionalen Akten das Subjekt dasteht, ist der Modus des Betroffenseins. Wenn wir die Folgen unserer Tat erfahren, dann fällt sie mit ihrem Gewicht auf uns, und wir sind davon betroffen, beeindruckt, es läßt uns keine Ruhe mehr. Davon kann in der Erkenntnis keine Rede sein. Der Erkenntnisakt ist zwar ebenso ein transzendenter, aber im Lebenszusammenhang ein sekundärer. Er steht nicht primär und auf sich gestellt, sondern erscheint im Gefolge einer ganzen Fülle von ebenso transzendenten Akten.

Wir haben es in der Erkenntnis mit einem dreigliedrigen Verhältnis zu tun: Subjekt, Objekt und Vorstellung des Objekts im Subjekt. Dabei entsteht die Vorstellung im Subjekt allein durch die Einwirkung des Objekts. Die Richtung des Erkenntnisaktes aber geht, einseitig vom Subjekt auf das Objekt. Wie die Erkenntnis nun von den anderen transzendenten Akten, den emotionalen zu unterscheiden war, so muß sie andererseits auch abgehoben werden von immanenten, im Bewußtsein verbleibenden Akten. Es sind nicht alle Bewußtseinsakte transzendent. Zu lieben oder zu hassen ist zwar nicht möglich, ohne daß diese Gefühle auf ein

Objekt gehen, aber das reine Vorstellen ist immanent. Man kann sich durchaus etwas vorstellen, was es nicht gibt. Das ist z.B. in der spekulativen Metaphysik geschehen. Es findet sich die reine Vorstellung weiterhin in der Dichtung, ja ganz allgemein in der Kunst. Da das Denken immanent ist (damit ist nicht gesagt, daß es nicht auch ein erkennendes Denken gibt), verleitet es eben zu Utopien, von den uns die berühmten Staatslehren – die Platons an der Spitze – ein hervorragendes Beispiel geben. Die Wahrnehmung aber ist demgegenüber an das Vorhandensein, das Zugegensein von Objekten gebunden. Die Erkenntnis unterscheidet sich somit scharf vom Denkakt, von der bloßen Vorstellung wie von jeder Art von Phantasievorstellung.

Wie sieht nun eigentlich das Erkenntnisverhältnis aus? Wenn das Subjekt das Objekt erfassen will, muß es doch über seine Sphäre hinaustreten, da es sie nicht so erweitern kann, daß sie das Objekt in sich einschlösse; es muß zum Objekt gehen und wieder zurückkehren. Es wird also vom Subjekt ein Außersichsein verlangt, und wie das möglich sein soll, das ist ein Rätsel. Dieses Rätsel bildet die erste Aporie der Erkenntnis. Der Terminus »Aporie« ist von Platon aufgebracht worden. Aristoteles und die Späteren haben mit ihm weitergearbeitet. Das Wort sagt eigentlich so viel wie »Weglosigkeit«, »Durchgangslosigkeit«, und es bedeutet die Grenze, bis zu der wir den Gegenstand erfassen können. Die Aporie ist das Wissen um das eigene Nichtwissen, das, was über das Erfassen hinausgeht. Das ganze Erkenntnisproblem läßt sich in eine Reihe von Aporien auflösen.

Die frühere Formulierung der ersten Aporie findet sich bei den Kyrenaikern.[2] Sie konnten sich nicht vorstellen, wie das Subjekt etwas außer sich zu erkennen vermöchte, und daher war es für sie in seine Vorstellungen, seine (subjektiven) Zustände eingeschlossen, als ob es »im Belagerungszustand« wäre.

Betrachten wir nun die Seite des Objekts! Das Objekt der Erkenntnis ist zweifellos etwas, was auch schon vor unserer Erkenntnis da ist. Niemand wird sich vorstellen, daß es erst dadurch entsteht, daß er die Augen aufschlägt. Es ist also ein unabhängig Seiendes. Der Name »Objekt« (Entgegengeworfenes) aber besagt, daß ein Subjekt da sein muß, für welches es Objekt ist. Und dieses Subjekt muß die Fähigkeit haben, sich ein Seiendes zu seinem Objekt zu machen, es sich zu objizieren. Noch deutlicher bezeichnet dieses Verhältnis das deutsche Wort »Gegenstand«. Er ist etwas, was mir, einem Subjekt, entgegensteht. Es verändert sich aber nichts in der Welt dadurch, daß sie vom Menschen zum Erkenntnisobjekt gemacht worden ist, daß in ihr etwas zum Entgegenstehen gebracht worden ist. Daß der Erkenntnisgegenstand sich also indifferent gegen sein eigenes Gegenstandsein, gegen seine Objektion durch ein Subjekt, verhält, ist die »Übergegenständlichkeit des Erkenntnisgegenstandes«.

Schon bei Fichte [1762-1814] findet sich in der Einleitung zur »Sittenlehre« (1798) eine Gegenüberstellung der beiden transzendenten Akte der Handlung und der Erkenntnis. Bei der Handlung setzt sich das Subjekt sein Ziel

---

[2] Schule des Aristipp von Kyrene (um 435-355 v. Chr.), Schülers des Sokrates.

und realisiert es, das Subjekt verändert das Objekt. Die Erkenntnis aber läßt das Objekt unberührt. – Gegen diese Art, den Erkenntnisakt zu charakterisieren, ist von idealistischer Seite immer opponiert worden, ein Subjekt ohne Objekt sei kein Subjekt. Man könne nur vom Subjekt als von einem erkennenden sprechen, wie auch das Objekt nur Objekt für ein Subjekt wäre. Es bestehe also eine unlösliche Korrelation zwischen Subjekt und Objekt. – Das aber würde bedeuten, daß alle Objekte, die unsere Welt ausmachen, ohne ein Subjekt gar nicht existierten. Gerade gegen diese idealistische Konzeption wendet sich der für das Erkenntnisverhältnis grundlegende Begriff der Übergegenständlichkeit. Zweifellos gibt es vieles, was wir nicht erkennen. Der ganze Entwicklungsprozeß des Menschen ist ein Prozeß des immer weitergehenden Einbeziehens der Objekte in die Erkenntnissphäre. Es wird immer mehr objiziert. Dieser auch in den Wissenschaften zu verfolgende Erkenntnisprozeß ist ein klares Argument für das Ansichbestehen der Objekte.

Gemäß der Zweiheit der Erkenntnisstämme, der apriorischen und aposteriorischen Erkenntnis, die wir ausführlich kennenzulernen schon bei Kant Gelegenheit hatten, gibt es zwei weitere Aporien. Die zweite Aporie der Erkenntnis, die aposteriorische, besteht in folgendem: Aposteriorische Erkenntnis beruht immer auf der Wahrnehmung, auf der Affektion unseres Bewußtseins durch das Ding an sich, wie Kant sagt, oder, wie man es auch ausdrücken kann, durch ein unabhängig von uns bestehendes Seiendes. Kant hatte das hier liegende Problem nicht weiter analysiert. Früher, bei Descartes, lautete die Frage: wie ist es möglich, daß aus der körperlichen Sphäre etwas in die ganz anders geartete

Sphäre der cogitatio eindringt? Hier liegt in der Tat eine Aporie. Sie ist nicht gelöst worden durch die metaphysische Spekulation Geulincx' oder Spinozas. Damit soll nicht behauptet werden, daß das Erkenntnisproblem etwa kein metaphysisches wäre. Metaphysische Probleme sind nicht nur die, welche Kant in seiner transzendentalen Dialektik behandelt hat. Wenn es eben ihr Charakteristikum ist, daß man sie »weder lösen noch abweisen« kann, so gehört doch auch der ohne weiteres weder verständliche noch erklärbare Erkenntnisvorgang zu ihnen. Eine weitere Aufhellung des Erkenntnisproblems kann aber nur dann gelingen, wenn man sich bemüht, dessen unlöslichen Rest so weit als möglich einzugrenzen, d.h. also mit einem Minimum an Metaphysik auszukommen. Keinesfalls darf man unter Überspringen, unter Abwehr der direkten Gegebenheit sich der Spekulation ergeben.

Die dritte Aporie der Erkenntnis ist die des Apriorischen. Kant gibt schon eine Art Lösung; er ist dem Problem aber nicht auf den Grund gegangen. Ein sehr alter Vorgänger, Platon, war ihm schon einige Schritte voraus. Bei ihm gibt es in der Seele einen gewissen Vordergrund, der angefüllt ist von Vorstellungen, die wir direkt von der Wahrnehmung bekommen haben (vgl. Zeichnung). Diese Wahrnehmung (aísthesis) aber täuscht oft. Sie zeigt die Dinge nicht

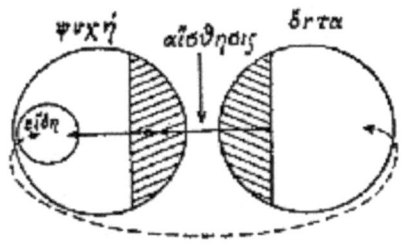

in ihrem Offenbarsein, in ihrer Unverborgenheit (alétheia). Die Frage lautet hier: Wie können wir die Dinge wirklich in ihrer Unverborgenheit erfassen, wie ist es möglich, daß unsere Vorstellungen von den Dingen wahr sind, d.h. mit ihnen übereinstimmen? Bei Kant ging dieselbe Frage auf die objektive Gültigkeit der Kategorien. Bei Platon ergibt sich die Antwort daraus, daß in der Seele die Urbilder, die Ideen (ta eíde) sind. Nach diesen Vorbildern gestalten sich auch die Dinge. Der Mensch aber vermag die Ideen in der Anamnesis aus den Tiefen der Seele herauszuholen und zu erfassen. Platon stellt im Ernst die Forderung, daß wir, wenn wir das Wesen der Dinge erkennen wollten, uns nicht nach außen, sondern in unser Inneres zu wenden hätten. »Es schien mir nun erforderlich zu sein,« sagt Platon im »Phaidon«, »indem ich mich in die logoi zurückzog, in ihnen zu betrachten die Wahrheit über die Dinge.« Wie bei Kant die objektive Gültigkeit der Kategorien nur möglich ist auf Grund des obersten Grundsatzes, so ist bei Platon die Erkenntnis der »Unverborgenheit des Seienden« nur möglich, wenn die Ideen in unserer Seele dieselben sind wie die der Dinge. Die Aporie besteht hier darin, daß wir gleichsam rückwärts in unser Inneres tauchen und, uns wegwendend von der Wahrnehmung, doch das Wesen der Dinge erfassen sollen.

Zu dieser Platonischen Auffassung des Erkenntnisproblems äußerte dann eine Kritik, die namentlich durch die Rickertsche Schule und durch Husserl vorgetragen wurde, daß ein solcher Erkenntnisbegriff eine Verdoppelung der Welt bedeuten würde, nämlich insofern, als die Dingwelt noch einmal im Bewußtsein, in der Vorstellungswelt, wiederkehren würde.

Dem ist in der Tat so. Die Wiederkehr zeigt sich deutlich auch bei der Spinozistischen Zweiheit von res und idea und in der Leibnizschen repraesentatio der Monaden. Der Einwand muß durchaus ernst genommen werden. Es handelt sich dabei um eine Vervielfachung; die Objektwelt kehrt in unzähligen Subjekten wieder. – Diese Aporie muß im Zusammenhang mit den anderen gelöst werden.

Als vierte Aporie der Erkenntnis sei hier die Wahrheitsaporie genannt. Seit alter Zeit wird behauptet: Wahrheit ist das Zutreffen der menschlichen Vorstellung auf die Sache, welche sie vorstellt.

Ein Abweichen der Vorstellung von der Sache dagegen ist Unwahrheit. Anders ausgedrückt besagt das: Die Übereinstimmung von Objekt und der Vorstellung des Objektes im Subjekt – so gedacht, daß dieselben Bestimmtheiten (a, b, g; vgl. Zeichnung), die das Objekt aufweist, in der Vorstellung des Subjekts wiederkehren – ist Erkenntnis, Nichtübereinstimmung: Irrtum. Nur um Übereinstimmung oder Nichtübereinstimmung handelt es sich bei der Frage nach der Wahrheit. Übereinstimmung und Nichtübereinstim-

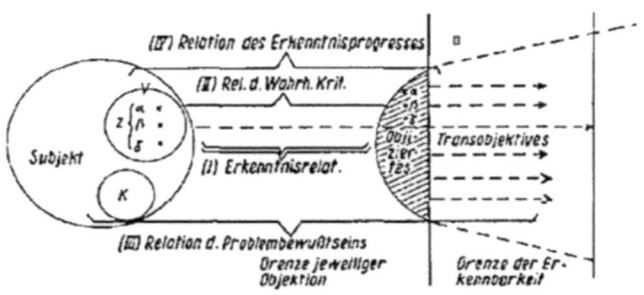

mung sind kontradiktorische Gegensätze, so daß hier der logische Satz vom ausgeschlossenen Dritten gilt. Zwischen wahr und unwahr, Erkenntnis und Irrtum gibt es kein Zwischending. Die Aporie liegt hier nicht in dem Wunder, daß es Übereinstimmung geben kann, sondern daß wir es wissen können, daß wir ein Bewußtsein davon haben können, ob unsere Vorstellung mit der Sache übereinstimmt oder nicht – die Aporie liegt, um es mit dem philosophischen Terminus zu sagen, in der Möglichkeit eines Kriteriums der Wahrheit. Dieses ist für den Menschen, für seine Orientierung in der Welt, von ungeheurer Wichtigkeit; denn der Mensch ist zahllosen Irrtümern ausgesetzt. Manchmal kann er sie mit Hilfe eines zweiten Sinnes feststellen und zur wahren Erkenntnis kommen, z.B. wenn er durch Betasten feststellt, daß der im Wasser gebrochen erscheinende Stock doch gerade ist. Oft aber steht es schon auf den ersten Blick sehr bedenklich um die Möglichkeit wirklicher Erkenntnis, wie z.B. in dem für uns oft so folgenschweren Umgang mit unseren Mitmenschen. Dort unterliegen wir oft verhängnisvollen Irrtümern, vor denen uns erst lange Erfahrung einigermaßen schützen kann.

Wie können wir nun einen Maßstab für wahr und unwahr finden? Die Vorstellungen selber unterscheiden sich doch nicht so voneinander, daß man ihnen ansehen könnte, welche Vorstellung wahr und welche unwahr ist. Seit alter Zeit, zumindest seit Aristoteles, ist hier nun der Satz des Widerspruchs angeführt worden. Vorstellungen von ein und derselben Sache in uns, so hieß es, die sich unterscheiden, können jedenfalls nicht zusammen bestehen. Das läuft hinaus auf die Forderung einer inneren Übereinstimmung aller unserer Vorstellungen in uns selbst. Das ist aber kein unabhängiges Kriterium. Es könnte vorkommen, daß der ganze Zusammenhang in uns (Z, vgl. Zeichnung S. 99) in sich einen Irrtum enthält, nicht mit den Objekten übereinstimmt. Das erfahren wir im Leben immer wieder. Wir konstruieren in sich widerspruchslose Analogiebildungen, die aber doch fehlerhaft sind. Dafür lassen sich als Beispiele wissenschaftliche Theorien anführen, wie etwa das Ptolemäische Weltbild, das in sich lückenlos war und sich letztlich nur mit den Phänomenen nicht vereinbaren ließ. So kann der Satz des Widerspruchs nur Kriterium der immanenten Richtigkeit sein (nicht der immanenten Wahrheit, in solchem Zusammenhang wäre der Wahrheitsbegriff zu Unrecht herangezogen).

Bei den skeptischen Denkern der Akademie Arkesilaos (315-241 v. Chr.) und Karneades (214-129 v. Chr.) und später bei den Skeptikern Aenesidemos (1. Jh. v. Chr.) und Sextus Empiricus – durch des letzteren Schriften sind uns diese Gedanken erhalten – findet sich folgende Argumentation: Es gibt nur zwei Möglichkeiten, daß wir für unsere Vorstellung (V, welche die Bestimmungen a, b, g haben mögen; vgl. Zeichnung S. 99) ein Kriterium (K) haben können. Entweder liegt es im Bewußtsein oder außerhalb des Bewußtseins. Ist es im Bewußtsein, dann kann ich es zwar mit der Vorstellung vergleichen, aber da es ja selbst eine Vorstellung im Bewußtsein ist, steht es dem Objekt nicht näher als die andere Vorstellung und kann deren Wahrheit genau so wenig ermitteln wie diese selbst. Ein Kriterium im Bewußtsein nützt also nichts. Folglich muß das Kriterium außerhalb des Bewußtseins liegen. Wenn jetzt die Vorstellung im Bewußtsein mit ihm übereinstimmte, dann könnte sie als wirklich zutreffend befunden werden. Aber nun ist das Kriterium vom Bewußtsein genau so weit entfernt wie das Objekt. Es müßte also wieder ins Bewußtsein hineingeschafft werden, womit sich erneut die zuerst erwähnte Schwierigkeit ergäbe. Folglich kann das Kriterium sich weder außerhalb noch innerhalb des Bewußtseins befinden. Ainesidemos zog daraus folgende Konsequenz: Wenn ein Kriterium der Wahrheit weder innerhalb noch außerhalb des Bewußtseins möglich ist, dann ist es überhaupt nicht möglich. Daher ist auch Wahrheit nicht möglich.

Die neuzeitliche Aufrollung dieses Problems der vierten Aporie geht noch weiter. Aenesidemos' Form der Aporie war zwar in sich richtig aufgebaut, verfehlte aber das Wesen der Sache. Das Kriterium kann nämlich weder innerhalb noch außerhalb des Bewußtseins liegen, sondern es muß die Struktur einer Relation zwischen dem Bewußtsein und dem Objekt haben – außer der regulären Erkenntnis, die schon an sich doppelt, apriorisch und aposteriorisch, ist. Eine weitere Komplizierung des Erkenntnisproblems bringt die fünfte Aporie, die des Problembewußtseins. – Es ist uns sehr häufig nicht möglich, einen Gegenstand bis zum letzten zu durchschauen. Besonders das Innere des Mitmenschen entzieht sich häufig einer vollständigen Erkenntnis. Wir erraten es meist nur dunkel, und es bedarf einer längeren Erfahrung, um diese Dunkelheit zu erhellen. Wir erfassen also den Gegenstand der Erkenntnis nicht ganz, wir vermögen das zu Erfassende (objicendum) nur z. T. zu objizieren, zum Objekt zu machen – nur bis zu einer gewissen Grenze, der der jeweiligen Objektion (vgl. Zeichnung S. 99). Nur bis zu dieser Grenze haben wir eine Vorstellung vom Erkenntnisgegenstand. Hinter ihr liegt das Transobjektive. Die Aporie läßt sich in folgenden Fragen ausdrücken: Wie können wir wissen – daß wir es wissen, ist offensichtlich –, daß wir nicht alles erfassen, d.h. wie ist uns das Problembewußtsein möglich? Wie kann es ein Erfassen des Unfaßbaren geben? Wie kann eine Objektion des Transobjektiven stattfinden, ohne daß dieses aufgehoben, d.h. zum Objizierten gemacht würde? Es handelt sich hier um das Wissen des Nichtwissens, das Sokrates seinen Zeitgenossen voraus hatte. Die anderen glaubten schon zu wissen, wie die Dinge beschaffen seien, was Tapferkeit, Selbstbeherrschung usw. seien. Sokrates aber wußte um die erste Voraussetzung zur Erlangung einer wirklichen Erkenntnis die Dinge: daß in ihr ein großes Problem liegt. Dieses Wissen um das Nichtwissen hat Platon später Aporie (aporía) genannt.

Bei der Erörterung der vierten Aporie sahen wir schon, daß die Erkenntnisrelation allein nicht genügt. Es muß eine zweite, die des Wahrheitskriteriums, angenommen werden, weil uns sonst eine Orientierung im Leben unmöglich wäre. Für das Problembewußtsein muß eine dritte Relation bestehen, die bis in das Transobjektive reicht (vgl. Zeichnung S. 99).

Überall, wo das Problembewußtsein auftaucht, da regt sich in der Erkenntnis die Tendenz, über die Grenze der bisherigen Objektion hinauszugehen. Ein solches erstrebtes Fortschreiten der Erkenntnis, ein Erkenntnisprogreß, ist in der Tat vorhanden. Die Entwicklung des Menschen vom Kind bis zum Erwachsenen stellt sich dar als ein immenser Progreß solcher Art. Die Wissenschaft strebt mit Erfolg danach, ihre Gegenstände immer deutlicher zu erkennen, das Unerkannte immer weiter einzuengen, die Objektionsgrenze immer weiter in das Transobjektive zurückzudrängen. In diesem unleugbaren Faktum liegt eine sechste, letzte, Aporie, die des Erkenntnisprogresses. Sie fragt: Wie kann aus dem Wissen des Nichtwissens das positive Wissen der Sache werden? Wie können Probleme gelöst werden? Da der Erkenntnisprogreß nun einmal besteht und er auch nicht durch eine evtl. Lösung der Aporie des Problembewußtseins geklärt werden könnte, bleibt uns nichts anderes übrig, als noch eine vierte Relation anzunehmen, welche den positiven Umsatz von Transobjektivem in Objiziertes, d.h. also die fortschreitende Objektion, bewirkt (Zeichnung S. 99). Da die 1. Relation doppelt ist, erhalten wir insgesamt fünf Relationen. Wenn man noch zu Kants Zeiten geglaubt hat, das Erkenntnisproblem selbst sei unmetaphysisch, so erweist sich hier mit diesem an den Phänomenen erfolgten Aufweis der verwickelten Aporien sein metaphysischer Charakter deutlich.

Die grundlegende Schwierigkeit im Erkenntnisproblem beruht auf der Zweiheit und damit der Geschiedenheit von Subjekt und Objekt. Die Grundtypen der Lösungsversuche des Erkenntnisproblems, die sämtlich darauf beruhen, eine Subjekt und Objekt umspannende Einheit anzunehmen, seien hier schematisch dargestellt:

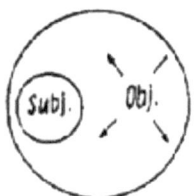

Realismus: Das Objekt ist das Primäre, das Subjekt sekundär, entsteht überhaupt erst aus den Objekten. Die Sphäre des Objekts umgreift die des Subjekts.

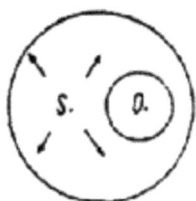

Idealismus: Umkehrung des realistischen Standpunktes. Das Subjekt ist dem Objekt übergeordnet und läßt dieses aus sich entstehen. Die Subjektsphäre umgreift die des Objekts.

Erkenntnistheoretischer Monismus: Subjekt und Objekt sind einer dritten Sphäre untergeordnet, welche die Relation zwischen ihnen vermittelt. Diese nicht in Erscheinung tretende und doch verbindende Sphäre umgreift Subjekt und Objekt.

Der realistische Standpunkt muß nachweisen, wie das Subjekt in der Objektsphäre entstehen kann. Diese Aufgabe hat sich der Materialismus gestellt, nach dessen Ansicht wir in einer Welt von Objekten leben und nur eines unter ihnen sind. Aber diese Theorie vermag nicht zu zeigen, wie ein Objekt dazu kommt, mehr als die andern zu sein, zum Subjekt zu werden. Der Materialismus kann nicht erklären, wie aus der Materie Geist entsteht. Deshalb schlug die Theorie in ihr Gegenteil um. Nach Meinung des Idealismus bringt das Subjekt alle Objekte hervor und hält sie hinterher für von außen gegeben. Wie das nun aber geschieht, vermag nicht gezeigt zu werden, denn wenn das Subjekt wirklich die Gegenstände hervorbrächte, dann wäre es, gemäß der Unterscheidung zwischen Handlung und Erkenntnis, gerade nicht erkennend, sondern handelnd.

Sieht man die Schwierigkeiten dieser beiden Theorien, dann erscheint das Schema des Monismus am aussichtsreichsten. Doch auch er erweist sich als unzureichend, denn er vermag nicht darzulegen, was diese umgreifende dritte Sphäre eigentlich ist, wie aus ihr Subjekt und Objekt hervorgehen können und wie zwischen ihnen die Erkenntnisrelation möglich ist.

Die Unfruchtbarkeit dieser Standpunkte zeigt sich sehr deutlich an den verschiedenen historisch vertretenen Theorien. – Betrachten wir zunächst den Realismus mit seinen verschiedenen Möglichkeiten! Für den natürlichen Realismus, der hier zuerst genannt sei, ist Erscheinen und Gelten der Dinge ein und dasselbe. Der natürliche Realismus kennt nicht die Unterscheidung zwischen Erscheinung und Ding an sich. Diese Überzeugung ist deswegen die natürliche, weil sie diejenige ist, in der wir unser praktisches Leben verbringen, einerlei, welche Erkenntnistheorie wir später für die richtige halten. Der natürliche Realismus fußt auf zwei Thesen, der der Adäquatheit und der der Realität. Diese besagt, daß die Objekte, die Dinge, real sind und unabhängig von uns bestehen. Jene meint, daß die Dinge wirklich so beschaffen sind, wie sie uns erscheinen, daß alle Sinnesqualitäten, die wir wahrnehmen, auch wirklich real an den Dingen sind.

Gegen diese Auffassung hatte sich schon Demokrit [5. Jhd. v. Chr.] gewandt: Gewisse Sinnesqualitäten – Geruch, Geschmack, Töne und Farben – bestehen nur in unseren Empfindungen. Wir schmecken zwar süß und bitter, aber hinter diesem Geschmack stehen nur die Atome und das Leere. Das Farbigsein ist in Wirklichkeit nur Anordnung der Atome im Raum. – Heute erklären wir diese Sinnesqualitäten zwar etwas anders und auf kompliziertere Weise, aber wir sind doch davon überzeugt, daß die Dinge nicht so sind, wie sie uns erscheinen. Damit stehen wir auf dem Standpunkt des wissenschaftlichen Realismus, der sehr bald auf den natürlichen folgte und über ihm steht. Im Altertum beruhte er auf der Atomistik, heute fußt er auf physikalisch-physiologischen Erwägungen. Die Wissenschaft zeigt uns, daß unsere Sinne uns nur einen sehr kleinen Ausschnitt von der Wirklichkeit sehen lassen. So können wir z.B. nur Wellen von ganz bestimmter Länge erfassen. Viele Wellen, wie die ultravioletten Strahlen, die Ultraschallwellen und die elektromagnetischen Wellen entziehen sich der direkten Wahrnehmung durch unsere Sinne. Unterscheidet sich der wissenschaftliche Realismus somit einerseits vom natürlichen, so stimmt er andererseits standpunktlich mit ihm in der Realitätsthese überein.

Eine Änderung des Standpunktes wird erst bemerkbar, wenn man aus dem wissenschaftlichen einen metaphysischen Realismus macht. Letzterer sagt: Was wir mit unseren Sinnen wahrnehmen, ist ebenso wenig wie das, was die Wissenschaft feststellt, das Reale. Hinter den Dingen steht etwas, das unerkennbar ist. Ein solches metaphysisches Realitätsprinzip ist z.B. Schopenhauers absoluter Weltwille, der hinter allen Erscheinungen der Welt steht. Diese Lehre Schopenhauers, die sehr wohl metaphysischer Realismus ist und nicht Idealismus, wie er selbst meinte, vermag aber nicht zu erklären, wie der Weltwille sich zum erkennenden Subjekt, zur Sphäre der Subjektivität individualisieren kann, die doch etwas ganz anderes sein muß als die Außenwelt, obgleich sie auch mit ihr verbunden sein muß. Weiterhin fällt zuungunsten des metaphysischen Realismus die Unbeweisbarkeit eines solchen metaphysischen Realitätsprinzips ins Gewicht, denn bei der Annahme eines solchen Prinzips handelt es sich um ein Ding an sich, das wir nach Kant gar nicht erkennen können.

Auch der Idealismus bietet mehrere Möglichkeiten. Gehen wir zunächst auf den empirischen oder subjektiven Idealismus, wie ihn Berkeley vertrat, ein (vgl. S. 51)! Wenn ich die ganze reale Außenwelt streiche und mit dem Traumargument behaupte, daß die wirklichen Objekte nur mein Traum wären, so muß ich selbst doch übrigbleiben. Die Substanz des Geistes, das Subjekt, ist das einzige, was verbleibt. Die Frage, die bei dieser Konzeption zu beantworten ist, lautet: Wie kann das Subjekt die Objekte als bloße Vorstellung selbst hervorbringen und hinterher dennoch fest davon überzeugt sein, daß sie real sind und unabhängig von ihm bestehen? Diese Frage muß der Idealismus beantworten, wenn er das Erkenntnisproblem lösen will, denn die reale und unabhängige Existenz der Dinge ist ein Grundphänomen, das man nicht leugnen, sondern nur erklären kann. Kein vernünftiger Mensch würde sich – so verlieh Friedrich Heinrich Jacobi der Realitätsthese Ausdruck – auf einen Stuhl setzen oder zu Bett gehen, wenn er nicht die Realität des Stuhles oder Bettes voraussetzte. Die Phänomene sind stärker als Theorien. Sie dürfen nicht umgestoßen, sondern müssen vielmehr um jeden Preis bewahrt werden (vgl. Aristoteles, ta phainómena diasózein), es sei denn, sie beruhen auf Täuschungen, die dann aber als solche erklärt werden müssen, wie z.B. der im Wasser gebrochen erscheinende Stab.

Angesichts der Unhaltbarkeit dieses empirischen Idealismus stellte Kant den transzendentalen auf. Hier geht es nicht mehr um das einzelne, empirische Subjekt, sondern um ein transzendentales. Zwar bleibt das Erkenntnisverhältnis zwischen Subjekt und Objekt bestehen, aber um es herum wird eine transzendentale Sphäre geschlagen, die Kant transzendentales Subjekt, transzendentale oder reine Apperzeption oder Bewußtsein überhaupt nennt. Ein solcher Idealismus ist aber auf dem Sprunge, zu etwas anderem zu werden; denn die Subjekt und Objekt umgreifende und determinierende Sphäre muß nicht eine Subjektssphäre sein, sondern sie kann ebensogut eine neutrale Sphäre sein, und damit hätten wir einen transzendentalen Monismus.

Von Kant schritt der Idealismus weiter zu Fichte Wie bei Berkeley, so wird auch hier die Mannigfaltigkeit der Vorstellungen vom Subjekt selbst hervorgebracht. Das Ich setzt sich seine Objekte, sein Nicht-Ich. Diese Vorstellungen erscheinen dem Ich aber in die Räumlichkeit hineinprojiziert, so daß es sie für etwas außer sich Seiendes hält. Fichte untersucht nun, was Berkeley übersehen oder für unwesentlich gehalten hatte. Wie ist es möglich, daß ich die Dinge, die meine Einbildungskraft produziert hat, für Dinge außer mir halten kann? Es gibt nur eine Möglichkeit: Wir müssen uns einen gewissen Vordergrund des Subjekts von einer viel größeren Tiefe abgeteilt denken (vgl. Zeichnung S. 110, links). Der vordere Teil ist der bewußte Teil des Subjekts, von dessen eigentlicher Tiefe ich kein Bewußtsein habe. In dem unfaßbaren, unbewußten Teil des Subjekts – so kann man sich vorstellen – liegen das Reich der Kategorien und die Produktivität des Subjekts, und zwar so, daß die Produktion unbewußt bleibt, das Produkt allein aber ins Bewußtsein fällt. Das hat Schelling später die

»bewußtlose Produktion« und das »Ins-Bewußtsein-Fallen der Produkte« genannt. Die Theorie hat hier etwas Plausibles. Wenn in meinem Bewußtsein Inhalte auftreten, von denen ich nicht weiß, woher sie stammen, so halte ich sie in der Tat für von außen gegeben. So ist es mit Halluzinationen, Traumgebilden usw.

Wird dieser Idealismus Fichtes und Schellings dem Kantischen transzendentalen Idealismus gegenübergestellt, so erscheint er diesem anolog aufgebaut. Kant hatte unterschieden zwischen empirischem und transzendentalem Gegenstand. Dabei sahen die transzendentalen Gegenstände aus wie die Verlängerung der empirischen. Fichte verlängert das Subjekt zu einem absoluten Ich.

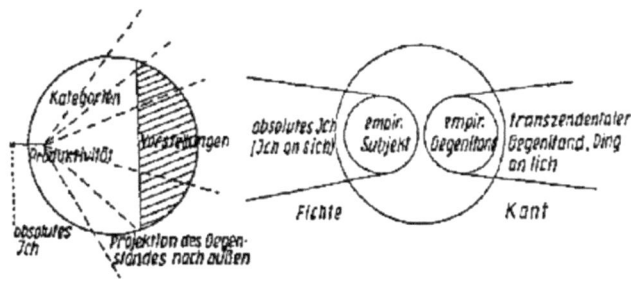

Dieses steht wie Kants Ding an sich jenseits der Grenze möglicher Erfahrung. Stellt man Fichtes Konzeption der Kants gegenüber, so ergibt sich eine symmetrische Figur (vgl. Zeichnung rechts). Man wollte das Ding an sich beseitigen, aber es sprang auf die andere Seite über und trat dort als Ich an sich wieder auf. Die Voraussetzungen eines solchen Idealismus nachzuweisen, gibt es aber keine Möglichkeit. Deshalb konnte er sich auch nicht halten.

Die monistischen Lösungsversuche seien hier nur erwähnt. Am meisten bekannt sind wohl die Theorie Plotins, die mystischer Monismus zu nennen ist, und das System Spinozas, der einen pantheistischen Monismus ersann. Plotin hatte alles, was es in der Welt gibt, aus einer absoluten Einheit abgeleitet (vgl. S. 20). Auch die Zweiheit von Subjekt und Objekt entsprang dieser Einheit. Auf diese Weise läßt sich sehr schön die Bezogenheit von Subjekt und Objekt aufeinander erklären. Sie bringen eben beide dieselben ursprünglichen Bestimmtheiten aus dem »Einen« mit, aber selbstverständlich konnte es nicht gelingen zu zeigen, worin diese ursprüngliche Einheit besteht; denn sie konnte nur von dem aus charakterisiert werden, was wir erkennen können. Uns ist erkennbar aber immer nur Subjekt oder Objekt, nicht deren Einheit.

Ähnlich verhält es sich bei Spinoza. Cogitatio und extensio sind Attribute einer einzigen Substanz. Es müßte hier gezeigt werden können, wie diese Substanz beschaffen ist. Aber eben das ist nicht möglich. Es bleibt bei den diktatorischen Definitionen der substantia, die causa sui ist, und es vermag nichts aufgewiesen zu werden, das ihr in der wirklichen Welt entspräche.

Was nun hier gezeigt werden soll, ist, wie wir auf ontologischer Basis weiter kommen können als die Theorien, die wir behandelt haben. Betrachten wir noch einmal das Schema auf S. 99. Wie wir schon erfahren haben (S. 103), ist die Grenze der Objektion keine statische, sondern eine im Erkenntnisprogreß verschiebbare. Der Fortschritt der Erkenntnis ist im Hingehen längerer Zeiträume noch deutlicher als in der Entwicklung des Individuums festzustellen. Wie weit sich aber auch die Grenze der Objektion verschiebt, an Sein oder Nichtsein wird dabei im Gegenstandsbereich nichts zugelegt. – Die Grenze der Objektion ist nicht beliebig verschiebbar, sondern nur bis zu einer zweiten Grenze, der der Erkennbarkeit. Diese Grenze ist uns gegeben in den Phänomenen offenbarer Irrationalität. Ein Beispiel für diese sind die metaphysischen Problemgehalte der Philosophie, die niemals bis zu Ende gelöst werden können.

Die Welt ist nun keineswegs so einseitig, wie es das eben erwähnte Schema zeigt. Ich als erkennendes Subjekt und die Welt stehen nicht einander gegenüber, sondern ich stehe vielmehr mitten in der Welt. Auf der Grundlage dieses ontologischen Aspekts kommt ein anderes Schema zustande (vgl. Zeichnung).
Die Welt der Gegenständlichkeit, in der ich mich befinde, erstreckt sich nach allen Richtungen des menschlichen Denkens. Dennoch gehen wir aus von einer engen Subjektssphäre.

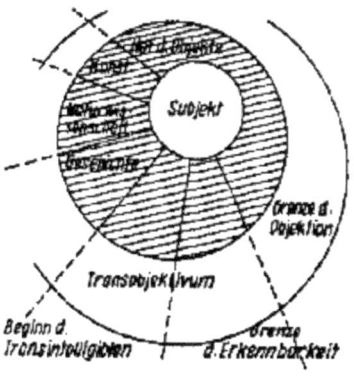

Um sie herum dehnt sich die Welt, um sie herum ist alles Dasein, alles Leben, alles Seelische, der historische Ablauf, Kultur, Geist und Geisteserzeugnisse. Die Erkenntnis ist diesem unendlichen Sein gegenüber begrenzt. Der Hof der Objekte, der das vom Subjekt jeweils Objizierte ausmacht, ist begrenzt durch die jeweilige Grenze der Objektion, die in den mannigfaltigen Gebieten des Seins verschieden weit vorgetrieben sein kann. Aber nicht alles Transobjektive ist dem Subjekt objizierbar. Die Grenze der Erkennbarkeit gebietet dem Erkenntnisprogreß Halt. Jenseits dieser Grenze liegt das Transintelligible, das, wie aus der wörtlichen Bedeutung von intelligere (einsehen, erkennen) hervorgeht, jenseits unserer Erkenntnis, unserer Einsicht, steht. Der Terminus »transintelligibel« wird so der Bedeutung von intelligere gerechter als das Kantische »nur Intelligible«, das im Gegensatz zum Sensiblen das Unerkennbare, »nur Denkbare« benennen soll. Diese seit Kant in der Neuzeit übliche Verwendung von »intelligibel« widerspricht offensichtlich dem Sinn des lateinischen Wortes, das eben nicht »denken« heißt.

Die Grenze der Erkennbarkeit ist keine des Seins, sondern nur eine der Erkennbarkeit. Das eigentlich Seiende beginnt nicht wie bei Kant erst in der Sphäre des Dinges an sich, sondern schon im Subjekt. Dieser ontologische Aufriß des Erkenntnisverhältnisses, die Einbettung von Subjekt und Objekt in eine gemeinsame Seinssphäre wird, seinen Vorteil in bezug auf die Behandlung der Erkenntnisaporien zeigen. Wenn das Subjekt nur ein Seiendes unter unzähligen anderen ist, dann stehen Subjekt und alle möglichen Objekte auf der gleichen Ebene; der Mensch ist genau so ein Seiendes wie seine Objekte. Die Erkenntnisrelation ist nur eine von vielen Seinsrelationen (vgl. S. 91f.). Von diesen mannigfaltigen Seinsverhältnissen ist die Erkenntnis nur künstlich ablösbar, wie es z.B. in der wissenschaftlichen Einstellung geschieht, wo man einen Gegenstand nicht um eines Zweckes, sondern um seiner selbst willen zu erkennen strebt. Diese wissenschaftliche Einstellung hat z.B. ein Naturwissenschaftler, der den Boden nicht um der Bodenschätze willen, sondern im Interesse seiner geologischen Erforschung untersucht.

Wie wir schon früher (S. 96) festgestellt hatten, sind sämtliche Erkenntnisobjekte gleichgültig gegen ihre Objektion durch ein Subjekt. Nun könnte man hier einwenden: Es gibt doch Objekte, die nicht gleichgültig gegen ihr Erkanntwerden sind. So hat jeder Mensch, der für jeden anderen ihm begegnenden ein Objekt ist, ein praktisches Interesse daran, sein Inneres zu verbergen. Und er kann sich auch wirklich gegen das Erkanntwerden wehren, er kann eine Maske anlegen, kann eine andere Absicht vortäuschen, als die, welche er wirklich hegt. Ein gutes Stück unseres Menschenlebens ist beherrscht von dem Streben, sich zu verbergen und den anderen zu durchschauen. – Es läßt sich jedoch auch gegen diesen Einwand die Gleichgültigkeit der Erkenntnisobjekte gegen das Subjekt behaupten. Dasjenige Verhältnis nämlich, in dem der Mensch selbst daran interessiert ist, sich gegen das Erkanntwerden zu wehren, ist kein reines Erkenntnisverhältnis mehr, sondern ein praktisches Lebensverhältnis, ein Verhältnis des Gebrauchens. Es führt in den Bereich des Handelns, des Wollens, die aber gerade der Erkenntnis entgegengesetzt sind (vgl. S. 93, 96). – Der Satz von der Gleichgültigkeit der Objekte gegen ihr Erkanntwerden läßt sich nicht nur damit verteidigen, daß man ihn nur auf reine Erkenntnisakte bezieht. Es gibt überdies gar kein absolutes Sichverbergen, denn jedes Sichverbergenwollen ist letztlich erkennbar und damit zu durchschauen; die Fähigkeit, es zu erkennen, hängt nur von der Erkenntniskraft ab.

Die ontologische Fundierung des Erkenntnisproblems ist eine Basis, von der aus die Bezogenheit der Erkenntnisobjekte auf Subjekte keine grundsätzliche Schwierigkeit bereitet. Daß das Objekt auf das Subjekt wirkt, ergibt sich als Selbstverständlichkeit daraus, daß sie beide Glieder eines Seinszusammenhanges sind, daß sie beide zu einer realen Welt gehören, in der alles, was dort existiert, in mannigfaltigen aktuellen Beziehungen zueinander steht, sich gegenseitig bestimmt und bedingt. Die Objekte sind korrelativ auf die Subjekte bezogen und trotzdem gegen ihr Erkanntwerden gleichgültig. Damit ist die Schwierigkeit der ersten Aporie behoben, die darin bestand, daß man bei dem isolierten Gegenüberstehen von Subjekt und Objekt die Relation zwischen beiden nicht verständlich machen konnte. Gehen wir nun weiter in der Reihe der Erkenntnisaporien, und befassen wir uns zunächst mit der apriorischen Erkenntnis! Eine einleuchtende Beschreibung des Phänomens des Apriorischen und seiner Schwierigkeit hat Platon gegeben, wenn er forderte, daß wir in die Tiefe unseres Innern tauchen sollten, um dort »die Unverborgenheit des Seienden« zu erkennen (S. 98). Die Erkenntnis der Objekte müßte dabei gleichsam von hintenherum erfolgen. Die Lösung dieser Aporie ist in der Kantischen Philosophie zusammengefaßt in dem »obersten Grundsatz« (Zeichnung S. 63), der sich als eine Identitätsthese darstellt. Die Kategorien unserer Erkenntnis sind zugleich Kategorien der Gegenstände. Schon im Altertum wird die Identitätsthese vertreten durch Parmenides, der sie aber mit seiner Behauptung der völligen Identität von Sein und Denken überspannte. Wenn es wirklich so wäre, wie Parmenides annahm, dann würde die Zweiheit von Bewußtsein und Gegenstand aufgehoben und damit auch die Erkenntnis, die in der Relation zwischen diesen beiden Gliedern besteht.

Gegenüber dieser übersteigerten Identitätsthese ruft der Dualismus Descartes' die Trennung der beiden Sphären der extensio und der cogitatio wieder ins Bewußtsein. Und demgemäß finden wir auch bei Kant eine vorsichtige und kritische Formulierung der Identität. Nicht Erfahrung und Gegenstände der Erfahrung sind identisch, sondern nur die Bedingungen ihrer Möglichkeit. Man kann diese Fassung zwar als Behauptung der totalen Identität ansehen. Aber Kant hat, wie die Voraussetzungen seiner Lehre erweisen, nicht wirklich gemeint, daß alle Prinzipien der Gegenstände, der Gesetze, welche in der Welt sind, sich auch in unserem Verstande befinden. Denn wäre dem so, so müßten wir alles Seiende erkennen können, dann wären die unlösbaren Probleme in der Philosophie, z.B. das psychophysische Problem, und die der anderen Wissenschaften unmöglich. – Eine Konzeption der menschlichen Erkenntnis, in der die Erkennbarkeit alles Seins angelegt ist, könnte man dagegen in Leibniz' System sehen: Die Monade vermag nichts von außen zu erfahren, sie bildet vielmehr alle ihre repraesentationes von innen heraus. Das ist reiner Apriorismus. Alles müßte rational sein, und es könnte nicht die Grenze möglicher Erkenntnis geben.

Gegenüber diesem Apriorismus, der die Erfahrung von der Außenwelt durch die Sinne strich, findet man bei Kant wieder den Hinweis auf die Zweiheit der Erkenntnisstämme. Erkenntnis a priori und a posteriori stehen so zueinander, daß sie nur miteinander die Erkenntnis ergeben. »Begriffe ohne Anschauungen sind leer, Anschauung ohne Begriffe ist blind«, formulierte Kant.

Wie aus dem Vorangegangenen ersichtlich, darf die Identität zwischen Erkenntnis- und Seinskategorien keine vollkommene sein. Das würde den Phänomenen widersprechen. Somit kommt nur eine partiale Identität in Frage. Die Figur zeigt drei Fälle an sich möglicher partialer Identität:

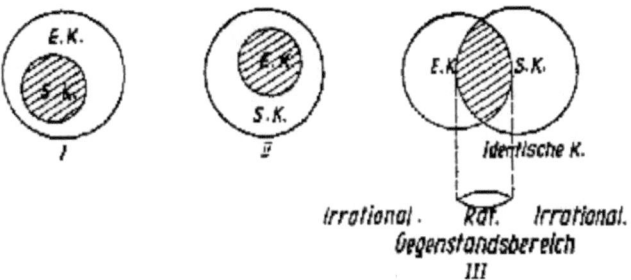

Im ersten Fall decken sich alle Seinskategorien (S. K.) mit einem Teil der Erkenntniskategorien (E. K.). Da das aber bedeuten würde, daß in unserem Verstand alle Seinskategorien vertreten sein müßten, kommt diese erste Möglichkeit nicht in Betracht. Im zweiten Fall bilden die Erkenntniskategorien nur einen Ausschnitt aus einer größeren Sphäre der Seinskategorien. Das entspricht durchaus der Tatsache, daß es Gegenstände gibt, in die wir mit unserem Verstand nicht eindringen können. Aber es lassen sich andererseits auch wieder Erkenntniskategorien aufweisen, die nicht den Anspruch erheben können, Seinskategorien zu sein. Dazu gehören die regulativen Prinzipien, z.B. die teleologische Naturbetrachtung, die wir bei Kant schon kennenlernten (S. 86f.), und weiterhin eine ganze Reihe von methodischen Prinzipien, wie etwa die Induktion, die ein reines Verfahren unseres Verstandes darstellt. Wir bilden uns nicht ein, daß das Einzelne im Allgemeinen wirklich enthalten sei, und dennoch steigen wir vom Einzelnen zum Allgemeinen auf.

Es bleibt also nur die dritte Möglichkeit einer doppelseitigen partialen Identität. Ein Teil der Erkenntniskategorien deckt sich mit einem Teil der Seinskategorien; nach beiden Seiten stehen nichtidentische Kategorien über das Deckungsfeld hinaus. – In der schematischen Darstellung dieser Möglichkeit läßt sich nun die Mannigfaltigkeit der Gegenstände, die uns zu erkennen aufgegeben ist, einbeziehen. Dann liegt unter dem Deckungsbereich der Kategorien der rationale Teil des Gegenstandsgebietes, in dem Erkenntnis a priori möglich ist. Die Grenze des Deckungsbereiches der Kategorien nach der Seite des Seins zu ist im Gegenstandsbereich zugleich die Grenze der Erkennbarkeit überhaupt, nach der Seite der Erkenntnis aber nur die Grenze der objektiven Gültigkeit.

Diese beiden Grenzen trennen aber nur im Gegenstandsbereich das rationale Gebiet von dem irrationalen, nicht aber im Kategorienbereich. Auch im Bereich der partialen Identität der Kategorien befinden sich irrationale Kategorien. Die Grenzen der Rationalität der Kategorien sind nicht zugleich Grenzen ihrer transzendenten Identität. Das entspricht der Tatsache, daß die Erkenntnis des konkreten Gegenstandes unabhängig von der Prinzipienerkenntnis ist; jene erfolgt zumeist auch früher als diese Die Kategorien sind aber unabhängig davon, ob sie erkannt werden, in unserem Verstand wirksam. Man kann nicht im Ernst annehmen, daß die Menschen, bevor Kant die zwölf Kategorien aufgefunden hatte, ohne diese gedacht hätten. Es ist keine Funktion abhängig davon, ob ich sie erkenne. Ich vermag den Arm zu heben, ohne physiologisch erklären zu können, wie das Armheben vor sich geht.

Wir wissen bis heute relativ wenig vom Reich der Kategorien. Diejenige Wissenschaft, die sich mit ihnen befaßt, ist die Kategorialanalyse. Sie hat schon früh begonnen. Bereits in der Vorsokratik befaßte man sich mit ihr, ohne zu wissen, welchem wichtigen Problem man sich zugewandt hatte. – Wie weit man aber auch in der Erforschung der Kategorien vordringen mag, unsere Erkenntnis des Gegenstandsbereiches wird damit nicht erweitert. Das wäre nur möglich, wenn wir den Deckungsbereich der Kategorien vergrößern könnten. Das würde aber ein Anwachsen unseres Feldes von Erkenntniskategorien bedeuten, d.h. es müßten in unserem Verstande auf genetischem Wege neue kategoriale Elemente auftauchen, erst damit wäre uns ein weiteres Vordringen in das Transobjektive möglich. Sogar die bisher festgehaltene Grenze der Rationalität, der Erkennbarkeit überhaupt, würde sich dann verschieben. Gegen diese allerdings nicht mit Gewißheit nachzuweisende kategoriale Anpassung des Bewußtseins an das Sein würde auch nicht der Einwand sprechen, daß wir kein direktes Bewußtsein einer solchen Anpassung haben. Denn wie wir eben feststellen, bleibt die Erkennbarkeit des Kategorienbereiches hinter der des Gegenstandsbereiches zurück, so daß wir kein direktes Bewußtsein einer fortschreitenden Anpassung von Erkenntniskategorien an Seinskategorien haben können. Nur bei einigen wenigen Kategorien, die als Seinskategorien überzeitlich dastehen, läßt sich durch Jahrhunderte hindurch eine Erhebung zu Erkenntniskategorien im Lichte des Bewußtseins verfolgen. So wurde z.B. die Kausalität in ihrer Reinheit erst im Zeitalter Galileis entdeckt, aber kausal gedacht und geschlossen haben die Menschen von jeher.

Aus dem soeben Dargelegten läßt sich eine historische erkenntnistheoretische Konsequenz ziehen. Man muß an Kants oberstem Grundsatz eine überstandpunktliche Geltung anerkennen. Er verträgt sich sowohl mit der idealistischen Annahme, daß alle Kategorien zuerst Erkenntniskategorien sind und dann erst Seinskategorien werden, wie auch mit der realistischen These, daß die Kategorien ursprünglich Seinskategorien sind und erst nachher sozusagen durch einen Anpassungsprozeß im menschlichen Verstande entstehen. Die Kantische Formel läßt sich auch mit einem monistischen System vereinbaren, z.B. der Vorstellungsweise des Mittelalters, nach der die Kategorien ursprünglich im Verstande Gottes sind und von dort aus in den menschlichen Verstand und auch in die Dingwelt einstrahlen. Deswegen sind Gedanken, welche der Kantischen Formulierung sehr genau entsprechen, uralt. Die alten Pythagoräer haben wohl schon im 5. Jh. v. Chr. eine Art Identitätsthese ausgesprochen, die wir bei Aristoteles überliefert finden: Die Prinzipien der Zahl sind zugleich Prinzipien aller Dinge, oder die Elemente der Zahl sind zugleich Elemente des Seienden. Deswegen können wir berechnen, was in der Natur vorgehen wird. Allerdings ist hier die Identität eine zu enge, weil sie sich nur auf das Mathematische erstreckt. Nicht alles Seiende aber ist nach mathematischen Prinzipien aufgebaut. Der Kern der Sache ist hier aber trotzdem erfaßt. – Heraklit sprach vom Grundprinzip des Logos, der sich als ein und derselbe sowohl in unserer Seele als auch in der Welt befindet. Auf Grund des gemeinsamen Grundprinzips ist es so dem Menschen möglich, mit seinem Verstand (lógos) zu deuten, zu erfassen, was die Sinne ihm andeuten. – Auch Platons Lehre gehört hierher. Er setzte ein und dieselbe Idee an zwei »Orten« an, einerseits in der menschlichen Seele, andererseits als Prinzipien der Welt, als paradeígmata (paradeígmata), nach denen die Dinge gebildet sind. Deshalb kann die Seele, wenn sie sich zurückzieht, das Seiende erkennen. – Schließlich gestattet auch Spinozas Identitätsthese (vgl. S. 46), daß der Verstand Aussagen mit objektiver Gültigkeit über Dinge draußen macht, die doch nicht die unsrigen sind.

Kants oberster Grundsatz, der als beispielhaft für vorurteilsfreies Denken, für Überstandpunktlichkeit gelten kann, und der kritisch restringiert ist, insofern er nicht Erfahrung und Gegenstände der Erfahrung, sondern nur die Bedingungen ihrer Möglichkeit für identisch erklärt, stößt aber Kants eigene Lehre vom Ding an sich um. Kants Formel ist noch zu weit. Die Irrationalität im Gegenstandsbereich widerspricht einer vollkommenen Identität von Erkenntnis- und Seinskategorien. Deshalb müssen wir Kant gegenüber (S. 116) die doppelseitig partiale Identität behaupten. Diese These ist nicht überstandpunktlich. Sie verträgt sich nicht mit dem Idealismus, weil, sobald es eine Grenze der Rationalität, der Erkennbarkeit, gibt, über diese Grenze hinaus etwas besteht, was nicht mehr erkennbar ist, was nur noch sein kann, ohne zum Gegenstehen gegen das Subjekt gebracht worden zu sein. Diese Unabhängigkeit des Seins von der Erkenntnis durchbricht den Idealismus, für den nur das sein kann, was wir erkennen können, wovon wir uns wenigstens durch unsere Kategorien ein Bild zu machen vermögen.

In bezug auf das Thema der Identität von Seins- und Erkenntniskategorien bleibt nun eine letzte Frage zu erörtern. Kann nicht die Grenze des Deckungsbereiches so verlaufen, daß sie durch Kategorien mitten hindurch geht? (Zeichnung S. 124). Das würde bedeuten, daß es Kategorien gibt, die nur partial identisch sind, d.h. daß ein und dieselbe Kategorie als Seinskategorie z. T. doch anders ist als die Erkenntniskategorie. Wenn es sich tatsächlich so verhielte, würde das eine weitere Begrenzung des Apriorismus ausmachen. Es erweist sich, daß ein solcher Unterschied zwischen Erkenntnis- und Seinskategorien in der Tat besteht. Er kann allerdings nur in der Einzelanalyse, durch eine differentielle Analyse, erfaßt werden. Hier sollen von den in Frage kommenden Kategorien nur Raum und Zeit herausgenommen werden.

Bei Kant ist die hier angeschnittene Frage noch kein Problem. Raum und Zeit sind Kategorien der Anschauung, ohne daß dabei zwischen Seins- und Erkenntniskategorien unterschieden würde. Doch liegt in Kants Auffassung schon eine Widersprüchlichkeit. Denn einerseits wird nach ihm der Raum als eine unendliche, gegebene Größe vorgestellt. Anschaulich gegeben kann jedoch andererseits gerade auch nach Kant nichts Unendliches sein.

Es läßt sich nicht bestreiten, daß dem Realraum Unendlichkeit zukommt und ebenso auch der realen Zeit, die man sich etwa im Sinne von Newtons tempus absolutum denken mag. Aber sind Raum und Zeit wirklich als Anschauungsformen im Bewußtsein unendlich? Dagegen spricht doch gerade, daß wir innerhalb unserer Entwicklung vom Kinde zum Erwachsenen ein Anwachsen unseres Raum- und Zeitbewußtseins feststellen können. Der Anschauungsraum erscheint uns doch auch später als ein durch eine verschwimmende Zone begrenzter Raum. Ebenso verhält es sich auch mit unserem Zeitbewußtsein. – Es gibt noch viele Unterschiede zwischen Realraum und Realzeit und Raum und Zeit als Anschauungsformen. Der Realraum ist absolut homogen. In der Anschauung des Raumes aber spielt die Erscheinung der Perspektive eine große Rolle. Rein subjektiv bestehen große Unterschiede zwischen den Objekten, die wir gar nicht einmal ihnen zuschreiben: Entferntes erscheint klein, Nahes groß. Auch in der Anschauungszeit gibt es etwas der Raumperspektive Vergleichbares. Wir stehen auf einem Sehpunkt und schauen gleichsam mit einem Januskopf in Gegenwart und Zukunft der Anschauungszeit. Ihr Fluß erscheint uns unregelmäßig, bald schneller, bald langsamer – wogegen gerade das stets gleichförmige Fließen Charakteristikum der realen Zeit ist. Mannigfaltige Beispiele gibt es für die wechselnde Geschwindigkeit des Fließens der Anschauungszeit. Wie schnell verstreicht einem nicht die Zeit an einem Tag, der voller Ereignisse war, wie langsam dagegen, wenn man unbeschäftigt ist oder gar wartet! »Die Zeit kriecht dahin«, »scheint stillzustehen«, sagt man dann. In der Rückschau ist es gerade umgekehrt. Wo die Zeit angefüllt gewesen ist mit Ereignissen, erscheint sie uns gedehnt, aber wo Jahre vergangen sind, ohne daß uns etwas eingehend beschäftigt hätte, scheint sie uns verflogen zu sein.

Wir können im realen Raum unseren Standpunkt beliebig wechseln, aber je nach der Vergrößerung der Geschwindigkeit unserer Fortbewegung scheint uns die Entfernung zu schrumpfen, d.h. auch hier unterscheidet sich der Anschauungsraum von dem realen Raum. Und mit welcher Hemmungslosigkeit versetzen wir uns in der Anschauung hinweg in andere Räume, die wir kennen und nicht kennen, und bleiben doch in der Realität am selben Ort! Man denke hierbei nur an den Wunderteppich des arabischen Märchens! Dasselbe Wunder gibt es auch in der Zeit. Wir können uns in unserer Anschauung hineinversetzen in frühere Ereignisse, von denen immer nur etwas überliefert ist, und wir können uns ebenso auch in die Zukunft hineindenken. Während wir uns aber im realen Raum wenigstens in den Grenzen physischer Fortbewegungsmöglichkeit wirklich bewegen können, vermögen wir das in der Zeit nicht. Kein Mensch, kein Ereignis und kein Ding können sich dem gleichmäßigen Fluß der Realzeit entziehen. In ihr läuft Achilles genau so schnell wie die Schildkröte Was wir schneller laufen nennen, bedeutet nichts anderes, als in derselben Zeit einen größeren Raum zu durchmessen.

Aus diesen Beispielen erweist sich klar eine Differenz zwischen dem Raum als Erkenntnis- und als Seinskategorie. Im Schema muß der Kategorie also eine solche Gestalt verliehen werden, 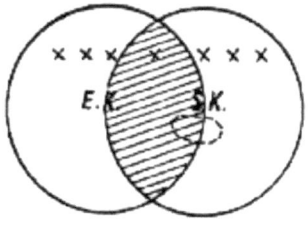 daß die Grenze mitten durch sie hindurchgeht (Zeichnung). An diesem Punkt sind wir sozusagen in die vordere Frontlinie der heutigen Erkenntnis geführt worden; wir haben Bekanntschaft mit dem geistigen Gut gemacht, um das heute noch gekämpft wird. Deswegen kann dieser Gedanke auch zunächst nur bildlich ausgedrückt werden, bis sich für ihn im Laufe der Zeit ein adäquater Begriff bildet. Es liegt im Wesen der philosophischen Erkenntnis, daß sie von Bildern ausgeht und daß es zur Bildung von Begriffen der Arbeit vieler Generationen bedarf.

Als nächste Aporie ist die der aposteriorischen Erkenntnis zu behandeln. Diese bestand darin, daß das Subjekt in sich ein Wahrnehmungsbild in direkter Gegebenheit hat, das es von außen von einem Objekt bekommen haben muß. Das Objekt aber ist und bleibt transzendent. Es kann also andererseits dem Subjekt gar nicht gegeben sein. Wie vermag unter solchen Umständen das Subjekt um das Objekt zu wissen?

Die Wahrnehmung ist uns gegeben durch unsere Sinne, aber sie ist nicht dasselbe wie die Sinnesempfindungen, die irgendwie an die Objekte, durch die sie hervorgerufen werden, gebunden sind. In der Wahrnehmung nehmen wir nicht wie in der Sinnesempfindung einzelne Objekte wahr, sondern Dinge. Die Wahrnehmung ist immer komplex. Jedoch die Elemente, aus denen sie sich zusammensetzt, müssen einzelne Sinnesempfindungen sein, die uns als einzelne aber gar nicht auffallen, die vielmehr immer schon in einem Wahrnehmungsbild zusammengeschlossen sind. – Bei der Wahrnehmung handelt es sich um diejenige Art der Gegebenheit, die, wie Kant es ausdrückt, durch die Affektion unserer Sinne durch das Ding an sich entsteht. »Affektion« ist dabei der alte Ausdruck für das, was die moderne Psychologie unter »Reizen der Sinne« versteht.

Von alters her ist nun gegen den Erkenntnisgehalt der Wahrnehmung eine Fülle von Argumenten vorgebracht worden. Die Einwände begannen mit der Beobachtung, daß die Wahrnehmung ja voll von Täuschungen sei, daß etwa, um nur als ein Beispiel das Purkinjewsche Phänomen anzuführen, das Verhältnis, in dem die verschiedenen Farben in ihrer Leuchtkraft und Intensität zueinander stehen, sich bei Beleuchtungsänderungen verschiebt, ja geradezu umdreht. Aus ähnlichen Beobachtungen taucht ursprünglich, schon in der Zeit der Sophisten, der Gedanke auf, daß die Wahrnehmung ganz relativ, subjektiv sei, kein objektives Korrelat habe. Das aber würde besagen, daß sie uns in Wirklichkeit nichts über das Objekt aussagen kann. – Geht man nun von hier aus weiter und bedenkt man, daß alles, was wir an Tatsächlichkeiten im Leben erfahren, den Weg über die Sinne nimmt, so wird es verständlich, wie Protagoras im 5. vorchristlichen Jahrhundert zu einer extrem relativistischen Anschauung kommen konnte: Es gibt nur diese eine Art des Seins: Es ist alles, was ist, nur für mich, und zwar nur so, wie es mir erscheint. Was mir zu sein scheint, das ist auch (für mich), und was dir zu sein scheint, das ist auch (für dich). Ein Vergleich zwischen dem, was dir, und dem, was mir erscheint, ist nicht möglich. Ich kann nicht in dein Bewußtsein hineinsteigen und du nicht in meins. – Begriffe, in denen doch anscheinend alle Menschen übereinstimmen, erklärte dieser radikale Relativismus aus der Konvention und daraus, daß die Menschen über die Unterschiede ihrer Auffassungen von den Dingen hinweggleiten, weil sie ihnen unwichtig zu sein scheinen. – Von hier ist es nun nicht mehr weit bis zu der extremen Formulierung der Kyrenaiker, daß in Wirklichkeit jeder Mensch im Umkreis seines Bewußtseins, seiner subjektiven Zustände, eingeschlossen sei, als ob er sich im »Belagerungszustand« befände. Daraus folgt die skeptische Konsequenz: Ein Wissen von der Außenwelt ist überhaupt fraglich. – Würde man nun über diese extremen Zweifel an der aposteriorischen Erkenntnis hinaus auch noch die Erkenntnis a priori bestreiten, so würde das die Auflösung aller Erkenntnis überhaupt bedeuten.

Zum Glück steht es nicht so hoffnungslos um die Sache der Erkenntnis, wie es sich in diesen Theorien darstellen mag. Wenn man auf ontologischer Grundlage an das Problem herangeht, zeigt sich vielmehr folgendes: Wir sind nicht nur durch das Erkenntnisverhältnis, sondern durch eine Fülle von anderen Akten mit der Außenwelt verbunden. Die transzendent-emotionalen Akte (S. 91f.) Lieben, Hassen, Erleben, Handeln und Erleiden sind in ihrer Realität unbezweifelbar. Nicht so sehr die Wahrnehmung, als vielmehr gerade diese anderen zahllosen Akte, Beziehungen, in denen wir mit den Objekten stehen, überzeugen uns von der Existenz der Objekte. So fällt ein ungeheures Realitätsgewicht auf die Wahrnehmung. Sie ist diejenige Instanz, welche uns das Bestehen der einzelnen Dinge in unmittelbarer Daseinsgewißheit gibt. Das unterscheidet sie von der Erkenntnis a priori, die zwar über die Wesenszüge der Dinge allgemeingültige Aussagen machen kann, dabei aber von der Gegebenheit des realen Einzelfalles absehen muß.

Die Aporie, von der wir handeln, war im 17. Jahrhundert in wunderbarer Klarheit aufgerollt. Descartes hatte in schroffem Gegensatz extensio und cogitatio gegenübergestellt. Wie sollten die beiden gänzlich verschiedenen Substanzen aufeinander wirken können? Descartes hilft sich durch die Annahme eines psychophysischen Zusammenhanges, bei dem Gott assistiere. Geulincx bestreitet auf Grund seines axioma inconcussae veritas (S. 44) jede Möglichkeit einer Einwirkung vom Körper auf die Seele. Nur Gott selbst könne durch fortwährendes Eingreifen die Entsprechung vom Seelischen und Körperlichen bewirken. Spinoza versucht den Gegensatz von extensio und cogitatio dadurch zu überbrücken, daß er beide aus einer Substanz ableitet. Deshalb können Ordnung und Verbindung der Vorstellungen und Dinge dieselben sein. Nach Leibniz schließlich hat Gott von vornherein eine genaue Übereinstimmung, eine prästabilierte Harmonie, von Körperlichem und Seelischem eingerichtet. – Alle diese Theorien können das Problem nicht lösen. Sie nehmen das, was sie erklären müssen, vorweg.

Gegenüber all den alten Einwänden, die auf der Relativität der Wahrnehmung fußen, bleibt doch so etwas wie ein objektiver Kern erhalten: Wir können uns doch durch unsere Wahrnehmung in der Welt orientieren. Gegen dieses Grundphänomen kann man nicht streiten, so rätselhaft die Wahrnehmung auch sein mag. Wir müssen versuchen, in dieses Problem so weit wie möglich einzudringen. – Vor allem läßt sich eines nicht leugnen Es gibt in uns gewisse Symbolsysteme, die in der festen Zuordnung zu Dingen und Vorgängen in der Außenwelt bestehen, und die nicht möglich wären, wenn nicht Bewußtsein und Sein in einer gesetzmäßigen Verbindung ständen, wenn nicht die Erkenntnisgebilde streng gesetzmäßig auf die Seinsgebilde bezogen wären. Wir kennen Systeme von Farben und Systeme von Tönen. Einer bestimmten Tonhöhe ist eine bestimmte Schwingungszahl der Schallwellen zugeordnet, und die Amplitude der Wellen steht mit der Stärke des Tones in Entsprechung. Die Heterogeneität von Symbol und Symbolisiertem läßt sich nicht überwinden, aber die Zuordnung beider bleibt fest bestehen. Der Mensch kann sie nicht verschieben. Die durch die sinnliche Wahrnehmung gegebenen Symbolsysteme sind unverrückbar in unserer anthropologischen Konstitution, in uns als psychophysischen Wesen, verankert. Freilich kann der Mensch darüber hinaus sich noch Symbole bilden, die nicht unverändert bleiben, z.B. die Begriffe.

Der Möglichkeit, ein Aufeinanderwirken von der Psyche auf die Physis einzusehen, stellt sich doch nichts entgegen – so müssen wir feststellen – als die stillschweigende Voraussetzung, daß das Verhältnis von Ursache und Wirkung nur zwischen homogenen Gliedern bestehen könne, zwischen Gliedern, die von einer gleichartigen Seinsweise sind. Die Glieder eines Kausalprozesses stehen in Abhängigkeit voneinander. Das Spätere gleicht zwar nicht dem Früheren, so meinte man, ist aber doch dem Sein nach gleichartig. – Es zeigt sich aber, daß wir auch unter der Voraussetzung, daß der Kausalprozeß unter homogenen Gliedern abläuft, nur dann von der Ursache her die Wirkung erschließen könnten, wenn wir alle Gesetze wüßten, unter denen ein Vorgang abläuft. Wie Kant in seiner Analyse der Kausalität ausführt, können wir den eigentlichen Zusammenhang von Ursache und Wirkung nicht begreifen. Die Kausalität erschöpft sich nicht im Gesetz der Abhängigkeit, sondern sie ist das lebendige Hervorbringen als solches. Die Ursache geht in die Wirkung über, sie ist causa transiens. Die Ursache vergeht, der Prozeß besteht. Wie aber überhaupt etwas dazu kommt, etwas anderes hervorzubringen bzw. sich zu verändern, davon haben wir – wie Kant in seinen Ausführungen über die zweite Analogie der Erfahrung sagt – a priori nicht die geringste Kenntnis. –

Kant hatte recht. Die Kausalreihe ist keineswegs eine mathematische Reihe wie Zahlreihen, sie ist nicht homogen. Die Kausalreihe ist eine dynamische. Mehr als das Dasein der Glieder kann man mit der Kausalität nicht erraten, nicht einmal in den einfachsten Fällen von Kausalität, in denen mechanische Wirkung hervorgebracht wird, ist es begreifbar, wie denn nun eigentlich die Ursache ihre Wirkung hervorbringt.

Es ist verständlich, daß in den komplizierteren Fällen, mit denen wir es hier zu tun haben, die Kausalität erst recht nicht begreifbar ist. Aber ihr Bestehen ist nicht zu leugnen. Wenn der Mensch nun an allen vier Schichten, die in der Welt aufzuweisen sind, der anorganischen, der organischen, der seelischen und der geistigen, teilhat (vgl. Zeichnung S. 161), wie wir uns das vorstellen müssen, so gilt die Kausalität für alle Schichten, wenn auch ihre Erklärbarkeit mit zunehmender Höhe der Schichten immer schwieriger werden mag. Wenn aus einem Erlebnis eine Stimmung hervorschießt, so ist diese die Wirkung, jenes die Ursache. Und wenn im geistigen Sein aus einer Erkenntnis ein Gedanke aufblitzt, so muß das auch irgendwie ein kausales Verhältnis sein. Ontologisch kategorial ausgedrückt, können wir hier feststellen: Das Phänomen der Kausalität setzt sich als Kategorie von der untersten, der materiellen Schicht aus bis in die höchste, die geistige Schicht, fort. Wie wir das Bestehen der Kausalität in der anorganischen Schicht auf Grund der Phänomene anerkennen, so können wir sie mit der gleichen Berechtigung auch in allen anderen Schichten annehmen. Und gleichfalls können wir eine Wirkung von einer Schicht auf die andere feststellen. Wir begreifen zwar nicht, wie eine Wirkung, etwa von der Seele auf den Körper, möglich ist, aber wir begreifen ebensowenig die kaum zu bestreitende Kausalität innerhalb ein und derselben Schicht. Geulincx' Axiom der unerschütterlichen Wahrheit, der Grundsatz des Rationalismus, das mit einem ungeheuerlichen menschlichen Hochmut behaupten zu können meint, daß es in der Welt nichts gäbe, was der Mensch nicht begriffe, ist kein Grund, die Einwirkung vom Physischen auf das Psychische und umgekehrt zu bestreiten.

Wie früher schon des öfteren, so zeigt sich auch hier wieder der metaphysische Charakter des Erkenntnisproblems. An Hand des Erkenntnisproblems dringen wir zugleich in das Problem des Menschen als psychophysischen Wesens ein. Letzteres Problem ist von tiefer Irrationalität. Aber doch fällt auf es ein helles Licht, wenn man bedenkt, daß der Mensch nicht nur organisches und psychisches Wesen ist, sondern zugleich auch in die Gesetzlichkeit der anorganischen Natur eingebettet ist und weiterhin auch an der Region des Geistigen teilhat. Auch die Beziehung der letztgenannten Schichten aufeinander ist problematisch. Und dennoch bildet der Mensch eine Einheit. In diesem natürlichen Zusammenhang gesehen, verliert das psychophysische Problem etwas von seiner Isoliertheit; es ist kein besonderes Weltwunder mehr, sondern fällt unter eine Reihe von nicht gelösten und vielleicht auch nicht bis zu Ende lösbaren Problemen, die uns aufgegeben sind. – Wenn hiermit die Wahrnehmung in der Tiefe ihrer Problematik auch nicht erklärt ist, so wissen wir doch, daß es Wahrnehmung gibt.

Und es ist gut, hier einen unlösbaren Problemrest aufgewiesen zu haben. Die Philosophie muß auf ihn hinweisen, damit an seiner Auflösung weitergearbeitet werden kann.
Die vierte Aporie lag in dem Problem der Wahrheit, in der Frage, ob wir irgendein Kriterium haben, mit dessen Hilfe wir uns der Wahrheit unserer Erkenntnis versichern können. Mit dem Wahrheitsproblem greifen wir das wichtigste Problem der Erkenntnis, ja vielleicht der ganzen Philosophie auf. Denn immer wieder in der Geschichte des menschlichen Denkens verlangt die Frage Antwort: Was ist wahr, welche Urteile, welche Begriffe sind wahr, und welche unwahr? Dieses Problem, das auch im 17. Jahrhundert in Descartes' Frage nach der realitas objectiva steckte, verläßt uns nie. Das ist nicht erstaunlich, wenn man bedenkt, welch große Rolle es schon im praktischen Leben spielt. Von welcher Wichtigkeit ist z.B. nicht für mich die Frage, ob ich die wahren Absichten, die wahren Gesinnungen meiner Mitmenschen erkennen kann oder nicht! Welches Gewicht hat die Frage nach der Wahrheit vor Gericht, wenn z.B. ein Angeklagter behauptet, nicht schuldig zu sein! Und wie merkwürdig ist es schon hier, daß gewisse Differenzen unter den Zeugenaussagen am sichersten auf die Wahrheit hinzudeuten scheinen.

Das Problem der Wahrheit ist ausschließlich Sache der Erkenntnis. Wir haben schon früher ausgeführt (S. 100), was Wahrheit eigentlich bedeutet, nämlich das, daß die Bestimmtheiten des Objekts in der Vorstellung des Objekts im Subjekt wiederkehren – sei es auch nur in der Form von Symbolen, die das Symbolisierte genau repräsentieren. Übereinstimmung zwischen der Beschaffenheit des Objektes und der Vorstellung davon im Bewußtsein ist Wahrheit,

Nichtübereinstimmung Unwahrheit. Das ist der transzendente Wahrheitsbegriff, weil er über die Grenze des Bewußtseins hinweggeht. Von ihm ist zu unterscheiden der immanente Wahrheitsbegriff, der sich nur auf die Übereinstimmung von Vorstellungen innerhalb des Bewußtseins bezieht. In der immanenten Wahrheit haben wir als Kriterium den Satz des Widerspruches. Mit Hilfe des Kontradiktionsprinzipes können wir dort die falschen Vorstellungen ausmerzen. Wo aber haben wir in der transzendenten Wahrheit ein solches Kriterium? An der Möglichkeit dieses Kriteriums hängt die Aporetik von wahr und unwahr.

Wir haben schon früher (S. 100) die skeptischen Einwände gegen die Möglichkeit eines Kriteriums überhaupt kennengelernt und auch Ainesidemos' Folgerung, daß es gar keine Wahrheit gebe, daß alle Vorstellungen, die wir uns bilden, für gleich wahr oder unwahr gelten könnten. Im Zuge der neuzeitlichen Aufrollung der Wahrheitsaporie (S. 101) hatten wir festgestellt, daß ein Kriterium nur als eine weitere Relation neben den beiden Erkenntnisrelationen bestehen könne. Bei dem Aufweis der 5. und 6. Aporie (S. 102) ergab sich die Notwendigkeit, zum Verständlichmachen des Problembewußtseins und des Erkenntnisprogresses je eine weitere Relation anzunehmen. Mit diesen fünf Relationen aber hatte das Erkenntnisproblem eine ungeheure Kompliziertheit erfahren. Der Weg, der hier aufgewiesen worden ist, scheint in die Irre zu führen.

Die Behandlung der Wahrheitsaporie bedarf einer solchen verzwickten Konstruktion nicht. Wie wir wissen, haben wir von vornherein schon einen doppelten Zugang zum Objekt durch die Zweistämmigkeit unserer Erkenntnis. Unsere Erkenntnis ist teils apriorisch und teils aposteriorisch. Das apriorische Element steckt nicht nur im Denken, sondern schon in den einfachen Dingvorstellungen. Wir brauchen einen Schreibtisch, ein Tintenfaß nur von einer Seite zu sehen, um den betreffenden Gegenstand sofort in seiner ganzen Gestalt zu erkennen. Die nicht sichtbaren Seiten des Dinges setzen wir von vornherein, apriorisch, voraus. Das entspricht dem Sinn der Kantischen Lehre von Raum und Zeit. Ein weiteres Beispiel für schon in der einfachen Dingwahrnehmung enthaltene apriorische Elemente bietet die Tatsache, daß ich ein und denselben Gegenstand mit fünf verschiedenen Sinnen wahrnehmen kann. Daß ich dieses eine Objekt nicht entsprechend den fünf verschiedenen Sinnesempfindungen für fünf Objekte halte, sondern für eine Einheit, die mir selbst aber durch die Sinne nicht gegeben ist, vermag man doch auch nur durch ein apriorisches Element zu erklären. Es liegt in der Substanzkategorie, die mir sagt, daß ich die vielen Akzidenzen auf ein Gemeinsames beziehe. – Wie wir so schon in der Erkenntnis der Dinge viele apriorische Elemente aufweisen können, so ist das erst recht möglich bei der Erkenntnis von Personen, von Lebensverhältnissen usw.

Wir haben also zwei Zeugnisse von ein und demselben Objekt, einerseits das der Wahrnehmung und weiterhin des Erlebnisses und andererseits das der apriorischen Einsicht. In diesen beiden auf ein Objekt gehenden Instanzen liegt offenbar die Möglichkeit eines Kriteriums. Wenn sie in ihren Feststellungen über dasselbe Objekt auseinanderklaffen, dann muß offenbar eine von ihnen etwas Falsches aussagen. – Dieses Kriterium ist freilich kein absolutes. Denn wenn beide Instanzen übereinstimmen, ist es immer noch möglich, daß in beiden der gleiche Fehler liegt, daß beide demselben Irrtum verfallen sind. Sofern sie allerdings wirklich reine Elemente a priori und a posteriori sind, ist diese Möglichkeit sehr fernliegend, denn sie nehmen beide ganz verschiedene Wege. Die Erkenntnis a priori geht über das Kategorienreich, das für Subjekt und Gegenstandsbereich gemeinsam ist, auf das Allgemeine, ohne daß sie dabei das Einzelne in seiner realen Gegebenheit berücksichtigen könnte. Die Erkenntnis a posteriori geht direkt und nur auf das einzelne Ding, das einzelne Erlebnis, das hier und jetzt geschieht. Beide Elemente der Erkenntnis schließen sich inhaltlich sozusagen aus, sind völlig heterogen und unabhängig voneinander. Somit wäre bei der Übereinstimmung beider zwar kein absolutes, aber doch ein relatives Kriterium von hoher Wahrscheinlichkeit gegeben. Allerdings sind die beiden Elemente fast nie in ihrer Reinheit gegeben, sondern vermischt, so daß die Relativität des menschlichen Wahrheitsbewußtseins eine viel größere ist, als gemäß der grundsätzlichen Heterogeneität der beiden Erkenntniselemente anzunehmen wäre.

Das sich uns in der Zweistämmigkeit der Erkenntnis bietende Wahrheitskriterium, das den Phänomenen entsprechend kein absolutes ist, vermag im Einzelfall allerdings nur eine geringe Stütze zu sein. Die Konfrontation von empirischer und apriorischer Erkenntnis vollzieht sich stets sofort, die Diskrepanz im Ergebnis aber äußert sich – obwohl unser Erkenntnisbewußtsein ein sehr feines ist und die allerkleinsten Unterschiede feststellt – meist erst später, wenn wir anderes Erkenntnismaterial als Vergleichsmöglichkeit haben. Somit wachsen Wert und Sicherheit unseres Kriteriums, wenn sich unsere Erkenntnis auf Zusammenhänge richtet. Aus dem negativen Kriterium wird dann ein positives. Wenn in einem ganzen Lebenszusammenhang beide Instanzen übereinstimmen, dann ist unser Wahrheitskriterium ein sehr verläßliches. So stuft sich die Gewißheit, mit der wir die Wahrheit ermitteln können, ab. In dem hier dargelegten Gedankengang kann man eine gewisse Lösung des Wahrheitsproblems sehen. Das Wahrheitskriterium ist keineswegs den skeptischen Angriffen so sehr preisgegeben, daß wir verzweifeln und im Relativismus untergehen müßten. Der Relativismus hat heute, obgleich er sich schon über fast alle Gebiete, als historischer, pragmatistischer, soziologischer, psychologischer usw., auszudehnen drohte, einigermaßen ausgespielt. Übrig bleibt von ihm nur die Warnung, nichts zu schnell, zu leicht als gerechtfertigt anzusehen. – Auch von einem Umsturz der alten klassischen Naturgesetze durch den Relativismus kann keine Rede sein. Zuerst sah es so aus, als ob durch die neuen Forschungsergebnisse der Physik und durch ihre Theorien, z.B. die Atomforschung, die Quantentheorie und die Relativitätstheorie, das ganze Gebäude der klassischen Physik zerstört werden sollte. Heute sieht man die Dinge viel nüchterner, und man ist sich darüber klar, daß die alten Gesetze im Newtonschen Sinne bestehenbleiben, daß sie nur noch nicht ihre endgültige Fassung erlangt haben und daß es also gilt, der Wahrheit noch näherzukommen. Wenn eine Theorie, wie es in der Geschichte der Philosophie mehrmals vorgekommen ist, die zwei Erkenntnisinstanzen bestreitet, nur eine anerkennt, so verscherzt sie sich damit die Kontrollmöglichkeiten für die Wahrheit der Erkenntnis. So hatten Locke und Hume (S. 49, 53) die apriorische Erkenntnis geleugnet und die Erfahrung als alleinige Erkenntnisquelle angesehen. Wenn es sich aber wirklich so verhielte, wenn z.B. die Vorstellung des Kausalnexus in uns auf nichts als auf bloße Gewohnheit zurückzuführen wäre, dann wäre es uns nicht möglich, uns mit Sicherheit in der Welt orientieren zu können. – Andererseits finden wir die Behauptung, daß es nur apriorische Erkenntnisse gäbe, z.B. in Berkeleys Idealismus und, noch strenger und tiefer durchdacht, bei Leibniz. Das Grundschema von Leibniz' Gedanken läßt sich immer am einfachsten aussprechen durch die schlagwortartige These, daß die Monaden keine Fenster haben. Aber auch wenn sie keine Fenster haben, so können sie doch alles von innen heraus produzieren. In wunderbarer Denkarbeit hat Leibniz den Zusammenhang und die Entsprechung der Perzeptionen in den einzelnen Monaden mit dem Prinzip der prästabilierten Harmonie erklärt. Es ist eine großartige, ja vielleicht die großartigste Metaphysik, die zum Zweck der Lösung dieser Probleme erdacht worden ist. Aber selbst wenn man annähme, daß sie sich durch zwingende Gründe rechtfertigen ließe, so würde das bedeuten, daß das andere Glied der Erkenntnis, mit dessen Hilfe wir erst zwei verschiedene Zeugnisse von ein und demselben Gegenstand miteinander konfrontieren können, hinfällig würde. Wir könnten nichts mehr verifizieren, und wenn unsere Erkenntnis zufällig mit der uns umgebenden Welt übereinstimmte, so vermöchten wir es nicht zu wissen. – In der philosophiegeschichtlichen Entwicklung kam es, wie sich hier gezeigt hat, zu einem Auseinanderklaffen der Theorien in reinen Sensualismus und reinen Apriorismus. Es ist Kants Verdienst, daß er die beiden auseinandergebrochenen Stämme der Erkenntnis wieder zusammengefügt hat. Weder aus den empirischen Gegebenheiten noch aus den reinen Verstandesbegriffen allein ist Erkenntnis möglich; denn Anschauung ohne Begriff ist blind, Begriffe ohne Anschauung sind leer, oder, wie Kant an anderer Stelle sagt, die Erfahrung durch die Sinne ist ein Geschäft, das Verstand erfordert.

Das Schema für die Behandlung der beiden letzten Aporien ist mit der Lösung der viel schwierigeren Aporie des Wahrheitskriteriums zugleich gegeben. Durchdenkt man die in der 5. und 6. Aporie liegenden Probleme richtig, so ist bald einzusehen, daß wir auch hier nicht eine komplizierte Vielfalt von Relationen anzunehmen brauchen, sondern ebenfalls mit der doppelten Erkenntnisrelation auskommen können. – Das Problembewußtsein, das in dem Wissen um etwas, was wir noch nicht wissen, besteht, tendiert über die Grenze der jeweiligen Objektion hinaus. Platon hat die Aporie des Problembewußtseins, die bereits in dem Sokratischen Wissen des Nichtwissens liegt, in zweierlei Form vorgetragen: Die erste Formulierung bezieht sich auf die Forschung (zétesis). Wie ist überhaupt Forschung möglich? Wir forschen doch nicht nach dem, das wir schon erfaßt haben. Nach dem aber, von dem wir noch gar nichts wissen, können wir auch nicht suchen. So liegt hier die skeptische Konsequenz nahe, daß das Forschen überhaupt nicht möglich ist. – Ähnlich verhält es sich mit dem Lernen (máthesis), das der Gegenstand der zweiten Formulierung Platons der Aporie ist. Was ich schon weiß, das brauche ich doch nicht zu lernen, das aber, von dem ich gar nichts weiß, über das ich völlig unwissend bin, vermag ich auch nicht zu lernen, denn ich weiß ja gar nicht, was mir fehlt.

Betrachten wir nun die Aporie des Problembewußtseins, die in ihrer klassischen Aufrollung durch Platon einen besonders krassen Widerspruch zeigt, im Verhältnis zur apriorischen und aposteriorischen Erkenntnis! In der apriorischen Erkenntnis liegt eigentlich schon ein Hinweis auf das Problembewußtsein; denn sie geht doch über das tatsächlich Erkannte hinaus und erhebt den Anspruch auf Allgemeinheit und Notwendigkeit. Sie kann so Zusammenhänge festlegen, für welche die Erfahrungsunterlagen noch gar nicht gegeben sind. Was ist aber ein solches (apriorisches) Vorwegnehmen eines (aposteriorisch) noch nicht Erkannten anderes als ein Wissen des Nichtwissens, ein Problembewußtsein? – Wie die apriorische Erkenntnis einerseits der aposteriorischen vorausgreift, so zeigt andererseits die Erkenntnis a posteriori ein Hinausschießen über die apriorische. Im praktischen Leben und vor allem in den Naturwissenschaften, in Biologie, Physik und Chemie stehen wir vor einer Fülle von Tatsachenerkenntnissen, von Beobachtungsmaterial aller Art, das noch nicht verstanden worden ist, das man erst in begreifbare Zusammenhänge einordnen muß. Das Fehlen ergänzender und verarbeitender apriorischer Einsicht macht sich auch hier bemerkbar als Problembewußtsein. – Das Verhältnis der beiden einander übergreifenden Erkenntnisrelationen läßt sich schematisch darstellen durch zwei Kreise, die sich gegenseitig überschneiden (vgl. Zeichnung S. 140 links). Soweit sich die beiden Kreise decken, reicht die wirkliche Erkenntnis. Nach beiden Seiten stehen nicht in Deckung befindliche Teile der apriorischen und aposteriorischen Sphäre über. Nach der einen Seite zu haben wir ein Plus an Erfahrung, ein Wissen um etwas, was wir noch nicht begriffen haben, und nach der anderen Seite haben wir ein Wissen um Gesetzmäßigkeiten und Zusammenhänge ohne Kenntnis der unterzuordnenden realen Einzelfälle.

Legen wir uns nun die letzte Frage in der Reihe der Erkenntnisaporien vor. Wie kann das Subjekt von dem Wissen um das Nichtwissen, von dem Bedürfnis, über seine bisherige Erkenntnis hinauszugehen, nun auch tatsächlich zu einem wirklichen Vorwärtstreiben der Erkenntnis gelangen? Auch diese Frage läßt sich durch die Wechselwirkung von apriorischer und aposteriorischer Erkenntnis beantworten. Das gegenseitige Übergreifen beider Erkenntnisinstanzen ist nämlich nicht nur ein einmaliges, sondern ein sich ständig wiederholendes. Besteht z.B. in einem Gebiet der Naturwissenschaften eine Fülle von noch unverarbeitetem Tatsachenmaterial, was auf ein Vorgreifen der aposteriorischen Erkenntnis (1, s. Zeichnung rechts!) hindeutet, so wird bald darauf eine Hypothese entstehen, die nicht nur das Verständnis dieses Tatsachenmaterials gibt, sondern ihrerseits wieder etwas vorwegnimmt, was noch nicht durch aposteriorische Erkenntnis gerechtfertigt ist. Die apriorische Erkenntnisinstanz (2) greift also noch über die schon vorgeschrittene aposteriorische Instanz über, diese wird daraufhin wieder über jene hinausschießen (3) usw. Die hier entstehenden Grenzen sind immer nur einseitig. Die beiden Stämme der Erkenntnis erweisen sich wieder als

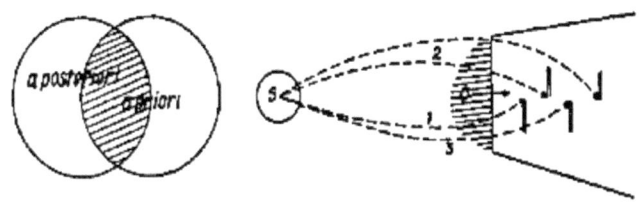

heterogen. Unabhängig voneinander schießen sie wechselseitig übereinander hinaus. Dieses Vorwärtsschreiten ist der Erkenntnisprogreß, der so auf eine einfache Weise seine Erklärung gefunden hat. An ihm sind lediglich die beiden Komponenten der Erkenntnis beteiligt, im Gegensatz zu ihrem Verhältnis im Wahrheitsbewußtsein aber gerade insofern, als sie sich nicht decken.

Der Erkenntnisprogreß läßt sich auch sehr schön verfolgen in dem transzendentalen Verhältnis Kants. Nach Kant wird in uns jede Erkenntnis, werden jede Anschauung, jeder Begriff, jede Vorstellung aufgestellt in Synthesen. Jede Synthesis ist die Zusammenfassung des Mannigfaltigen unter eine Einheit. Die Einheit hat immer die Form einer Gesetzlichkeit, das Mannigfaltige muß immer mehr oder weniger die Form der sinnlichen Erfahrungsgegebenheit haben. Der Begriff der Synthesis wird hier der Schlüsselbegriff der Kantischen Philosophie. Nach Kants Auffassung vom Wesen der Erkenntnis bilden sich in dem Bereich des empirischen menschlichen Subjekts allmählich die Begriffe, die Urteile und schließlich die Theorien. Sie werden aufgebaut einerseits aus dem Material, das die empirische Erkenntnis liefert, das also aus der Affektion unserer Sinne durch das Ding an sich stammt, und andererseits von der apriorischen Seite her durch das Reich der Kategorien. Die Gegenstände können erst durch eine Synthese zustande kommen, die Einheit muß dabei der Verstand hinzutun. – Der Begriff der Synthesis ist auch der Ansatzpunkt des Neukantianismus. Für die Neukantianer bildet sich der Inbegriff der Objekte erst im Lauf des geschichtlichen Prozesses, der sich als ein großer Erkenntnisprogreß darstellt, aus. Der geschichtliche Prozeß besteht darin, so meint dieser merkwürdige Idealismus, daß die Welt in ihren Vorstellungen immer weiter und weiter ausgebaut wird. Während für Kant hinter dem empirischen Gegenstand sich noch das Ding an sich befand, bestehen für den Neukantianismus die Gegenstände nur in der Synthesis. Eine andere Welt hinter der der Vorstellungen gibt es nicht. So stellt es sich hier dar, als ob der Erkenntnisprogreß nichts anderes wäre als ein ständiges inneres Aufbauen von Vorstellungen. – Einen solchen ständigen Aufbau von Vorstellungen gibt es in der Tat. Deswegen sind die transzendentale Frage und die ganze transzendentale Methode keineswegs erledigt. Sie haben den Idealismus überdauert und sind heute noch von Bedeutung. Am heutigen Stand der Wissenschaft, etwa der Naturwissenschaft, läßt es sich, wenn man ihn mit früheren Entwicklungsstufen vergleicht, einleuchtend zeigen, wie ein steter Neuaufbau von Vorstellungen, ein Erkenntnisprogreß, stattfindet. Allerdings besteht andererseits ein großer Unterschied zwischen unserer Auffassung und der des Idealismus. Wir glauben nicht, daß die Welt selbst in einem solchen Erkenntnisprogreß besteht, wir unterscheiden gerade die Vorstellungen von der Natur. Die Natur ist immer dieselbe geblieben, nur unsere Begriffe von ihr haben sich geändert und sind richtiger geworden.

Die Erkenntnistheorie befindet sich in unseren Tagen in der Tat in einem fruchtbaren Stadium. Wir blicken auf ein Resultat, in welchem die Erkenntnisse der vergangenen Jahrhunderte zusammengeflossen sind bis an die Grenze unseres zeitweiligen Erkennens. Von der Höhe dieses Resultats ist der Umblick ein ganz anderer als von den Zugängen aus. – Im Rahmen dieser Vorlesung seien die Ausführungen über das Erkenntnisproblem hiermit abgeschlossen. Das Gebiet der Erkenntnis liegt zentral, aber es ist letztlich doch nur eines, das ein »Prolegomenon aller künftigen Metaphysik, die als Wissenschaft wird auftreten können«, darstellt. Wenn man die Grenzen der Erkenntnis durchschaut und abgeschätzt hat, dann ist ein wohlfundiertes Eindringen in das Gebiet der Wissenschaft selbst möglich.

2. Die Stellung des Menschen in der Welt

Der Mensch und seine Stellung in der Welt – so ließe sich der Kreis von Problemen überschreiben, in den wir nun eindringen wollen. Dieser Titel ist zu unterteilen einerseits in das Thema der Stellung des Menschen in der Natur und andererseits in einen Abschnitt, der sich mit der vom Menschen selbst geschaffenen Mitwelt beschäftigt. In letzteres Gebiet fallen z.B. das soziologische Problem, das Rechtsproblem und das Problem der Geschichte, in dem die anderen Fragen noch einmal in der zeitlichen Dimension behandelt werden. Dieses letztere Gebiet wollen wir uns offenhalten und uns zunächst lediglich mit der Stellung des Menschen in der Natur beschäftigen. Dabei werden wir uns weder auf eine Analyse der Natur und ihrer Kategorien beschränken, noch werden wir unser Thema so einseitig betrachten, wie etwa der Psychologismus des 19. Jahrhunderts, der, auf Grund der Tatsache, daß sich die Welt in der menschlichen Seele spiegelt, allein von dieser ausging. Wir wollen vielmehr den Menschen in seinem Verhältnis zur Natur erfassen.

Eine solche weitere Fassung des Themas ist unerläßlich. Wir können beispielsweise nur solche Gegenstände oder

Menschen lieben oder hassen, die unabhängig von uns bestehen. Nur aus Beziehungen zur Umwelt läßt sich das Bewußtsein verstehen. Es gibt ebensowenig Bewußtsein, das in sich befangen wäre, wie biologisch ein in sich abgeschlossenes Sein eines Organismus möglich wäre. Tier und Pflanze sind über sich hinausbezogen, oder, noch drastischer ausgedrückt, sie sind Stoffwechselwesen, sie können nur bestehen, wenn sie Stoffe aus der sie umgebenden Welt beziehen. Ähnlich verhält es sich mit dem Menschen. Er ist aber nicht nur Natur-, sondern auch Vernunftwesen. Dabei soll in dieser Definition »Vernunft« nicht so eng wie gewöhnlich verstanden werden. Dem Menschen – und nur ihm – ist eigentümlich der ganze Komplex der transzendenten Akte, alles Handeln, Wollen, Wünschen, Sichsehnen und auch alles Sorgen, das bei Heidegger eine so große Rolle spielt.

Das menschliche Bewußtsein beginnt gerade damit, daß es sich von den Bedürfnissen des Tieres frei macht. Erst der Mensch vermag in seinem Handeln zielbewußt zu sein, er kann arbeiten, und erst durch diese ihm charakteristische Fähigkeit ermöglicht er die Kultur. Dadurch, daß der Mensch Zwecke setzen und sie realisieren kann, wird er ein aktives Wesen in einem ganz anderen Sinne als das Tier. Die Aktivität der Tiere, die nur ein schwaches Vergangenheits- und Zukunftsbewußtsein haben, beschränkt sich auf die ihnen durch ihre Instinkte vorgeschriebene Reaktionsweise.

Das Tier nimmt seinen Weg in einer wunderbaren Sicherheit von Augenblick zu Augenblick. Es kennt nicht den eigentümlichen Charakter der Situation, in die der Mensch gerät. Es irrt sich nicht, es tut, was für die Erhaltung seiner

Tierperson, seiner Lebensart, notwendig ist, so wie es ihm die ihm anhaftenden Artgesetze vorschreiben.

Anders steht der Mensch in der Situation. Er ist einerseits abhängig von ihr. Die Situation kommt über ihn, bricht über ihn herein. Meistens wählen wir uns die Situation, in die wir geraten, nicht, und wenn wir sie wirklich einmal gewählt haben, dann ist sie gewiß anders, als wir sie uns vorgestellt haben. Und wenn wir einmal in einer Situation stehen, dann gibt sie uns nicht mehr frei. Die Zeit, in der sie eingebettet ist, nimmt auch uns in ihrem rechtläufigen Gange unerbittlich mit. Wir können weder rückwärts aus ihrem Strom heraus noch in eine zweite Dimension ausweichen, sondern wir müssen durch die Situation hindurch. Während das Tier aber seine Reaktionsweise in die Situation mitbringt, ist für den Menschen nicht in dieser Weise gesorgt. Die Instinkte des Menschen reichen nur für wenige primitive Verrichtungen. Der Mensch ist sozusagen frei, er kann sich so und auch anders entscheiden. Die Situation sagt ihm nicht, wie er handeln soll, sondern nur, daß er zu handeln hat. So kommen wir zu der paradoxen Formulierung, daß die Situation den Menschen zur Betätigung der Freiheit zwingt. Da Freiheit ohne Betätigung nicht möglich ist, kann es auch einfach heißen: Die Situation zwingt den Menschen zur Freiheit. Es ist dem Menschen auferlegt, sich zu entscheiden, das Wie steht ihm frei. Auch wenn er nichts tut, so ist das doch eine Entscheidung in ethischer Hinsicht. Denken wir nur an das Gleichnis vom Barmherzigen Samariter! Der Priester und der Levit, die an dem Ausgeraubten und Mißhandelten vorübergehen, tun auch nichts, machen sich aber doch in ethischem Sinne schuldig. Gerade die Unterlassungssünde hat zuweilen ein besonders schweres Gewicht.

Nachdem wir uns so den Charakter der Situation vor Augen geführt haben, sei definiert, was eigentlich Handeln ist. Nicht jedes beliebige Tun, nicht die Aktivität des geistlosen Bewußtseins ist auch Handeln. Drei Momente sind dem Handeln charakteristisch: 1. Während man mit jedem Ding etwas tun kann, hat das Handeln den besonderen Akzent, daß auf ihm das Gewicht des Sittlichen liegt. Gut und böse sein kann man aber nur gegenüber seinesgleichen. Handeln ist also ein Verhalten gegenüber Personen oder ein Schalten mit Dingen in bezug auf Personen. Handeln ist nur ein Tun, das den Mitmenschen oder etwas, was wir diesem gleichachten, betrifft. Wir können also auch gegenüber einem Tier oder vielleicht gar einer Pflanze handeln, wenn wir diese dabei als Person ansehen, was ja gegenüber den höheren Tieren beinahe selbstverständlich ist. 2. Das zweite Moment ergibt sich aus der Analyse der Situation. Handeln ist dasjenige Tun, in welchem ich nicht einfach durch die Situation, in die ich geraten bin, durch meine Naturgesetzlichkeit, meine Artinstinkte und meine natürlichen Triebe bestimmt bin. Handeln setzt vielmehr voraus, daß ich noch durch etwas anderes bestimmt bin, z.B. durch die Rücksicht auf das Wohl und Wehe meiner Mitmenschen. Innere Bestimmungsgründe oder die Freiheit, so oder so handeln zu können, auch wenn das Daß der Handlung nicht freisteht, das ist charakteristisch für das Handeln, das nur dem Menschen möglich ist. Diese Freiheit in der Handlung ist nicht nur ein Vorzug für den Menschen. Zwar sind wir stolz darauf, als zurechnungsfähige Wesen zu gelten, moralisch handeln zu können. Aber die Freiheit stellt uns zunächst in Unsicherheit. Es gibt keine Freiheit nur zum Guten, sondern nur zugleich auch immer zum Bösen. So ist von hier aus gesehen das Tier auf seiner niederen Stufe – man verstehe es recht! – das vollkommenere Wesen. – 3. Das dritte Moment ergibt sich, wenn man übersieht, wie der Weltprozeß für den darinstehenden Menschen aussieht. Der Mensch befindet sich im Ablauf der Zeit auf einem Jetzt-Punkt und blickt in Vergangenheit und Zukunft. Die Vergangenheit und auch die Gegenwart, im engen Sinne des Wortes genommen, sind unveränderlich. Auch was in diesem Augenblick geschieht, ist nicht zu ändern. So bleibt für das Handeln nur die Zukunft offen. Es liegt im Wesen des Weltprozesses, im Wesen der Zeit, daß immer nur das, was noch auf uns zukommt, bestimmbar ist. Eine Einsicht freilich in die anrückende Zukunft ist uns nur in sehr beschränktem Maße möglich.

Der von alters her gebräuchliche Ausdruck der mit einem Schleier oder einem Vorhang verhangenen Zukunft will sagen, daß uns das Zukünftige doch nicht im voraus erfahrbar ist. Es gibt kein Erleben, welches der Zukunft zugeordnet wäre. Wir haben nicht den prophetischen Blick, nicht einen Zukunftssinn, der den Ablauf der zukünftigen Ereignisse voraussähe. Im wesentlichen ist es nur der Zweig der apriorischen Erkenntnis, der uns auf Grund von Analogiebildungen an Hand von Erfahrungen einen Einblick in die Zukunft gestattet. Auf solcher Analogiebildung beruhen unsere Lebenserfahrung, unsere Menschenkenntnis u.a. Dieser begrenzte Blick in die Zukunft ist für den Menschen jedoch sehr wesentlich. Er ermöglicht ihm überhaupt erst das Handeln. Ohne ihn könnten wir uns auf das in der Zukunft auf uns Eindringende gar nicht einrichten. Wir könnten auch gar nichts wollen, denn wollen können wir – während wir uns alles mögliche zu wünschen vermögen – immer nur das, wofür wir wenigstens grundsätzlich die Ansatzpunkte sehen oder, um mit Aristoteles zu reden, wofür wir in der Reihe der Mittel das erste oder die ersten Glieder in der Hand haben.

So ergibt sich bei der Herausarbeitung der dritten Bestimmung der Handlung, daß Handeln immer nur das von der Zukunft Anrückende betreffen kann, eine weitere Feststellung, die, wie wir im Vorgreifen auf die ethische Problemsphäre herausstellen wollen, eine Grundlage jeder einigermaßen wohlfundierten Ethik ist: Das, was in die Zukunft hinein möglich ist, ist stets nur in eine unerkannte Sphäre hinein möglich. Nicht für alles, was geschieht, können wir den einzelnen Menschen verantwortlich machen. Alles, was der Mensch tut, hat zugleich auch solche Folgen, die er nicht voraussehen kann. Daraus ergibt sich, daß wir uns von aller Erfolgsethik fernzuhalten haben, und daß wir den Handelnden nur nach dem Sinn, dem Geist seiner Handlung beurteilen dürfen.

Es lassen sich nun, teilweise unter Rückgriff auf das soeben Geäußerte, vier Momente herausstellen, durch welche die Stellung des Menschen in der Welt – keinesfalls in der Natur allein, sondern gerade auch im Verhältnis zum Mitmenschen, zur ganzen menschlichen Gemeinschaft, zur Politik und zum großen geistigen Leben, in dem der einzelne steht und von dem er getragen wird – bedingt ist. Der Mensch hat 1. die Fähigkeit der Vorsehung, 2. die Fähigkeit der Vorbestimmung, die identisch ist mit der Fähigkeit der Zwecktätigkeit, 3. Freiheit und 4. die Gabe der Wertsichtigkeit, ein Wertorgan, d.h. er kann einsehen, was geschehen und was nicht geschehen soll, unabhängig davon, was wirklich geschieht.

1. Das erste Moment haben wir soeben bei der Definition des Handelns charakterisiert. Die Vorsehung (prónoia; providentia) ist von alters her als Prädikat der Gottheit angesehen worden. Dem göttlichen Intellekt, dem intellectus intuitivus, schrieb man die Fähigkeit zu, die fernste Zukunft und die fernste Vergangenheit erschauen zu können. Wenn der Mensch auch nur eine geringe Teilhabe an dieser göttlichen Fähigkeit hat, so macht sie doch den Menschen überhaupt erst zum Menschen.

2. Gleichfalls von alters her zu den Attributen der Gottheit gehörig ist die Fähigkeit der Vorherbestimmung (praedestinatio). Vorbestimmung ist die Macht, das Geschehen anders laufen zu lassen, als es von sich aus laufen würde, es gleichsam zu korrigieren. Kategorial ausgedrückt ist Vorbestimmung Zwecktätigkeit. Aristoteles folgend, können wir im Finalnexus, in dem sich die Zwecktätigkeit ausdrückt, eine dreifache Überschichtung feststellen: a) Ein Vorausprojizieren des Zweckes in die Zukunft als rein geistiger, nicht realer Prozeß. Nur im Bewußtsein, nur in der Anschauungszeit, nicht aber in der realen Zeitordnung ist dieses Vorgreifen möglich. b) Die rückläufige eigentliche Finalbestimmung der Reihe der Mittel durch den Zweck. c) Die Realisation des Zweckes durch dieselbe, jetzt umgekehrt ablaufende Reihe der Mittel wie in b). In c) vollzieht sich die eigentliche Handlung. – Wo dem Menschen so etwas wie ein Vorausblicken gegeben ist, da muß ihm zugleich auch die Fähigkeit der Vorbestimmung zuerteilt werden. Denn Vorsehung ohne Vorbestimmung ist nicht nur sinnlos, sondern auch eine untragbare Last. Um das

einzusehen, braucht man sich nur aus der griechischen Mythologie das unglückliche Schicksal Kassandras, die alles Unheil voraussah, aber nichts daran ändern konnte, ja nicht einmal jemanden von ihrer Sehergabe zu überzeugen vermochte, vor Augen zu halten.

3. Vorsehung und Vorbestimmung könnten noch nichts ausrichten, wenn der Mensch nicht die Fähigkeit hätte, sich für das eine oder das andere zu entscheiden. Der Mensch ist nicht einfach wie ein Naturprozeß durch den Konfluxus der äußeren und inneren Situation bestimmt, sondern er kann sich frei für mehrere Möglichkeiten entscheiden. Die Freiheit, die der Mensch hat, ist dabei weit entfernt, ein bloßes Offenstehen der Möglichkeiten zu sein. Freiheit kann nicht als ein Minus, sondern nur als ein Plus an Determination möglich sein (vgl. S. 77ff.). Die Freiheit wird dadurch charakterisiert, daß der Mensch von sich selbst aus etwas in die Situation hineinträgt; sie kann nur im »positiven Verstande« bestehen, wie aus Kants Ausführungen, besonders in der sich mit der Ethik befassenden »Kritik der praktischen Vernunft«, hervorgeht. – Die Freiheit ist das dritte Prädikat der Gottheit, welches der Mensch für sich in Anspruch nehmen muß, wenn er wirklich als verantwortliches und moralisches Wesen dastehen will. Wenn der Mensch, wie Nietzsche sagt, das Wesen ist, das versprechen kann, so beruht das darauf, daß er die Freiheit hat, sich selbst und die Umwelt seinem Versprechen gemäß zu bestimmen. Der Mensch kann für etwas gutsagen, für etwas einstehen, obgleich er, wie schon Heraklit, darum weiß, daß alles sich ändert, daß er auch sich selbst nicht ganz identisch bleibt. Hier liegt eine eminente Macht des Menschen. Wie die Gottheit in der Schöpfungsgeschichte ihr

»Es werde« spricht, das dann auch wirklich geschieht, so vermag es auch der Mensch, wenn auch in weit geringerem Maße. Der Mensch kann nicht durch eine Situation hindurch, ohne eine Entscheidung zu fällen und damit etwas zu bewirken. Auch Irrtümer und Unterlassungen sind Entscheidungen.

4. Der Mensch hat Wertsichtigkeit, d.h. er verfügt über ein Organ, mit dem er die Werte zu erfassen vermag. – Nach Kant ist jeder Mensch Gesetzgeber des Sittengesetzes. Er empfängt dieses Gesetz nicht von außen her, es ist nicht eine Gabe der Gottheit, ein Befehl, dem er sich bloß zu fügen brauchte, sondern er selbst fordert es. Deswegen ist der sittliche Imperativ von keiner Bedingung abhängig, er ist nicht hypothetisch. Er gilt für alle Menschen und Situationen, die es überhaupt geben kann, er ist kategorisch. Das Organ, mit welchem der Mensch die Stimme der sittlichen Forderung, die Stimme des an ihn gerichteten Gebotes, vernimmt, ist für Kant die Vernunft. Damit gab er dem alten Wort »ratio«, das längst entwertet war, einen neuen und tiefen Sinn. Die Vernunft ist die Fähigkeit, die Forderung des Sittengesetzes als einleuchtendes, gut erscheinendes Gebot zu vernehmen. Dieser Einsicht der Vernunft stehen aber die antimoralischen Strebungen, die Neigungen des Menschen als Sinnenwesens gegenüber. So entspringt im Menschen ein Konflikt zwischen Pflicht und Neigung. Die Freiheit bedeutet in gewissem Sinn eine Unvollkommenheit des Menschen, denn er ist immer der Gefahr ausgesetzt, den falschen Weg einzuschlagen. Wie wir bei der Analyse der Situation schon feststellten, hat der Mensch, im Gegensatz zum Tier, keine sichere Führung in Situationen, in die er gerät. Er braucht also einen Fingerzeig, der

ihm sagt, was er tun soll. Dieser Fingerzeig ist der sittliche Wert, den die Vernunft wahrnimmt. Die Fähigkeit der Wertsicht bedeutet, daß der Mensch Fühlung haben kann mit einem anderen Reich als dem des Wirklichen, des praktischen Geschehens, in dem er steht. Wenn aber der Mensch frei sein will, so müssen die sittlichen Werte eine Instanz sein, der gegenüber er sich entscheiden kann, d.h. sie dürfen von sich aus den Menschen nicht determinieren, sondern ihm nur einleuchten. – Es gehört ein gewisses Reifestadium dazu, die Werte zu erfassen. Wenn wir aber einmal einen Wert erfaßt haben, z.B. die Gerechtigkeit, dann können wir nicht das Gegenteil dieses Wertes anerkennen. Es ist zwar möglich, daß sich zeitweilig einzelne Rechtssätze in ihr Gegenteil umkehren, so wie es z.B. in der Französischen Revolution hieß: »La propriété c'est le vol«. Aber solche Umwälzungen bedeuten, im ganzen gesehen, nicht viel. – Die hohe Wertschätzung, welche die Fähigkeit der Werterkenntnis von seiten des Menschen erfährt, ergibt sich schon daraus, daß sie erst dem Erwachsenen zugeschrieben wird. Daß ein Mensch erwachsen ist, bedeutet doch nichts anderes, als daß er beginnt, sich verantwortlich zu fühlen.

Er ist gekränkt, wenn man ihm keine Verantwortung – und damit keine Fühlung mit dem Wertreich – zutraut. – Die Bedeutung der Wertsichtigkeit tritt auch in alten religiösen Vorstellungen, z.B. in der Genesis, hervor. Wenn die Schlange auf den Baum der Erkenntnis hinweist, wenn sie die Versuchung flüstert: »Wenn ihr davon esset, werdet ihr sein wie Gott und wissen, was gut und böse ist«, dann ist das nichts anderes als der Ausdruck dessen, was die Gottheit dem Menschen voraushat. So liegt auch im Wissen um

Gut und Böse eines der wunderbaren Prädikate der Gottheit, und wenn der Mensch als sittliches Wesen existieren will, dann ist er genötigt, sich auch dieses Prädikat der Gottheit wenigstens in gewisser Weise selbst zuzuschreiben. Es unterscheidet neben den drei anderen Prädikaten das geistige Bewußtsein vom geistlosen.

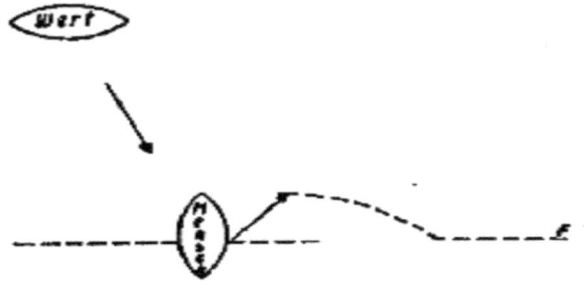

Wie muß nun die Welt beschaffen sein, in welcher der Mensch als freies und aktives Wesen bestehen kann? Offensichtlich kann sie nicht finaldeterminiert sein, ohne daß dadurch der Mensch in ihr lahmgelegt würde und nichts zu verwirklichen vermöchte. Denn nach welcher Richtung er bei einer finaldeterminierten Welt den Prozeß auch immer abzulenken versuchte, das am Ende stehende und alles bestimmende Ziel (F, vgl. Zeichnung) des Finalnexus würde jede Ablenkung wieder zu sich hin zurückzwingen. Wenn die Welt aber kausal determiniert ist, dann kann in ihr der Mensch sehr wohl frei und aktiv sein. Wie schon Kant in seiner Lösung der Kausalantinomie mit genialem Blick erkannte, ist ein Eingreifen in den Prozeß nur bei einem kausaldeterminierten Prozeß möglich (vgl. S. 77f.). Die Welt ist dabei, wie es die Naturgesetzlichkeit fordert, durchgehend kausaldeterminiert, ohne daß deshalb die Freiheit unmöglich gemacht würde. Es ist nicht möglich und sogar falsch, zur Lösung des Freiheitsproblems auf den Notbehelf zu verfallen, einen teilweisen Indeterminismus anzunehmen, d.h. in einer im übrigen durchweg kausaldeterminierten Welt einige Lücken auszusparen, in denen Zufälligkeit herrscht.

Freiheit ist also nur möglich im »positiven Verstande«, durch das Hinzutreten einer weiteren Determinante. Diese liegt in dem Anruf, den der Mensch kraft seiner Wertsichtigkeit aus dem Wertreich vernehmen kann, in der Forderung, die ihm gebietet, anders zu handeln, als seine Neigungen und seine Naturtriebe es wollen. Es ist aber charakteristisch für die Bestimmung, die wir durch die Wertprinzipien erfahren, daß wir nicht unter ihnen stehen wie unter Naturgesetzen, sondern daß wir ebenso ihnen zuwiderhandeln können, wie wir ihnen zu folgen vermögen. Die Werte verlangen kategorisch etwas von uns, was nicht in unserer Natur liegt, sie wollen uns anders haben, als wir in Wirklichkeit sind, aber sie haben andererseits doch nicht die Kraft, sich durchzusetzen. Insofern kann man von einer Ohnmacht der Werte sprechen. Die Naturgesetze, die keine Ausnahmen dulden, sind stärker als sie.

So stoßen im Menschen zwei heterogene Determinationen aufeinander: einmal die Naturdetermination, die nicht identisch mit der Kausaldetermination ist, sondern das darstellt, was Kant unter »Neigung« verstand und was man heute unter den Begriff »Trieb« zusammenfaßt, und zum anderen die Wertgesetzlichkeit mit ihrer kategorischen Forderung. Der Mensch ist Schauplatz des Kampfes zweier heterogener Gesetzlichkeiten, die beide beanspruchen, ein und dieselbe menschliche Handlung zu determinieren. So ist es wenigstens, insofern der Mensch sittliches Bewußtsein geworden ist, als das er nicht ursprünglich bestanden hat. Zunächst war das Bewußtsein nur ein Organ unter anderen, das ganz wie diese im Dienst der Triebe stand, im Dienst der Selbsterhaltung, des Hungers, des Geschlechtstriebes. Erst als geistiges wird das Bewußtsein »frei vom Drange« (Scheler). Erst als solches kann es andere Forderungen als die der Naturgesetze verspüren, erst dann beginnt in ihm der Kampf zwischen Pflicht und Neigung.

Dieser Widerstreit ist nicht der einzige. Auch logische und psychologische Gesetzlichkeit liegen im Menschen im Streit miteinander. Es besteht ein schönes übersichtliches System logischer Gesetze, das sich für die Richtigkeit unserer Folgerungen, unseres Denkens überhaupt, verbürgen könnte. Aber wir sind nicht gezwungen, den logischen Gesetzen zu folgen. Wir denken oft auch unlogisch, ja, wir können es erst durch eine lange Schulung zum logischen Denken bringen, und auch nicht alle Menschen vermögen es überhaupt zu erlernen. Offensichtlich besteht hier noch eine andere Gesetzlichkeit, der unsere Gedanken auch folgen können. Hume hat sie aufgewiesen, als er von der Macht der Assoziation über die Folge unserer Gedanken sprach. Der Ablauf unserer Vorstellungen ist nicht nur der logischen Gesetzlichkeit untergeordnet, sondern auch den Gesetzen der Assoziation, die auf Grund von Erfahrung und Analogiebildung unsere Vorstellungen so verketten, daß, wenn ich die eine denke, mir die andere sofort darauf einfällt, als ob sie innerlich etwas mit ihr zu tun hätte. Die Logik erklärt die Analogieschlüsse des assoziativen Denkens für gänzlich unhaltbar, vermag sie aber doch nicht zu verdrängen.

Während die Naturgesetze direkt und in gerader Linie zu determinieren vermögen, können wir uns die Determination durch die Werte nur als eine indirekte, in gebrochener Linie zu versinnbildlichende vorstellen. Der Wert bedarf einer zweiten Instanz. Er kann nur determinieren, wenn sich ein bereits realer Wille für ihn entscheidet. Die Werte sind angewiesen auf ein reales Wesen, das sich für sie einsetzt und mit seiner Handlung in die reale Welt eingreift. Die Befähigung zur Werterkenntnis und Wertverwirklichung hat aber nur ein Wesen, das mit den vier Prädikaten der Gottheit ausgerüstet ist, und das ist nur der Mensch. So wird der Mensch zum Mitschöpfer der Werte, deren Vervollkommnungsprozeß noch lange nicht zu Ende ist und wahrscheinlich nie zu Ende geht. Von hier aus wird die großartige Stellung des Menschen in der Welt sichtbar. Was zuerst aussieht wie eine Unvollkommenheit gegenüber dem Tier, daß nämlich das Tier nur von außen gefährdet ist, der Mensch aber auch von innen, weil er kein bis zu Ende durchgeformtes Wesen ist und sich immer wieder neu formen muß, das begründet andererseits die große Aufgabe, die Würde und Macht des Menschen, das verleiht dem Menschen die Stellung des Demiurgen. So bedeutet die Ohnmacht der Werte, sich von sich aus in die Realität umzusetzen, zugleich die Macht des Menschen. Wenn die Werte sich selbst verwirklichen könnten, wäre der Mensch überflüssig, hätte wenigstens keine moralische Aufgabe.

Zur Verwirklichung von Werten ist, wie wir eben ausführten, nur ein personales Wesen befähigt, das die vier Prädikate der Gottheit hat. Als solche Person kennen wir aber nur den Menschen. Es ist in diesem Zusammenhang wichtig, auf den zu Beginn des 20. Jahrhunderts entstandenen Personalismus Max Schelers [1874-1928] einzugehen, der nicht dem Menschen allein Personalität zuschreibt. Nach Scheler erheben sich über dem Menschen höhere Stufen der Person. Jede Menschengemeinschaft nimmt den Charakter einer Person an, wenn sie eine zeitlich geschlossene und geistig einheitliche ist. Die Familie z.B. ist die kleinste solcher Gemeinschaften, solcher »Gesamtpersonen«. Größere Gemeinschaften sind dann Volk, Staat oder Kirche. So erhebt sich eine Stufenreihe von Personen höherer Ordnung, die bis hinauf zur Gottheit führt. Dieser ganz oben an der Spitze stehende Gott der Schelerschen Theorie stimmt einerseits, weil er als die höchste Stufe die ganze Welt unter sich begreifen müßte, mit dem Gott der pantheistischen Vorstellungsweise überein, weicht aber andererseits von ihr ab, weil er doch als Person gedacht ist. Neben dem pantheistischen Charakter dieser Lehre tauchen auch in der Mystik schon angelegte Elemente bei Scheler auf. So ist die Gottheit für ihn eine »werdende Gottheit«, die sich im Weltprozeß entwickelt.

Betrachtet man diese Theorie im Hinblick auf das Freiheitsproblem, so fällt einem als eine ihrer notwendigen Konsequenzen auf, daß sie sowohl Freiheit als auch Aktionsfähigkeit des Menschen zugunsten des alles vorsehenden und alles vorbestimmenden Gottes aufhebt. Dieser metaphysische Personalismus bestimmt doch wieder über den Kopf des Menschen hinweg in einem allgemeinen Finaldeterminismus die Welt. Die Kritik an dieser Theorie, die als metaphysische Lehre auf dem Boden unseres Jahrhunderts ein besonderes Interesse auf sich zieht, hat denn auch von mehreren Seiten eingesetzt. Vor allem erhebt sich hier eine Frage, die auf den Kern des Problems zielt: Sind Gemeinschaftsgebilde, in denen die Individuen solidarisch verbunden sind und gemeinsam die Verantwortung für das Verhalten der Gesamtheit tragen, wirklich Personen höherer Ordnung? Wir können diese Frage nur mit einem entschiedenen Nein beantworten. Wenn eine Gemeinschaft eine Person sein wollte, dann müßte sie vor allem eine kategoriale Grundbedingung erfüllen: sie müßte ein Gesamtbewußtsein haben. Das eben geht ihr aber ab. Nur der einzelne Mensch hat ein Bewußtsein; es gibt kein Überbewußtsein, kein Gemeinbewußtsein einer Masse, in der doch gerade die Meinungen auseinandergehen. Deshalb bedarf jede Menschengemeinschaft, jeder Staat in irgendeiner Form eines einzelnen persönlichen Bewußtseins, das als König oder Staatsmann die Gemeinschaft leitet. Als Idealbild eines solchen Leiters, von dem man verlangt, daß er jeder Situation gewachsen sei, entstand im jüdischen Volk die Idee der Theokratie: Nicht mehr der Mensch, sondern Gott selbst ist der Lenker der Geschichte. Eine solche Vorstellung beweist aber doch gerade, daß die Gemeinschaft selbst kein Bewußtsein hat. Menschliche Gemeinschaftsgebilde sind nur als Analoga der menschlichen Person zu verstehen. Die sie repräsentierenden wirklichen Personen verleihen ihnen nur eine gewisse mittelbare Personalität. Je höher aber die Stufe ist, auf der das Gesamtgebilde steht, um so schwerer wird es einer Person, es zu vertreten, um so impersonaler wird es. So kann man hier nicht wie Scheler von Stufen zunehmender, sondern nur von Stufen abnehmender Personalität sprechen. Nur der Einzelmensch als solcher ist Bewußtsein, und nur er ist echte Person. Was man darüber hinaus noch als Person bezeichnet, ist nur gleichnishaft zu verstehen. Der Begriff der juristischen Person in der Jurisprudenz hat seinen guten Sinn, weil er eine gemeinsame Verantwortung ausdrückt. Aber niemand wird die juristische Person als wirklich personales Wesen auffassen.

Theorien von der Art der eben angeführten gibt es in beträchtlicher Zahl. In mannigfaltigen Formen des Pantheismus ist dieselbe Überhöhung des menschlichen Bewußtseins versucht worden.

Alle diese Theorien laufen darauf hinaus, für die ganze Welt, einschließlich der Gottheit, dieselbe Einheit anzunehmen, die für den Menschen charakteristisch ist. Alle diese pantheistischen Systeme, denen wir z.B. in der alten Stoa, mitten im Zeitalter der Scholastik, dann bei Giordano Bruno und bei Spinoza begegnen, heben die menschliche Eigenaktivität und Freiheit auf. Schon Chrysipp mußte das Problem der menschlichen Freiheit ungelöst stehenlassen. Der Pantheismus hat in allen seinen Formen immer nur den einen Vorzug gehabt, daß er ein besonders einheitliches Weltbild konstruieren konnte. Deshalb verführt er aber – auch heute noch – besonders leicht zu dem hochmütigen Glauben der ratio, alle Probleme lösen zu können. Keines dieser Systeme aber bleibt bestehen. Die exakte Wissenschaft verweist deutlich auf ihre Unhaltbarkeit und macht im Gegensatz zu ihnen gerade darauf aufmerksam, daß es viele Problemreste gibt, die wir nicht bis zu Ende lösen können.

3. Vom Aufbau der realen Welt

Wenn wir die Stellung des Menschen in der Natur betrachten wollen, so dürfen wir nicht nur von anthropologischen und ethischen Gesichtspunkten an unser Thema herangehen; wir müssen uns vor allem auf den Boden der Ontologie, der Lehre vom Sein, vom Aufbau dieser Welt, stellen. Denn nicht für sich allein steht der Mensch da, sondern nur in seinem Hineingestelltsein in diese Welt; er entsteht erst in dieser Welt. Und alles, was sich im Laufe seiner Entwicklung in ihm heranbildet, ist immer wieder Anpassung in dem Sinn, daß er sich durchsetzt und dabei in seiner Entwicklung immer höher gelangt. Es gibt keine Entwicklung, die sich, wie es Leibniz in den Monaden für möglich hielt, von innen heraus ohne Fühlungnahme mit den Werten vollzöge. Der Mensch ist in das ihn umgebende Sein eingebettet und ständig von ihm beeinflußt. Wenn sich die äußeren Lebensbedingungen ändern, dann muß entweder der Organismus zugrunde gehen oder sich anpassen, wie beides ja in unzähligen Fällen geschehen ist. In diesem Verhältnis wurzelt eine unübersehbare Fülle von Problemen, die zunächst ontologisch kategorial sind. In diese Reihe von Problemen gehört als sehr Wesentliches die Frage nach dem Aufbau der realen Welt, in welcher der Mensch steht – nicht fertig und isoliert, sondern in zahlreichen transzendenten Akten an sie gebunden.

Es ist leicht einzusehen, daß die reale Welt nicht in einer einzigen einheitlichen Seinsart aufgeht, sondern vielmehr ein Stufenreich bildet. Schon bei Aristoteles findet sich der Gedanke einer die ganze Welt durchziehenden Stufenordnung, die von der schon spezialisierten Materie über den physischen Körper, den organischen Körper und das beseelte Lebewesen bis zum politischen Lebewesen (zóon politikón), dem Menschen geht, der seinerseits auch wieder noch höhere Stufen erreichen kann. Gegen diese Stufung der Welt läßt sich aber ein schwerwiegender Einwand erheben. Wenn z.B. der Mensch eine selbständige neue Schicht wäre, dann dürfte er doch nicht, wie es unleugbar der Fall ist, etwas Materielles an sich haben, und auch noch organischer Körper, ja sogar noch seelisches und geistiges Gebilde sein. Zweifellos ist die Welt ein Stufenreich, aber diese Abstufung, diese Schichtung, wie wir besser sagen, ist nicht zu verwechseln mit den Stufen der Gebilde. Die höheren Gebilde, aus denen die Welt besteht, Pflanze, Tier, Mensch und Volk sind selber geschichtet; die Schichten, aus denen sich die Welt aufbaut, sind auch in ihnen aufzuweisen. So ist der Mensch materielles, organisches, seelisches und geistiges Wesen, besteht aus vier Schichten. Und auch die Menschengemeinschaft, die griechische pólis z.B., hat in ihrer geographischen Lage eine materielle Struktur, sie hat ihr organisches Leben, ihre Triebe und Bedürfnisse, aus denen ihre ökonomische Welt erwächst, und sie hat auch ein seelisches und ein geistiges Leben. Die höheren Tiere und das vorgeschichtliche geistlose Bewußtsein des Menschen haben drei Schichten, das niedere Tier und die Pflanze zwei.

Es lassen sich (wie die Zeichnung verdeutlichen soll) vier Schichten in der realen Welt ausmachen: Materie organisches),

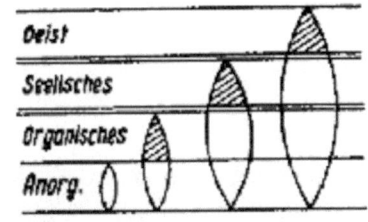

Organisches, Seelisches und Geist. Der Extension nach ist die materielle Schicht die größte. Je höher die Schicht, um so weniger verbreitet ist sie. Nur auf einem kleinen Teil des anorganischen Seins baut sich das organische auf, wieder nur in den am höchsten entwickelten organischen Gebilden findet sich Seelisches, und nur in einer Art der beseelten Lebewesen gibt es Geist.

Zum Reich des Anorganischen gehört der ganze Kosmos, der sich uns darstellt als eine mannigfach gestaffelte Ordnungsfolge von ineinander geschalteten dynamischen Gefügen. Ihre Reihenfolge geht von Elektronen, Protonen und Neutronen über das Atom, die Moleküle und Makromoleküle bis zu den Gefügen kosmischer Dimensionen, den Planetensystemen, den Sternhaufen und Spiralnebeln, von denen die letzteren, größten Gebilde vielleicht auch wieder zu einem noch größeren Gefüge zusammengeschlossen sind. Über dem Reich des Materiellen erhebt sich das des Organischen. Zwischen den beiden Schichten besteht ein übersichtliches Verhältnis. Die Gebilde der höheren Schicht setzen sich aus denen der niederen Schicht zusammen und benutzen sie als Bausteine für ihren eigenen Aufbau. Wenn so Gefüge der niederen Schicht Elemente zum Aufbau von Gefügen der höheren Schicht werden, dann sprechen wir von einem »Überformungsverhältnis«. Die organische Schicht überformt die anorganische. Der Ausdruck »Überformung« beruht darauf, daß von den Gebilden der niederen Schicht in den höheren nichts verlorengeht. Das ist aber nur möglich, wenn die kategoriale Struktur in beiden Schichten dieselbe ist. Beim Überformungsverhältnis müssen die Kategorien der niederen Schicht sämtlich in die höhere hinübergehen. Wir können dieses Verhältnis z.B. an den Kategorien Raum und Zeit beobachten; genauso wie die Materie ist auch der Organismus ein räumliches und zeitliches Gebilde. Wir erkennen das Durchgehen bis in die höhere Schicht weiterhin an der Prozeßkategorie und an der Zustandskategorie, denn nicht nur die anorganische Natur unterliegt dem ständig sich erhaltenden Prozeß, in dem die Zustände wechseln, sondern auch die organische. Auch die Kategorien der Kausalität, der Wechselwirkung und der Gesetzlichkeit der Natur – die letztere besagt, daß es in der Natur ein Allgemeines gibt, das in den einzelnen Fällen wiederkehrt; sie gibt uns überhaupt erst die Möglichkeit, mit unserem Verstand in die Natur einzudringen – zeigen sich als durchgehend. – Wenn sich einerseits auch alle Kategorien der anorganischen Schicht in der organischen wiederfinden, so gibt es doch andererseits in der letzteren Kategorien, die in der ersteren noch nicht aufgetreten waren. Eine solche in der höheren Schicht neu auftretende Kategorie nennen wir ein Novum. Auch für diese Kategorien, die eigentlich erst das Wesen des Organischen ausmachen, es vom bloß physischen Körper unterscheiden, lassen sich Beispiele anführen. So treten die Kategorien des Stoffwechsels, der Assimilation, Dissimilation und der Reproduktion der einzelnen Individuen, im Organischen neu auf. Die Organismen heißen geradezu »Stoffwechselwesen« und unterscheiden sich vom Anorganischen eben dadurch, daß sie Stoffe aus ihrer Umgebung in sich hineinziehen und so den ständigen Verbrauch ergänzen. In der Assimilation wird dabei der Stoff zur organischen Form aufgebaut und in der Dissimilation wieder abgebaut. Auch der morphogenetische Prozeß ist ein Novum, das sich in der Materie noch nicht findet, denn der formbildende

Prozeß ist etwas ganz anderes als bloße kausale Determination. Das Gesetz der Arterhaltung ist ein Hinausgreifen des individuellen Lebens zur Erhaltung der Art in dieser spezifischen Weise; denn die Substanzkategorie der materiellen Schicht, die auch eine Erhaltung bewirkt, ist doch von ganz anderer Art. Als wichtigste der im Organischen neu auftretenden Kategorien sei schließlich noch die Selbstregulierung des Prozesses genannt. Wenn diese Selbstregulierung einmal nicht funktioniert, so bedeutet das für den Organismus Krankheit. – Alle diese Noven wirken mit den alten Kategorien so zusammen, daß sie die Gebilde niederer Natur nicht ausschalten, sondern in sich aufnehmen und höher hinaufformen, so daß hier also das Überformungsverhältnis in einem weitgehend buchstäblichen Sinn besteht.

Über dem Organischen erhebt sich die Schicht des Seelischen, das als Bewußtsein in Erscheinung tritt. Diese, das Bewußtsein ausmachende Schicht ist noch nicht der Geist, sondern sie hebt sich von diesem deutlich ab. Das Seelische kommt, wie wir wissen, niemals allein vor, sondern immer nur zusammen mit den beiden unteren Schichten, auf ihnen aufruhend, von ihnen getragen. Es erhebt sich nun die Frage, ob die Kategorien des Physisch-Materiellen und die des Organischen auch in das Seelische eindringen. – Für das Reich des Seelischen ist charakteristisch, daß es ein Innenreich ist, eine immaterielle, unräumliche Welt, deren Inhalte sich auch nicht mathematisch fassen lassen, wie es doch in den niederen Schichten möglich ist. Fechners Bemühungen, die Mathematik zum Erfassen des Seelischen anzusetzen, haben zu keinem haltbaren positiven Resultat führen können. Man weiß nicht einmal, was man sich unter seinem logarithmischen Gesetz der Empfindungsintensitäten vorzustellen hat. – Wie sich hieraus ergibt, setzt also mit dem Seelischen eine ganz andersartige Schicht ein. Die besonders scharfe Grenze zur organischen Schicht war schon von alters her, z.B. bei Descartes, Spinoza, Geulincx und Leibniz, als »psychophysische Grenzscheide« bekannt. Die Kluft zwischen Seele und Körper rückt sogar in dieser Zeit ganz in den Vordergrund und wird zum großen Problem des 17. Jahrhunderts. Auch für uns handelt es sich hier um eines der wesentlichsten Probleme in unserem gesamten Verstehen des kategorialen Zusammenhanges der realen Welt.

Raum, materielle Substanz und mathematische Struktur gehen von den niederen Schichten nicht bis in die des Seelischen durch. Das Seelische kann sich nicht aus Gebilden des Anorganischen und auch nicht des Organischen zusammensetzen. Das bedeutet: die Akte des seelischen Seins, Gedanken, Gefühle, Wollen, Wünschen und Sehnen, bestehen nicht aus Atomen und Molekülen, sondern aus etwas ganz anderem. Ebenso unterscheiden sich auch die Vorstellungen, die sich in uns zum Zwecke der Erkenntnis der Gegenstände bilden, grundsätzlich von diesen Gegenständen, sie sind, bildlich gesprochen, »aus einem ganz anderen Stoff gemacht«. Viele Kategorien des Physisch-Materiellen und des Organischen kehren also im Seelischen nicht wieder. Die Naturgesetzlichkeit, die in den beiden unteren Schichten herrscht, hat im Reich des Seelischen zum großen Teil aufgehört. Es handelt sich hier also offensichtlich nicht um ein Überformungsverhältnis, wie wir es zwischen der anorganischen und organischen Schicht konstatieren konnten. Vielmehr besteht so etwas wie ein Überbau. Das Seelische ist zwar gebunden an die physische

Schicht, es kann nicht ohne sie bestehen, ist aber doch von ihr grundverschieden; die cogitatio ist eben, wie Descartes es ausdrückte, eine andere Substanz als die extensio. Wir wollen das Verhältnis zwischen diesen beiden Schichten ein »Überbauungsverhältnis« (im Gegensatz zum Überformungsverhältnis) nennen. Die Schichtengrenze muß, wenn man sie schematisch darstellen will (S. 161), als Doppelstrich gezeichnet werden, damit die viel schärfere Grenze (gegenüber der zwischen Anorganischem und Organischem) zum Ausdruck gebracht wird. Wir müssen diese große Kluft wenigstens einstweilen feststellen, wenn es vielleicht auch nicht ausgeschlossen ist, daß es auch hier Übergänge gibt, wie ja schon der Zwischenraum zwischen Anorganischem und Organischem, zwischen den höchsten anorganischen Molekülen und dem Lebendigen, durch die Entdeckung der Viren verringert worden ist.

Dringt dann aber – so kann man jetzt fragen – keine der Kategorien des Organischen in das Seelische hinüber, setzt hier wirklich ein einziges riesenhaftes Novum ein? Es stellt sich nun heraus, daß es sehr wohl eine ganze Reihe von Kategorien des Anorganischen und Organischen gibt, die in das Seelische hinübergehen, z.B. die Kausalität, die Wechselwirkung und auch die Prozeß- und Zustandskategorie; denn auch das seelische Leben besteht in einer Reihe von Zuständen und läuft in einem Prozeß ab, der an die Zeit gebunden ist – was zugleich darauf hinweist, daß sich die Zeitkategorie auch im Psychischen wiederfindet. So durchbricht eine ganze Reihe von Kategorien das Überbauungsverhältnis und macht es zu einem Überformungsverhältnis im kleinen – aber auch nur im kleinen, denn das Überformungsverhältnis verlangt, daß alle Kategorien durchdringen. Und das ist hier eben nicht der Fall. Seelische Prozesse setzen sich nicht aus physiologischen zusammen, wenn auch ein gewisser rätselhafter Zusammenhang zwischen beiden besteht. Das Überbauungsverhältnis unterscheidet sich vom Überformungsverhältnis dadurch, daß bei ihm nur ein Teil der Kategorien der niederen Schicht in die höhere durchdringt.

Wie schon aus dem bisher Dargelegten ersichtlich sein wird, trifft der alte scholastische Satz: »Simplex sigillum veri«, offenbar nicht zu. Die meisten metaphysischen Theorien aber haben gerade versucht, die Welt aus einem Prinzip abzuleiten. Darin lag ihr Fehler. Sie übersahen, daß die Prinzipien selbst komplex und in sich geschichtet sind und daß die Welt deshalb notwendig ihre geschichtete Struktur hat.

Auf die drei unteren von den vier Schichten, aus denen sich die reale Welt aufbaut, sind wir schon eingegangen. Zwischen Organischem und Seelischem hatten wir ein ganz besonderes, von der zwischen Anorganischem und Organischem bestehenden Beziehung abweichendes Verhältnis festgestellt. Dasselbe Verhältnis, d.h. die gleiche starke Trennung, finden wir noch einmal zwischen seelischer und geistiger Schicht. Der prinzipielle Unterschied zwischen der seelischen und den beiden unteren Schichten besteht in der Unräumlichkeit, der Innerlichkeit der seelischen Inhalte. Das Geistige hebt sich wiederum vom Seelischen vornehmlich ab durch seine Überindividualität. Jede seelische Sphäre ist eine individuelle. Der Mensch kann sein Bewußtsein und dessen seelischen Inhalte nicht gegen Bewußtsein und Bewußtseinsinhalt des Mitmenschen austauschen. Wenn im seelischen Bereich das Prinzip der Individualität herrscht, so gilt dies im Bereich des Geistes nicht. Der Geist ist in einem weiten Sinn gemeinsam. Gemeinsam sind der Geist einer Zeit, eines Volkes; gemeinsam sind die zu einer Zeit geltenden moralischen Gesetze, und gemeinsam ist auch die von allen übernommene und geglaubte Religion; denn nicht der einzelne Mensch denkt sich seine Religion aus, sondern jeder übernimmt vielmehr etwas von dem geistigen Sein, das ihn umgibt. Nur durch das Weiterreichen von Generation zu Generation ist das Fortbestehen des Geistes möglich. Eine Vererbung des Geistes gibt es nicht; immer nur die Anlage kann sich vererben. Wenn ein Kind die Anlage zum Sprechen mitbringt, so lernt es die Sprache doch erst durch seine Umgebung, es übernimmt das, was ihm übergeben wird, dadurch, daß es in die gemeinsame Sprachsphäre hineinwächst. Durch Übergeben und Übernehmen pflanzt sich die Sprache fort, von Jahrhundert zu Jahrhundert in steter Entwicklung begriffen. So überträgt sich auch die Wissenschaft von Geschlecht zu Geschlecht, und so wächst und erhält sich alles, was in das Gebiet des geistigen Seins fällt.

Der Modus des Fortbestehens ist also für den Geist ein ganz anderer als für das Materielle, für das Lebendige und selbst noch für das Seelische. Die Elemente des geistigen Seins braucht der einzelne nicht selbst zu finden, sondern nur aufzunehmen; aber er muß sie sich doch in einem langwierigen und mühevollen Prozeß aneignen; anders ist das Fortbestehen des Geistes nicht möglich. – Die gesamte Sphäre des Geistigen kann nicht von einem einzigen Kopf umfaßt werden; auch in den Anfängen der Wissenschaft war das wohl nicht möglich. Trotzdem bildet der Geist eine Einheit, einen großen Zusammenhang, der es ermöglicht, ihn auch an anderen Stellen zu erkennen, wenn man an einer Stelle in ihn eingedrungen ist. – Eine wichtige neue Kategorie in dieser obersten Schicht ist, wie sich aus den eben gemachten Ausführungen ergibt, die Erhaltung durch das Übernehmen und Übergeben. In der Sprache vollzieht sich die Übertragung durch bloßes Hineinwachsen, in der Wissenschaft durch stetes Lernen. Die Moral wird von der jungen Generation dadurch aufgenommen, daß sie durch Entscheidung verlangende Situationen selbst hindurchgeht und Anteil an den Wertungen der Älteren nimmt. In jedem Stadium seines Lebens ist der Mensch empfänglich für neue Werte. Und auch die Kunst schließlich wird auf ähnlichem Wege von Generation zu Generation weitergereicht. – Die Eigentümlichkeit der geistigen Sphäre wird leicht begreiflich, wenn man sie mit Hegel als »objektiven Geist« versteht. Man darf nur nicht Hegels Fehler wiederholen, den Geist als substantiell und die Individuen als seine bloßen Akzidenzen anzusehen. Aber die Objektivität, die Allgemeinheit, ist eine weitere unerläßliche Kategorie des Geistes. Sie ist die Bedingung, unter der Erkenntnis überhaupt erst stattfinden kann. Die Kategorien des Ethos, die meisten der transzendenten Akte – das Lieben und Hassen, Verehren und Verachten – sind geistige Akte und als solche überhaupt erst möglich in einer zusammenhängenden Sphäre des geistigen Seins. Auch das Handeln, die Zurechnung von Schuld und Verdienst und die eigentliche Willensfreiheit fallen in das Gebiet des geistigen Seins und bilden weitere Belege für dessen Kategorien.

Betrachten wir nun noch einmal alle vier Schichten in ihrem Verhältnis zueinander! Wir stoßen auf jeder Stufe auf neue Kategorien, die in der niederen Schicht noch nicht da waren. Andere Kategorien gehen durch einige oder alle Schichten hindurch, z.B. die Kausalität, die Wechselwirkung und die Zeit. Das Abbrechen zahlreicher Kategorien ist besonders auffällig an der psychophysischen Grenzscheide; die mathematische Struktur und die Räumlichkeit hören dort auf.

Der Aufbau der realen Welt wird bestimmt durch die Kategorien. Jeder Schicht des Realen entspricht dabei eine Kategorienschicht. Es gibt aber darüber hinaus noch Kategorien, die in den vier Schichten des Realen nicht aufgehen, sondern über sie hinausgehen. Es sind Fundamentalkategorien, die unter der Realschicht des Materiellen liegend zu denken sind (Zeichnung). Die Fundamentalkategorien bilden die Grundlage für den Aufbau aller vier Schichten und sind gewissermaßen Prinzipien der spezielleren Gebietskategorien. Es zählen zu ihnen die Kategorien der Modalität und eine Gruppe von Elementarkategorien, die sich aus Gegensatzpaaren zusammensetzt, etwa aus Form und Materie – die Materie ist immer das, was sich überformen läßt, und jede Form ist zugleich Materie für die nächsthöhere Form –, aus Element und Gefüge, Einheit und Mannigfaltigkeit, Kontinuum und Diskretum und Qualität und Quantität.

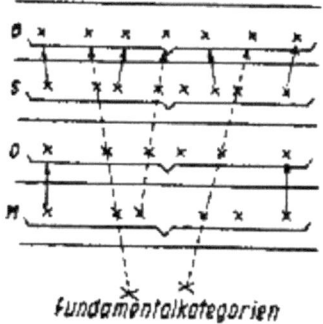

Die dritte und wichtigste Gruppe der Fundamentalkategorien wird gebildet durch ein ganzes System von kategorialen Gesetzen, welche die Struktur des Kategorienreiches bestimmen und die somit auch die Gesetzlichkeiten sind, nach denen sich der Aufbau der realen Welt vollzieht. Wir meinen nicht, daß wir mit diesen so wichtigen kategorialen Gesetzlichkeiten schon alles erfaßt hätten, glauben aber doch, mit ihnen das im Grunde für den Aufbau der realen Welt Typische aufzuzeigen. Wir werden dabei nicht in den Fehler der alten metaphysischen Konstruktionen verfallen, uns die Welt zu einfach vorzustellen, wir werden nicht versuchen, wie der Idealismus – die Metaphysik von oben – oder der Materialismus – die Metaphysik von unten – die Welt aus einem Prinzip zu erklären. Wir sind uns darüber klar, daß die Einheit, die nur als eine des Zusammenhanges möglich ist, der Welt erst abgelauscht werden muß und nicht konstruiert werden darf.

In der Reihe der kategorialen Gesetze lassen sich zunächst vier kategoriale Schichtungsgesetze herausstellen:

1. *Das Gesetz der Wiederkehr*: Es gibt in jeder niederen Schicht Kategorien, die in der höheren wiederkehren. Einige Kategorien finden sich in allen Schichten wieder. Es gehen aber keineswegs alle Kategorien der niederen Schichten bis zu den höheren durch. Das Gesetz der Wiederkehr wird zum eigentlichen Gesetz erst durch die Aussage, daß die Wiederkehr nur von unten nach oben möglich ist, d.h. daß nur Kategorien der niederen Schicht in der höheren wiederkehren können, nicht aber umgekehrt. Es gibt keine einzige Kategorie, die von oben nach unten hindurchginge. Es kann zwar sehr wohl sein, daß die Seele Macht über das Materielle gewinnt, daß sie den Körper dem Ebenmaß ihres höheren Seins unterwirft, wie das die Alten durch die Tugend der Besonnenheit (sophrosýne) aus-

drückten; aber das bedeutet nicht ein Eingreifen der Kategorien des Seelischen in die des Organischen und Anorganischen. Die Kategorien der beiden niederen Schichten werden nicht verändert. Gerade gegen dieses Gesetz der Irreversibilität der Wiederkehr ist oft verstoßen worden. So hat z.B. Schelling versucht, den Geist mit seinen Kategorien zur Grundlage des Organischen, ja selbst des Anorganischen zu machen. Ein »Riesengeist«, ein unbewußter Weltgeist erkennt und denkt sich, wie Schelling es in seiner Theorie ausführt, in mannigfaltigen Naturformen und kommt schließlich im Menschen zum Selbstbewußtsein.

Mit dem Ausbau dieses Gedankens wurde ein Weltbild geschaffen, das zwar wunderschön ist, das aber der Wirklichkeit ganz und gar nicht entspricht. Es handelt sich aber in der Philosophie gerade darum, ein wirkliches Weltbild zu entwerfen, das uns die Möglichkeit gibt, uns in der Welt zu orientieren. – Der häufigste der Fehler, der durch das Herabnehmen von Kategorien höherer Schichten in niedere begangen worden ist, besteht in der Übertragung der Kategorie der Zwecktätigkeit auf das materielle Sein – ganz abgesehen von der Einführung der Zwecktätigkeitskategorie in das Organische. Mit diesem Fehler hat erst Kant in der »Kritik der Urteilskraft« aufgeräumt. – Ein alter Ausdruck für das Herabnehmen von Kategorien aus höheren, dem Menschen eigentümlichen Schichten in niedere ist »Anthropomorphismus«.

2. *Das Gesetz der Abwandlung*: Die durchgehenden, wiederkehrenden Kategorien kehren abgewandelt wieder. Sie sind in der höheren Schicht nicht mehr dieselben wie in der niederen. So ist z.B. die Kausalität in der seelischen Schicht

eine ganz andere als im Reiche des Physisch-Materiellen, und doch handelt es sich noch um Kausalität.

3. *Das Gesetz des Novums*: In jeder Schicht setzen neue Kategorien ein. Erst dadurch heben sich die Schichten voneinander ab, erst dadurch kommt der Unterschied zwischen Anorganischem und Organischem, zwischen Organischem und Seelischem usw. zum Ausdruck. Dieses Gesetz will jedoch keineswegs besagen, daß alles, was in einer höheren Schicht Gültigkeit hat, eine neue Gesetzlichkeit sei. Das würde gegen das Gesetz der Wiederkehr verstoßen, das auch hier zweifellos gilt.

4. *Das Gesetz der Schichtendistanz*: Es besteht ein gewisser Abstand zwischen den Schichten. Wir können nicht ohne weiteres einen kontinuierlichen Übergang von der einen Schicht zur anderen konstruieren. Gewisse Übergänge kann man erwarten, z.B. an der Grenze zwischen Materiellem und Organischem. Zwischen Organischem und Seelischem wiederum erscheint eine Grenze sehr unwahrscheinlich. Gegenüber den mehr auf einen Zusammenhang weisenden Überformungsverhältnissen zeigen die Überbauungsverhältnisse eine klare Schichtendistanz.

Diese vier Gesetze allein genügen noch nicht. Es gilt, noch andere Beziehungen, Abhängigkeiten zwischen den Schichten aufzuzeigen. Um den Nachweis solcher Abhängigkeit hat sich die alte Metaphysik immer bemüht. Es war dem Materialismus nicht darum zu tun, daß sich die höheren Schichten auch nach Art des Materiellen erklären ließen, sondern darum, daß die niedrigste Schicht nicht nur das Tragende, sondern auch das alles Bestimmende darstellen sollte. Nach der anderen Seite hin wollte der Idealismus eine Abhängigkeit der niederen Schichten von den höchsten nachweisen. Beide Konzeptionen entsprechen der Wirklichkeit nicht. Um eine richtige Formulierung der wirklich bestehenden Abhängigkeiten bemühen sich folgende vier Gesetze.

5. Das Gesetz der Stärke: Die niederen Kategorien sind die Voraussetzungen der höheren. Diese können sich erst auf jenen aufbauen. Die Kategorien der niederen Schicht sind die stärkeren; sie können durch keine Macht der höheren Schicht aufgehoben werden. Das geistige Wesen vermag zwar geschickt mit den Naturprozessen umzugehen und sie zu Mitteln seiner Zwecke zu machen – aber nur unter der Voraussetzung, daß es die Gesetzlichkeiten der Natur versteht. Umzuschaffen vermag es die Gesetze nicht. So kann auch der Organismus, wenn er durch Nahrungsaufnahme beständig Energie aus der Umwelt an sich zieht, diese Energie nicht verändern, sondern nur in Anpassung an sie für sich verwerten. Dieses Gesetz des »Stärkerseins« der niederen Kategorien gegenüber den höheren ist, so möchte man glauben, das eigentlich kategoriale Grundgesetz, auf dem die Ordnung der Welt beruht. Im Sinne dieses Gesetzes gibt es in der Tat eine Abhängigkeit, die von der niedrigsten bis zur höchsten Schicht – aber nicht umgekehrt – durchgeht.

6. Das Gesetz der Selbständigkeit der niederen Schicht gegenüber der höheren: Jede niedere Schicht ist der nächsthöheren gegenüber autonom. Es ist nicht so, wie es die alten metaphysischen Systeme immer gelehrt haben, daß die niederen Schichten nur auf die höchste hin angelegt wären, nur um ihretwillen beständen – als ob die übrige Welt keinen Sinn hätte, wenn der Mensch nicht da wäre. Vielmehr hat es die niederen Schichten lange vor der geistigen gegeben.

Bevor der Geist, den wir nur über wenige Jahrtausende hinweg zu verfolgen vermögen, aufleuchtete, hatte in viel größeren, gewaltigen Zeiträumen das seelische Sein ohne den Geist bestanden. Das Seelische bedarf des Geistigen nicht. Und ebenso können das Materielle und das Organische für sich ohne die höheren Schichten bestehen.

7. *Das Gesetz der Materie:* Das Gesetz des Stärkerseins der niederen Kategorien gegenüber den höheren hatte ausgesprochen, daß die höhere Schicht immer nur auf einer niederen aufruhen kann, durch die niedere bedingt ist. Das Gesetz der Materie besagt nun, daß diese Abhängigkeit der höheren Schicht von der niederen nur so weit geht, als letztere durch ihre Eigenart den in den Möglichkeiten der Überformung durch die höhere Schicht liegenden Spielraum begrenzt. Die niedere Schicht ist also bestenfalls Materie, die von der höheren Schicht überformt wird. Es kann z.B. der Organismus nicht freischwebend existieren, sondern nur in einer anorganischen Natur, die ihm die Bedingungen seiner Existenz darbietet. Diese Bedingtheit bedeutet aber nur, daß dem Organismus vom materiellen Sein die Aufbauelemente geliefert werden von den kleinsten Gefügen, den Atomen und Molekülen, bis zu dem, was aus den großen Zusammenhängen des Kosmos entspringt: Licht, Luft und Wasser. Darüber hinaus bestimmt sich das Organische durch eigene Gesetzlichkeiten. Und dieses Verhältnis, das zwischen dem Materiellen und dem Organischen besteht, findet sich auch zwischen den anderen Schichten nicht wieder. In den Beziehungen der anderen Schichten zueinander ist die Abhängigkeit der höheren von den niederen noch geringer. Beim Übergang vom Organischen zum Seelischen bildet jenes nicht mehr die

Materie für dieses. Das Gesetz der Materie muß also so gefaßt werden, daß bestenfalls in den Überformungsverhältnissen die niedere Schicht die Bausteine für die höhere abgibt, daß in den Überbauungsverhältnissen die niedere Schicht die höhere aber nur trägt.

8. *Das Gesetz der Freiheit:* Es ist wie das Gesetz der Stärke von besonderer Wichtigkeit. Bei allem Durchgehen der Kategorien von unten herauf und bei aller Unaufhebbarkeit ihrer Geltung in den unteren Schichten ist das Eigentümliche in den neuen Schichten, das Novum, immer autonom und in diesem Sinne frei, nämlich frei von den Determinationen der niederen Schicht. Insofern sind z.B. Form und Prozeß im Organischen, wie es sich sehr klar im morphogenetischen Prozeß zeigt, autonom gegenüber Form und Prozeß im Anorganischen, obgleich die ersteren die letzteren in sich einbeziehen und für sich ausnutzen. Es besteht in der höheren Schicht Freiheit für das Einsetzen von ganz neuen Verhältnissen. Das ist noch nicht mit dem Gesetz des Novums gesagt. Dieses schränkt nur das Gesetz der Wiederkehr ein. Das Gesetz der Freiheit aber begrenzt die Abhängigkeit, die Dependenz, auf die sich die Gesetze 5.-7. bezogen. Dependenz besteht insofern, als die höheren Schichten auf den niederen aufruhen, von ihnen getragen werden; Dependenz gibt es nur von unten nach oben. Das Gesetz der Freiheit bringt zum. Ausdruck, daß jede niedere Schicht sich selbst zwar mit ihren Bestimmungen vollständig determiniert, nicht aber die höhere Schicht. So ist von der Schichtengrenze an nach oben Spielraum für höhere Gesetzlichkeiten und folglich auch für höhere Gebilde, die sich, auf der niederen Schicht aufbauend, bilden können.

Mensch, Gemeinschaft und Geschichtsprozeß sind Gebilde, die durch alle vier Schichten hindurchgehen. Sie sind, wenigstens in der Art ihres inneren Aufbauprinzipes, Abbilder der ganzen Welt. Was von der Welt als Ganzem gilt – daß sie nämlich nicht aus der Einheit eines einzigen Prinzips erklärt werden kann, sondern auf einem komplizierten Ineinandergreifen von Kategorien beruht –, das gilt auch für den Menschen, von der Gemeinschaft und vom Geschichtsprozeß, insofern z.B., als sich die kausale Determination kombiniert mit der Finaldetermination, die immer nur vom Menschen ausgeht, von jedem politischen Plan, von jeder technischen Erfindung usw. Unsere Erörterung über den Aufbau der Welt betrifft also auch den Menschen.

Wir betrachten in diesen Ausführungen die Welt als Ganzes und berühren damit ein altes Problem der Metaphysik, von dem Kant gezeigt hatte, daß eine Lösung nicht möglich sei. Auch wir können es nicht bis zu Ende lösen, haben es aber doch mit dem Aufweis der kategorialen Gesetzlichkeiten, in denen wir die Struktur der Welt aufzeigten, durchsichtig gemacht.

Bei dem Aufweis der kategorialen Gesetzlichkeiten muß in einer Einführung in die Philosophie, die möglichst viele Gebiete berühren soll, auf manches verzichtet werden. Es soll nur noch angedeutet werden, was es mit den Kohärenzgesetzen auf sich hat. Diese Gesetze verleihen dem unter den Kategorien einer Schicht bestehenden Zusammenhang Ausdruck. Daß ein Zusammenhang zwischen den Kategorien, die ein und dieselbe Schicht determinieren, bestehen muß, ist leicht einzusehen. Im Reich des Physisch-Materiellen ist es z.B. unmöglich, Prozeß und Zustand auseinanderzureißen, denn der Prozeß besteht ja in einer Reihe von Zuständen. Auch Substanz und Kausalität und Raum und Zeit gehören zusammen. Es ist sehr willkürlich, wie der Mensch die Kategorien voneinander abtrennt oder zusammenfaßt. In der Substanzkategorie sind z.B. wieder das Moment des Substrates und das der Beharrung kombiniert. – Die Kategorien einer Schicht hängen so zusammen, daß man die eine nicht anwenden kann, ohne andere hinzuzuziehen. Dieser Zusammenhang der Kategorien ist schon von Platon entdeckt worden. Platon hat in seiner Spätzeit gezeigt, daß einzelne Ideen nicht für sich bestehen können. Was er Ideen nennt, ist dasselbe, was für uns und schon für Kant Kategorien sind und was Descartes mit den ideae innatae und Leibniz mit den simplices meinen. – Der Zusammenhang der Kategorien läßt sich auch in den andern Schichten aufweisen. Die Kategorie der Assimilation ist nicht losgelöst von der Kategorie des Prozeßgleichgewichtes und auch nicht ohne ihren Gegensatz, die Dissimilation, zu denken. Im Seelischen ist z.B. der Akt nicht von seinem Inhalt trennbar. – Die Kohärenzgesetze bedeuten einen Zusammenhang der Kategorien innerhalb der einzelnen Schichten, das Gesetz der Wiederkehr und die Dependenzgesetze dagegen sprachen von einer Verbindung bzw. Beziehung der Kategorien über die Schichtengrenzen hinweg. Schematisch dargestellt (S. 170), zeigt sich dieser doppelte Zusammenhang durch zweierlei Linien: solche, die parallel zu den Schichtengrenzen verlaufen, und solche, die sie schneiden.

Man könnte nun fragen, was denn der Ertrag dieser ganzen kategorialen Perspektive ist, was man mit dem Aufweis des Schichtenverhältnisses in der Welt zu erreichen vermag. Der Gedanke der Schichtung ist doch schon im Altertum aufgetaucht. So fanden wir bereits bei Plotin einen Stufenbau der Welt (S. 20). Plotins System aber unterscheidet sich wesentlich von unserer Erkenntnis, und zwar besonders dadurch, daß in seinem Emanationssystem alles von oben determiniert wird – sogar der Geist. Nachdem die Stufen der Welt nämlich aus dem Einen hervorgeströmt sind, haben sie die Tendenz, wieder nach oben zum Einen zurückzugelangen. So sieht Plotins System aus wie ein teleologisches System. Alles Emanierte hat in sich den Zweck, wieder eins mit der Gottheit zu werden. Und hier zeigt sich der Wert unserer neugewonnenen Einsichten; denn gerade so, wie es das Plotinische System zeigt, darf man sich ein Schichtenreich nicht vorstellen. Mit dem Schlagwort: »Die Welt als Schichtenreich«, ist noch nichts gesagt. Es kommt darauf an, wie man den Schichtenbau versteht. Für Geistmetaphysik oder Metaphysik der Materie gibt es keine Belege, wohl aber für das Verhältnis der kategorialen Gesetze. Der Sinn der Auflösung der Struktur der Welt in eine Reihe von kategorialen Gesetzen liegt darin, daß man damit zeigen kann, wie die Einheit der Welt wirklich aussieht. Einheit zu konstruieren ist sehr leicht, Einheit wirklich aus den Phänomenen aufzuweisen, sehr schwer. Man hat sich die Welt oft viel zu einfach gedacht. Die Welt ist zwar eine Einheit, sie ist geschlossen, aber nicht durch ein Prinzip, nicht durch eine einzige determinierende Kraft, die alles von einem Punkt von unten oder oben her hervortriebe. Wohl aber ist die Welt eine Einheit des Systems, sie ist ein Gefüge. Soweit wir die Dinge heute überschauen, müssen wir das Einzelne, soweit wir es können, mit einer gewissen Ehrfurcht nebeneinanderstellen und nicht gleich mit dem Tatendrange einer vereinfachenden Vernunft an die Dinge herangehen und sie künstlich vereinfachen. Man bekommt ein falsches Bild, wenn man die komplexen Gebilde dieser Welt aus einem Prinzip abzuleiten sucht. So gingen in dem Streit von Vitalismus und Mechanismus, ob das Organische durch ein Prinzip der Zwecktätigkeit nach Art des menschlichen Geistes determiniert zu denken sei oder ob man nicht vielmehr auch die spezifisch organischen Prozesse von der Materie her erklären könnte, beide Theorien in die Irre. Beide begingen den Fehler des konstruktiven Denkens, sich eine Grenzüberschreitung zuschulden kommen zu lassen. Es liegt freilich die Versuchung nahe, wenn man auf einem Gebiet ein einleuchtendes Prinzip gefunden hat, es auch auf andere Sphären anzuwenden. Demokrit z.B. unterlag dieser Versuchung: Er entdeckte das Atom, das man, wenn man tiefer in das Reich des Physisch-Materiellen eindringen will, eigentlich gar nicht entbehren kann. So gut und so richtig er auf atomistischem Wege das Anorganische erklären konnte, so gründlich ging er in die Irre, als er dasselbe Erklärungsprinzip auf das Organische, Seelische und gar das Geistige anzuwenden suchte. Die Entdeckerfreude verleitet den Forscher eben leicht dazu, seine auf dem betreffenden Gebiet sehr fruchtbare und richtige Entdeckung auf andere Gebiete zu übertragen, wo sie nur Irrtümer hervorrufen kann. Wie schon das bekannte Beispiel des Columbus zeigt, weiß selten ein Entdecker genau, was er gefunden hat.

Angesichts der zahlreichen, zu schweren Irrtümern führenden Grenzüberschreitungen erhebt sich die Forderung nach einer über die Erkenntniskritik hinausgehenden Kategorienkritik, die darin bestehen müßte, den Geltungsbereich jeder Kategorie richtig einzuengen. Es genügt nicht, wenn man sagt, daß die Kategorien unseres Verstandes nur für den Bereich möglicher Erfahrung, nicht aber für Dinge an sich gelten. Auch innerhalb des Bereiches möglicher Erfahrung verlangt jede Kategorie eine besondere Einschränkung und innerhalb ihres speziellen Gebietes den Nachweis objektiver Gültigkeit. Die Zeit ist jetzt reif geworden, daß die »Kritik der reinen Vernunft« in diesem Sinne noch einmal neu geschrieben wird. Diese Aufgabe ist von einem einzelnen freilich nicht zu lösen und weist in die Zukunft.

Von dem so durch den Aufweis der Schichten der Welt und ihrer Gesetzmäßigkeit gewonnenen Aspekt fällt auf manche schwer lösbare Probleme ein helles Licht. Eines von diesen Problemen ist das der Freiheit, das wir schon des öfteren berührt haben. Es handelt sich hier nicht um die Freiheit des Dürfens, die sich auf das erstreckt, was der Bürger auf Grund der Rechtssätze des Staates, in dem er lebt, tun darf. Nicht die Freiheit des Handelns ist hier gemeint, sondern die des Sichentschließens – unter der Voraussetzung, daß dasjenige, wozu man sich entschließt, im Bereich der Möglichkeit und des Dürfens liegt. Kant hatte schon gezeigt, daß die Lösung des Freiheitsproblems unmöglich durch Aufhebung des kausalen Zusammenhanges oder durch Aussparung einer Lücke in ihm zu erreichen ist, sondern nur durch ein Plus an Determination. Wie nun Freiheit innerhalb einer durchgehend kausal determinierten Welt möglich ist, das leuchtet einem sofort ein, wenn man einen Überblick über die Schichten- und Dependenzgesetze im Aufbau der realen Welt hat. Aus ihnen ergibt sich doch, daß sich schon in jeder Schichtendistanz die

Freiheit manifestiert. Das Organische vermag etwas, was das Anorganische noch nicht kann. Die Materie muß dorthin, wohin sie gestoßen wird, das Tier aber ist in der Lage, sich selbst zu bewegen. Weiterhin gibt es eine gewisse Freiheit des seelischen Seins gegenüber dem organischen. Und es besteht schließlich noch eine ganz anders ins Gewicht fallende Schichtendistanz zwischen dem Seelischen und dem Geistigen. Auf ihr beruht ganz besonders die Freiheit, sich für und wider etwas zu entscheiden, nicht einfach eingespannt zu sein in das Geflecht der Triebe und Leidenschaften, sondern darüber hinaus noch hellhörig zu sein für die Forderungen aus dem Reich der Werte. Auf dieser Grundlage rückt das Freiheitsproblem in ein ganz neues Stadium. Es bedarf keines Indeterminismus', um die Freiheit zu rechtfertigen, sondern es erweist sich Freiheit in der Abhängigkeit, Autonomie in der durchgehenden Gesetzlichkeit und Determination als möglich.

Zu den Problemen, die man auf Grund des hier nachgewiesenen Schichtenbaus der realen Welt wohl erfolgreicher behandeln könnte, gehört auch das Geschichtsproblem. Es handelt sich dabei nicht um eine methodologische Frage, es geht nicht etwa darum, wie der Geschichtsforscher vorzugehen hat, sondern um das wirkliche Geschehen, wie es schon das Wort »Geschichte« bezeichnet. Auch das Problem der Geschichte muß ontologisch fundiert werden. Die Frage muß lauten: Wie baut sich dieses merkwürdige Geschehen, das wir doch keiner einzelnen Schicht zuordnen können, auf? – Die alten Theorien haben den Geschichtsprozeß immer so gedeutet, als ob er auf ein Endziel, auf irgendeine Vollkommenheit, hinausliefe. Sie glaubten damit das in der Welt geschehene Übel einigermaßen rechtfertigen zu können. Solange die Geschichtsdeutung mit einem festen religiösen Glauben verbunden ist, kann eine solche Theorie nicht verwundern. Wirkliche Geschichtsforschung aber ist, wie es schon das Beispiel von Thukydides und Polybios lehrt, über solche Gesichtspunkte hinausgewachsen. Wir haben vor allem eines zu beachten: Der Geschichtsprozeß ist vielschichtig; er ist ein organischer, ein seelischer und vor allem ein eminent geistiger Prozeß. Denn in jeder Generation muß der einzelne an das geistige Niveau, das für den Ablauf des Geschehens charakteristisch ist, heranwachsen, und in jedem geschichtlichen Augenblick wird die Vorsehung, die Planung des Menschen notwendig. Erst ein Ineinandergreifen vieler Determinationen macht den geschichtlichen Prozeß aus, und deshalb ist die Behandlung dieses Problems so überaus schwierig. Die Einheit des Geschichtsprozesses ist ebenso komplex wie die Welt und der in ihr lebende Mensch. – Diese Feststellung bedeutet keineswegs die Lösung des Problems, aber doch eine Basis, von der man dem Problem vielleicht näherkommen kann.

Mit dem Geschichtsproblem ist die Reihe der Probleme, die hier zu erörtern wären, keinesfalls abgeschlossen. Wir müssen aber auf weitere Ausführungen verzichten. Es ist jedoch notwendig, an dieser Stelle etwas nachzutragen über die erstgenannte Gruppe der Fundamentalkategorien, die Kategorien der Modalität: Möglichkeit, Wirklichkeit und Notwendigkeit. Aristoteles war es, der die ersten Modalbegriffe zusammengestellt hatte in dem Gegensatz von potentia und actus (dýnamis und enérgeia). Die Potenz ist dabei als Anlage, als »Bestimmung zu etwas« zu verstehen; sie hat in sich die Tendenz, dieses Etwas zu werden. Das

Ziel, auf das sie zustrebt, ist die enérgeia. Schon Platon hatte geäußert, daß die Dinge die Tendenz hätten, so zu werden wie die Idee. Aristoteles greift diesen Gedanken auf, wenn er sagt, daß hinter jeder Potenz eine wirkliche Kraft stecke, die zugleich Formprinzip sei. Alle Dinge werden in ihrem Werdeprozeß hinübergezogen zur Form. – Wir stoßen hier auf einen ausgesprochen teleologischen Prozeß, freilich nicht in dem späteren religiösen Sinn des einen Endziels, auf das alle Dinge hinstreben, sondern insofern, als jedes Ding auf seinen eigenen Zweck, sein Ziel (télos), hintendiert. Nicht nur bei den Lebewesen glaubt Aristoteles diese Zielstrebigkeit feststellen zu können, sondern auch im Reiche des Anorganischen. So haben nach Aristoteles die schweren Körper in sich die Tendenz nach unten, die leichten, z.B. das Feuer, nach oben.

Wie steht es nun tatsächlich mit dem Verhältnis von Möglichkeit und Wirklichkeit? Die Einstellung, mit welcher der ins Leben tretende Mensch seine Zukunft sieht, daß nämlich in ihr und darüber hinaus in jedem Augenblick des Weltgeschehens unendlich viele Möglichkeiten gegeben seien, von denen immer nur wenige Wirklichkeit würden – diese Auffassung von der Möglichkeit ist für unsere Untersuchung nicht zu verwenden. Sie würde zu einem sehr merkwürdigen metaphysischen Aspekt führen: Es würde so aussehen, als ob in der Welt die freien »Möglichkeiten« neben den Wirklichkeiten, den Dingen und Lebewesen der wirklichen Welt, bestünden. – Ernster ist schon der Begriff der Möglichkeit zu nehmen, wie er in dem Gedanken der »möglichen Welten« zutage tritt. Nach Leibniz hatte Gott am Anfang der Weltschöpfung alle möglichen Welten vor Augen und wählte aus ihnen die beste aus.

– Diese Auffassung der Möglichkeit liegt nicht so fern, aber es ist in ihr eines nicht bedacht: Real möglich sein heißt doch, daß alle Bedingungen, an denen ein bestimmtes Geschehen A hängt, erfüllt sein müssen. Wenn nur eine Bedingung fehlt, ist A unmöglich. Halten wir uns ein Beispiel vor Augen: An einem Abhang liegt ein rundlicher Felsblock, der nur noch durch irgendein Hemmnis vom Hinabrollen zurückgehalten wird. Viele Bedingungen für den Sturz des Steines sind also schon da, die schiefe Ebene etwa, die rundliche Form des Steines, seine Schwere usw. Es fehlt nur der Anstoß. Aber erst wenn ein solcher das Hemmnis überwindet, d.h. wenn alle Bedingungen erfüllt sind, dann ist es möglich, daß der Felsblock hinunterrollt. – Wenn aber alle Bedingungen für ein bestimmtes Geschehen A erfüllt sind, dann ist nichts anderes mehr möglich, als daß A auch wirklich eintritt. Das heißt aber, daß A notwendig geschehen muß. Wenn die Bedingungen der Möglichkeit in ihrer Totalität da sind, dann bilden sie zugleich Notwendigkeit. Das bedeutet keineswegs, daß Möglichkeit dasselbe ist wie Notwendigkeit. Aber Möglichkeit und Notwendigkeit sind aneinander gefesselt, und es tritt wirkliche Realmöglichkeit nur zusammen mit der Notwendigkeit auf.

Ein solcher Möglichkeitsbegriff tritt erstaunlicherweise schon in alter Zeit vor Aristoteles auf, der gegen ihn in seiner Metaphysik Stellung nahm. Es waren die Megariker, die der Ansicht waren, daß möglich überhaupt nur das Wirkliche sei. Aristoteles glaubte, die megarische These leicht widerlegen zu können, indem er sie in einem Beispiel paradox formulierte: Wenn ein Baumeister gerade nicht am Bauen sei, dann könne er auch nicht Baumeister sein. Ebenso müsse der Sehende oder der Hörende »des öfteren am Tage« blind und taub sein, nämlich dann, wenn er gerade nichts sehe oder höre. – Dagegen muß hier festgestellt werden: Natürlich bleibt ein Baumeister sehr wohl ein Baumeister, auch wenn er nicht baut. Aber damit ist noch nicht gesagt, daß er auch wirklich bauen könnte. Zum wirklichen »Bauenkönnen« sind vielmehr andere Realbedingungen erforderlich, z.B. ein Grundstück, Baumaterial, Arbeitskräfte usw. Der Baumeister kann also, realontologisch gesprochen, nur dann bauen, wenn er wirklich baut. – Aristoteles behält also gegen die Megariker unrecht. Trotzdem ist seine Auffassung von der Möglichkeit durch die ganze Geschichte der Philosophie gegangen, z. T. bis in das 20. Jahrhundert hinein, ebenso wie auch sein Begriff der teleologischen Naturforschung sich bis in das 17., ja sogar bis in das 19. Jahrhundert verfolgen läßt.

Es sei nochmals betont: Alles, was in dieser realen Welt möglich wird, wird auch wirklich, weil mit der vollständigen Möglichkeit auch schon die Wirklichkeit gegeben ist. Das klingt paradox, besagt aber ganz einfach das, was Leibniz im 17. Jahrhundert mit dem »Satz vom zureichenden Grunde« (principium rationis sufficientis) ausdrückte, daß nämlich alles, was geschieht, seinen zureichenden Grund hat, warum es so und nicht anders geschieht. Seinen zureichenden Grund haben, bedeutet die Totalität aller Bedingungen haben, und das heißt notwendig sein. Die bekannteste Formulierung des Satzes vom zureichenden Grunde ist wohl die Wolffsche: Nihil est sine ratione sufficiente cur potius sit quam non sit (nichts ist ohne zureichenden Grund, warum es eher ist, als es nicht ist).

Wenn man von hieraus noch einmal auf das Freiheitsproblem zurücksieht, erscheint es als besonders einleuchtend, daß Freiheit nicht auf einem Indeterminismus, nicht auf einem Offenstehen zweier oder mehrerer »Möglichkeiten« beruhen kann, sondern nur auf einer höheren Determination.

Wir stehen hier dicht vor dem Übergang zum ethischen Problem. Wir wollen, bevor wir uns ihm ganz zuwenden, noch einen Blick zurückwerfen auf die Stellung des Menschen in der Welt, die sich uns, wenn wir sie von der Gesetzlichkeit der Schichtung der Welt des Menschen aus betrachten, in einem ganz besonderen Lichte darstellt. Ganz anders nämlich ist das Verhältnis des Menschen zum Anorganischen als zum Organischen, und wieder verschieden ist seine Stellung zum Seelischen und zum Geistigen. Die Macht des Menschen ist da am größten, wo er dem Reiche des Physisch-Materiellen gegenübertritt, aus dem einfachen Grunde, weil diese Sphäre nur von einfachen allgemeinen Gesetzlichkeiten, etwa von der Kausalität und der Wechselwirkung, beherrscht ist. Das Anorganische ist kein Gegenspieler des Menschen, es kann keinen eigenen Willen gegen den seinen setzen. Der Mensch vermag die physisch-materielle Natur, wenn er nur ihre Gesetze kennt, zu beherrschen. Dieses Beherrschen sozusagen aus der höchsten Schicht, der geistigen, bedeutet nicht etwa eine Inversion des kategorialen Grundgesetzes, des Gesetzes der Stärke. Nur in Anpassung an ihre Gesetze ist die Herrschaft über die Natur möglich. Aber diese Gesetze kann sich der Mensch eben nutzbar machen. Es ist dem Wasser gleichgültig, ob es frei fällt oder Turbinen treibt.

Nicht so leichtes Spiel hat der Mensch schon mit dem Organischen. Er kann nicht einfach Gattungen und Arten umschaffen, sondern sie lediglich – auch hier nur in Anerkennung der Gesetze – in gewissen Grenzen umzüchten. Darauf beruht ein großer Teil seiner Lebensökonomik. Noch viel machtloser ist der Mensch gegenüber seiner eigenen organischen Natur, die er erst recht nicht umschaffen kann, weil er das höchstgezüchtete und daher am wenigsten variable Tier ist. Jedoch kann der Mensch seine körperlichen Fähigkeiten ausbilden. Wenn er die mühevolle Arbeit an sich selbst auf sich nimmt, dann vermag er die Leistungsfähigkeit seines Körpers weit über die natürliche Anlage hinaus zu steigern.

Wieder schwerer ist für den Menschen die Beherrschung des Seelischen. Für die Alten bedeutete die hohe Tugend der Besonnenheit (sophrosýne) diese Fähigkeit des sich selbst seelisch Beherrschens, das zur Folge hat, daß nicht die Triebe im eigenen seelischen Leben das Ausschlaggebende sind, nicht Lust oder Unlust, nicht das natürliche Begehren, sondern etwas, was darüber steht, das Schranken setzt und ordnet. Die Notwendigkeit einer solchen Selbstzucht wird jedem unmittelbar einleuchten.

Vor der schwersten Aufgabe steht der Mensch, wenn er es mit dem geistigen Sein zu tun hat. In dieser Region befindet sich der Mensch in der Menschengemeinschaft, in der er seinesgleichen als Gegenspieler hat. Nicht auf eine plan- und ziellose Natur stößt er hier, sondern auf einen Widersacher, der nach eigenen Zwecken handeln kann, der die Absichten des Gegners zu durchschauen und zu vereiteln sich bemüht. Auf diesem Gebiet ist das menschliche Ethos zu Hause. Auf die innere Einstellung, auf das Verstehen des andern kommt es an, keineswegs auf das Sichselbst-Durchsetzen. Wie die Ziele beschaffen sind, um derentwillen der einzelne seine Kraft, sein Streben, seine

Energie einsetzt, das spielt hier die Hauptrolle. Und gerade auf diesem Gebiet ist es dem Menschen am schwersten gemacht. Wie schwer, das kann man sich vielleicht vorstellen, wenn man sich vor Augen hält, was von einem Staatsmann verlangt wird, der als einzelner das fehlende Bewußtsein der Gemeinschaft repräsentieren muß. Keinen Augenblick kann ein Staat ohne seinen lenkenden und leitenden Willen bestehen. Wollte er seine Aufgabe vollkommen erfüllen, müßte er Übermenschliches leisten. Daß er das nicht vermag, daß er an die Grenzen des Menschlichen gebunden ist, erklärt, daß der Geschichtsprozeß nicht immer so sinnvoll, so vernünftig verläuft, wie wir uns das gern erträumen möchten.

Wir hatten oben als ein Charakteristikum der Realität herausgestellt, daß in ihr das Mögliche zugleich notwendig ist. Schematisch dargestellt, bedeutet das, daß sich die Sphäre der Möglichkeit und die der Notwendigkeit decken. Diese beiden Sphären müssen sich nicht decken. Es gibt auch andere Gebiete, z.B. das Reich der Werte, in denen sie (wie die Zeichnung zeigt) auseinanderklaffen. Aber Realität haben wir nur, wenn sie zusammenfallen.

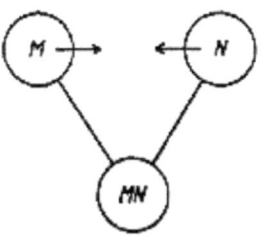

Das ethische Gebiet der Imperative, des Sollens, ist ein Bereich, in dem Möglichkeit und Notwendigkeit auseinanderfallen. Es ist ein Gebiet unvollständiger Realität. Man hat früher versucht, das Sollen als ein »bloß Mögliches« zu verstehen. Dem widerspricht aber, daß das Sollen gerade ein Hindrängen auf etwas ist, eine Nötigung, wenn man dieser auch zuwiderhandeln kann.

Wie wir an anderer Stelle gesagt haben, ist die Determination durch die Werte eine gebrochene; die Werte brauchen zu ihrer Verwirklichung ein reales und persönliches Subjekt. Das Auseinanderfallen von Möglichkeit und Notwendigkeit, auf dem die unvollständige Realität im Gebiet des Sollens beruht, stellt sich des näheren als ein Zurückbleiben der Möglichkeit hinter der Notwendigkeit dar. Die Möglichkeit im Sollen ist eine unvollständige. Es sind nur einige ihrer Bedingungen da, d.h. z.B., daß wir durchaus fähig sind, das Gute zu tun, daß wir aber, um es wirklich vollbringen zu können, noch unsere Leidenschaften, unsere Neigungen, unsere Triebe überwinden müssen, die der guten Tat im Wege stehen. Und das heißt: die Kette der Bedingungen, welche die Verwirklichung des sittlichen Wertes erst möglich macht, ist noch nicht vollständig hergestellt. Wenn ein Wert von uns seine Verwirklichung verlangt, fordert er die Verknüpfung der Bedingungskette bis zum Ende, d.h. er fordert zugleich die Ermöglichung des noch nicht Ermöglichten.

Das ethische Gebiet ist nicht der einzige Bereich unvollständiger Realität, auch das künstlerische Schaffen ist ein solches Gebiet. Wenn wir sagen: »Der Künstler schafft, er ist ein Schöpfer, er bringt etwas hervor!«, so ist damit nicht gemeint, daß er etwas in die Realität umsetzte. Wenn z.B. ein Bildhauer die Bewegtheit einer Gestalt in eine unbewegte Statue bannt, dann realisiert er die Bewegtheit nicht. Er kann die Statue nicht lebendig machen. Der Künstler schafft ein Reich, welches gar nicht darauf prätendiert, wirklich zu sein, uns als wirklich vorgetäuscht zu werden. Der Künstler braucht das, was er darstellen will, nicht zu realisieren, sondern nur erscheinen zu lassen. Während das

Sollen immer die Tendenz zur Verwirklichung hat, besteht das künstlerische Schaffen gerade in einer Entwirklichung. Sollen und künstlerisches Schaffen sind beide Gebiete unvollständiger Realität, d.h. die Möglichkeit ist getrennt von der Notwendigkeit. Im Gegensatz zum Sollen aber weist das künstlerische Schaffen kein Überschießen der Notwendigkeit über die Möglichkeit auf, sondern vielmehr ein Hinausgehen von dieser über jene. So wird die besondere, weite Freiheit im Reich der Kunst verständlich.

4. Ethik

Wir wollen das Ästhetische zunächst beiseite lassen und weiter in das Reich des Ethos eintreten. Die Grundfrage der Ethik lautet: »Was sollen wir tun?«. Auf den gleichen Inhalt zielt eine weitere Frage: »Was ist das Gute?«. Man hat in der Geschichte, nicht nur in der Philosophie, unendlich lange darum gestritten, was eigentlich das Gute sei. Von den zahlreichen Theorien, die sich um die Beantwortung dieser Frage bemühen, ist eine der ältesten der Eudämonismus. Er antwortet mit einem Schlagwort: »Die Glückseligkeit.« Damit sind wir aber noch nicht weitergekommen, denn man fragt sich sofort, worin denn diese Glückseligkeit bestehe. Sieht man in ihr etwa die Lust, so ist diese Antwort, wenn sie ein ethisches Prinzip sein soll, doch von sehr zweifelhaftem Charakter. Mit dem Ziel der Glückseligkeit, das sich der Eudämonismus setzt, wird eigentlich nur ein das ganze Seelenleben beherrschendes Naturgesetz ausgedrückt. Überall da, wo man überhaupt von einem Bewußtsein, von einer Seele sprechen kann, also auch schon beim höheren Tier, findet sich das Streben zum Glück. Aber diese Tendenz hat mit dem sittlichen Gebot der Ethik sehr wenig zu tun. Es kommt hier alles darauf an, worin man die Glückseligkeit sieht. Die vielen Systeme, die sich selbst als Eudämonismus bezeichnet haben, unterscheiden sich denn auch in ihren Anschauungen sehr. So meinten die Stoiker nicht eine im Lustgenuß bestehende Glückseligkeit, sondern einen Zustand der Vollkommenheit, zu dem sich der Mensch aus eigener Kraft erheben muß. Ein besonderes Charakteristikum dieses Zustandes war die Selbstbeherrschung, d.h. die Freiheit von den Affekten und Leidenschaften der eigenen Seele und die Unabhängigkeit, die Selbstgenügsamkeit (autárkeia) gegenüber allen äußeren Verhältnissen. Dieses Ideal, frei und bedürfnislos gegenüber der Außenwelt zu sein, ist zweifellos hoch und erstrebenswert, aber doch einseitig. – Epikur verstand die Glückseligkeit wieder anders, als Anteilhabe an allem, was schön, erhaben und sinnvoll ist, an allem, was uns das Leben mit Inhalt erfüllt und erhöht. Epikur griff mit seiner Definition schon die höchsten sittlichen Werte. An der Spitze stand ihm die Freundesliebe (philía), also ein hohes Ideal, das mit der Dekadenz des späteren Epikureismus, der auf eine Genußethik hinauslief, nichts zu tun hat. – Aristoteles hat wiederum einen anderen Begriff von der Glückseligkeit. Er definiert sie als die Energie der Seele, sofern sie sich auf die Tugend richtet. Die Tugend ist somit eine Anlage, die der Mensch braucht, um auf die sittliche Höhe zu gelangen. Und nicht das Kind in seiner Unschuld ist glückselig, sondern der erwachsene Mensch, der all der Konflikte Herr geworden ist, denen der Unvollkommene unterliegt. So sieht man, wie hinter dem, was man in alter Zeit Eudämonie nannte, sehr vieles stecken kann, sogar die höchsten sittlichen Werte. Diese hier aufgeführten Werte sind im Laufe der Zeit sichtbar geworden. Es gibt auch nicht nur die Glückseligkeitsmoral, sondern auch andere Moralen, z.B. die der Gerechtigkeit. Es sei denn, daß Eure Gerechtigkeit besser ist als die der Schriftgelehrten, so werdet Ihr nicht in das Himmelreich kommen – sagt Christus. Es gibt weiterhin eine Moral der Wahrhaftigkeit, die bis zum Fanatismus gehen kann, eine Moral der Reinheit und eine der Weisheit. Die Frage: »Was ist das Gute?« scheint so bei der Vielheit der bestehenden Moralen sehr schwer beantwortbar zu sein. Könnten wir vielleicht das Gute ermitteln, indem wir alle diese verschiedenen Werte zusammennehmen? – Platon hatte sich in der Tat Mühe gegeben, alles zusammenzufassen. Er kennt eine ganze Reihe von Tugendidealen, die an den Menschen herantreten: Tapferkeit, Selbstbeherrschung, Weisheit und über ihnen noch die Gerechtigkeit. Auch die letztere Tugend ist noch nicht die höchste; über allem thront die Idee des Guten, mit der offenbar etwas gemeint ist, das den anderen Werten gemeinsam ist. Worin nun aber darüber hinaus die Idee des Guten besteht, welchen Inhalt sie hat, läßt sich nicht sagen; das Gute läßt sich nicht anders bezeichnen als durch die Angabe der Tugendwerte, die es unter sich begreift. Es bleibt also nur übrig zu sagen, daß z.B. die Gerechtigkeit oder die Weisheit gut seien.

Gegenüber dieser wunderbaren, aber unfaßlichen Idee des Guten verlangt Aristoteles nun ein menschlich Gutes (anthrópinon agathón), das unseren Empfindungen entspricht und das uns sagt, was wir tun sollen. Und Aristoteles weiß, daß wir, um dieses menschlich Gute zu finden, einzelne Analysen im Hinblick auf die besondere Typik der Situationen, in welchen der Mensch steht, anstellen müssen. Wir haben weiter oben (S. 144ff.) schon eine Analyse der Situation vorgenommen. Ein von uns herausgestelltes Charakteristikum der Situation, das Freisein des Menschen in ihr, hat auch Aristoteles schon erfaßt und angeführt. Er hat es aber nicht begründen können. Er nennt es das »Bei-uns-Stehen«, d.h. es steht bei mir, so oder so zu handeln. Damit fällt das ganze Gewicht des ethischen Problems auf die Situation zurück, und zwar in der Weise, daß nicht ein einziger Wert allen Situationen entsprechen kann.

Wo der Mensch mitten im Leben steht, treiben ihn mannigfaltige und tiefe Leidenschaften. Diese können ihn, wenn er ihnen hemmungslos nachgibt, wenn er unmäßig wird, ins Verderben stürzen. Deshalb fordert Aristoteles die Tugend des Maßhaltens. Damit verbindet sich der antike Begriff der Besonnenheit (sophrosýne), des inneren Maßes, des sich nicht Abbringenlassens von dem, was wir tun sollen und tun müssen. Dieser Wert des Maßhaltens, der einem ganz bestimmten Typus von Situationen entspricht, tritt unseren Leidenschaften und Trieben gegenüber und gleicht Lust und Unlust aus. Er liegt in der Mitte zwischen zwei Extremen, zwischen der Zuchtlosigkeit nämlich, in der wir uns blindlings unseren Trieben überlassen, und der Gefühllosigkeit, dem Zustande eines Menschen, der keine Leidenschaften hat und daher nichts zu beherrschen braucht – der aber gewiß nicht der wertvollere ist. In anderen Situationen wieder gilt es, andere Werte zu verwirklichen, z.B. Tapferkeit, wenn sich etwas Bedrohliches oder Erschreckendes zeigt, oder eine gewisse Großzügigkeit, wenn es sich um den Umgang mit Geld handelt.

Wenn man sich nun das ganze Leben in Situationstypen zerlegt denkt, so muß jedem Typus ein bestimmter Wert entsprechen. So gelangt man von der Analyse des Lebens in Hinsicht auf die Situationstypen zu den sittlichen Werten oder den Tugenden. (Der in der Antike gebräuchliche Ausdruck für Tugend ist areté, was allerdings ursprünglich nur »Tüchtigkeit« bedeutete.)

Es entspricht nun eigentlich, wenn man dieses Verhältnis des näheren ausführt, jedem Situationstypus eine ganze Skala möglicher Verhaltensweisen, die zwischen zwei Extremen, zwei Schlechtigkeiten (kakíai), liegt. Der eigentliche Wert muß sich dabei offenbar in der Mitte zwischen den beiden Unwerten befinden, wie etwa die Tapferkeit in der Mitte zwischen Feigheit und Tollkühnheit stehen mag. Aristoteles weist eine große Anzahl von Tugenden auf, die immer ein »Mittleres« (mesótes) zwischen zwei Untugenden, einem Zuviel und einem Zuwenig (hyperbolé und élleipsis) sind, die Gerechtigkeit z.B. steht zwischen Unrechttun und Unrechtleiden, die Großzügigkeit im Umgang mit Geld und Besitz zwischen Kleinlichkeit und Vergeudung. Man geht jedoch an dem Sinn dieses Mittleren, dieser aurea mediocritas, vorbei, wenn man sie als »Mittelmäßigkeit« versteht. Die Tugend kann nicht (vgl. das [x] der Zeichnung S. 196) in derselben Dimension wie die beiden Unwerte liegen. Denn das würde bedeuten, daß sich eine Tugend nicht steigern ließe und daß man, sobald man die »Mittelmäßigkeit« verließe, in ein sittlich schlechtes Extrem, ein Zuviel oder Zuwenig, verfiele. Es leuchtet doch ein, daß es verschiedene Grade einer Tugend gibt, daß man Tapferkeit oder Gerechtigkeit in geringerem oder höherem Maße beweisen kann. Es muß also eine Tugend in sich zu steigern sein, ohne dabei ihren Wertcharakter zu verlieren und zur Untugend zu werden, Vielmehr muß die spezifische Wertqualität der Tugend dieselbe bleiben, ein Absolutes darstellen. Eine Stelle im zweiten Buch der Nikomachischen Ethik stellt nun auch in der Tat fest, daß nur der ontologischen Wesensbestimmung nach die Tugend ein Mittleres ist, »nach dem Gesichtspunkt des Besten aber und des Guten überhaupt«, also nach axiologischem Gesichtspunkt, ein Extrem. Das heißt also, nur in der Seinsdimension, der ja jede Handlung durch ihre bestimmte ontologische Beschaffenheit angehört, ist die Tugend ein Mittleres, in der axiologischen Dimension aber, in welche die Handlung fällt, sofern sie ethisch wertvoll ist, bildet sie ein Absolutes, ein Extrem, über das hinaus es kein Zuviel gibt.

In dem linken Schema zeigt sich dieses Verhältnis anschaulich. Die Horizontale stellt die ontologische Dimension dar, die vertikale die axiologische. Berücksichtigt man beide Dimensionen, so vollzieht sich der Übergang von dem einen Unwert zum anderen in der Form einer Parabel. Auf dem Kulminationspunkt der Parabel allein liegt die Tugend, über deren spezifischen Wertcharakter es kein Hinausgehen gibt.

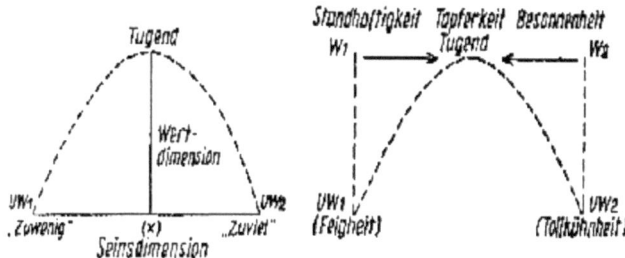

Betrachtet man diese Aristotelische Konzeption genauer, so ergibt sich noch folgendes: Hinter jeder Aristotelischen Tugend stecken in Wahrheit stets zwei Werte. Die Tugend ist nicht ein Wert im Gegensatz zu zwei Unwerten, sondern vielmehr eine Synthese zweier Werte; denn jedem Unwert liegt (wie die rechte Zeichnung verdeutlichen soll) ein Wert gegenüber. Erst in der Synthese der beiden Werte kann die Tugend liegen. So steht z.B. dem Unwert der Feigheit ein positives Moment, nämlich beherztes Ausharren, Standhaftigkeit, gegenüber, und im Gegensatz zur Tollkühnheit befindet sich die wertvolle bedachtsame Vorsicht, die Besonnenheit. Nicht das Standhalten allein und nicht nur bedachtsame Vorsicht machen die Tapferkeit aus, sondern erst beide zusammen. Das heißt offenbar: Vom Menschen wird mehr verlangt als ein isoliertes Wertmoment. Erst wenn sich im wirklichen Verhalten des Menschen eine Synthese ergibt, dann ist ein sittlicher Wert da. Die Besonnenheit (sophrosýne), um ein zweites Beispiel zu nennen, ist nur zu erreichen, wenn man der Zuchtlosigkeit gegenüber Beherrschung an den Tag legt, und wenn man außerdem im Gegensatz zur Gefühllosigkeit über die vollentwickelte Fähigkeit des emotionalen Reagierens, über ein ausgebildetes Affektleben verfügt. Ein weiteres gutes Beispiel für die von Aristoteles angestrebte Synthese bildet die Krone der Aristotelischen Tugenden, die megalopsychía, die Seelengröße. Aristoteles definiert den megalopsychós als denjenigen, der sich selbst großer Dinge wert erachtet, sofern er es auch wirklich ist. Erst in der Synthese von hohem sittlichen Sein und einem diesem entsprechenden hohen Selbstbewußtsein liegt diese Tugend. Ist in einem Menschen nur einer der beiden Werte vertreten, so ist er moralisch minderwertig – der sittlich Hochstehende, welcher der herabsetzenden Demut, dem – modern ausgedrückt – Minderwertigkeitsgefühl, das seine Leistungsfähigkeit notwendig schwächen muß, unterliegt, ebenso, wie der Anmaßende und Aufgeblasene, dessen sittliches Sein die Höhe der Selbsteinschätzung nicht rechtfertigen kann.

Bei den soeben angeführten Beispielen lassen sich zwei Werte zu einer Tugend vereinigen. Man vermag nun aber auch andere Beispiele aufzuweisen, bei denen zwei positive Werte in offenem Gegensatz zueinander stehen, so daß eine Vereinigung nur sehr schwer oder gar nicht möglich scheint. So steht zu der von Aristoteles gepriesenen berechtigten hohen Selbsteinschätzung, zum Stolz also, die Demut im Gegensatz. Allerdings löst sich hier noch das scheinbar antinomische Verhältnis bei näherem Hinsehen auf. Der richtig verstandene, berechtigte Stolz erfordert geradezu zu seiner Ergänzung eine richtig verstandene Demut, die der Mensch freilich nicht vor dem Menschen, wohl aber vor einem unerreichbaren Ideal sittlicher Vollkommenheit haben muß.

Bei anderen positiven Wertgegensätzen aber scheint es sich wirklich um eine Antinomie zu handeln; jedenfalls soll die Frage, ob es sich bei ihnen um echte oder nur scheinbare Antinomien handelt, noch zurückgestellt werden. Versuchen wir doch einmal, das Verhältnis von Gerechtigkeit und Nächstenliebe von der Warte eines hochdifferenzierten Wertgefühls aus zu erfassen! Die Gerechtigkeit – die an Normen und Gesetze gebunden ist – vermag letztlich doch nur die äußeren Verhältnisse des Menschen zu betreffen. Sie kann nicht bis in alle Lebenssphären des Menschen dringen; denn der Richter, der »die Person ansieht«, ist ungerecht. Deshalb stellten die Alten die Themis, die Hüterin des Rechts, mit verbundenen Augen, nur mit Waagschale und Schwert in der Hand, dar. Die Nächstenliebe dagegen greift in die Tiefen des Gemüts. Nichts darf zu klein oder zu geringfügig für sie sein. Sie sieht nicht nur die Tat, die äußeren Verhältnisse, sondern die Situation in ihrer ganzen Fülle und die Gesinnung des Handelnden. Deshalb wurde sie vom jungen Christentum so hoch geschätzt und über die Gerechtigkeit gestellt. Die Gerechtigkeit hat also im Gegensatz zur Nächstenliebe in sich ein wertwidriges Moment; sie kann erschreckend lieblos sein. Aber die Nächstenliebe steht offenbar nur auf gleicher Höhe, denn sie kann, wenn sie allein herrscht, etwa im Sinne einer Parteinahme, ihrerseits wieder die Gerechtigkeit verletzen. Da sich nun beide Werte auf dieselben Sachverhalte beziehen, müssen sie in Konflikt miteinander kommen. Sie bilden eine Wertantinomie.

Gleichfalls in einem antinomischen Verhältnis zueinander stehen die Werte der Lebensfülle und der Reinheit. Zweifellos ist der Wert der Fülle, den wir in dem Streben nach idealer, allseitiger Wertteilhabe und völliger ethischer Auswertung des Lebens, in der Weite des Wertsinnes und der inneren Haltung des allseitigen Geöffnetseins sehen können, ein hoher Wert. Etwas Ähnliches schätzen die Alten an der Weisheit (sophía), die für sie eine besondere Art der Weltnähe ausdrückte. Der Sinn der Weisheit wird noch besonders beleuchtet durch den lateinischen Terminus. In der sapientia ist der feine, differenzierte und kultivierte ethische Geschmack, eine bejahende Fühlungnahme mit allem, was wertvoll ist. – Wenn aber der »in der Fülle Stehende« alles aufnimmt und positiv wertet – auch das

Wertwidrige – so muß er notwendig gegen den Wert der Reinheit verstoßen, der in dem instinktiven Abweisen alles Wertwidrigen liegt. Die Reinheit, die eine hohe moralische Macht sein kann, die in der Isolierung und Abkehr von allem, was böse ist, liegt, muß unweigerlich verlieren, wer durch die tausend Konflikte und Schwierigkeiten des Lebens geht – wer schuldbeladen ist und dennoch den hohen Wert der Fülle besitzt.

Seit Nietzsche kennen wir noch eine große Wertantithese: die zwischen Nächstenliebe und Fernstenliebe. Der hohe Wert der Nächstenliebe, der eine natürliche Gebundenheit des menschlichen Strebens auf das Nächstliegende ausdrückt, ist noch eine zu eng gezogene Tugend. Die Nächstenliebe übersieht die Zukunft. Wenn wir das Wohl der künftigen Geschlechter im Auge haben wollen, wenn wir Lebenden uns für die Künftigen verantwortlich fühlen wollen, dann müssen wir auch die Nächstenliebe, die einst aus der Überwindung des Egoismus entstand, ihrerseits wieder durch die Liebe zum Fernsten überwinden. – Wir müssen den Wert dieser von Nietzsche neu geschauten Tugend anerkennen. Da wir aber nicht mit Nietzsche die Nächstenliebe verneinen können, so zeigt sich uns hier eine weitere Antinomie.

So stoßen wir im Ethischen auf große Schwierigkeiten. Das kann allerdings nicht verwundern, wenn man bedenkt, daß sich das Problem der Werte erst mit Nietzsche aufzurollen beginnt und daß man erst seit der verdienstvollen Arbeit Max Schelers zu Anfang des 20. Jahrhunderts einen auch nur begrenzten Einblick in das Reich der Werte hat. Noch immer gilt für uns Nietzsches Ausspruch: Wir wissen heute noch nicht, was gut und böse ist.

Als aktuelles Problem der Ethik ist uns auch das des »Wertrelativismus«, der schon bei den Sophisten aufgetaucht war, bekannt. Man versteht darunter das Phänomen, daß die Moral im Laufe der Zeit einem ständigen Wechsel unterworfen ist, so daß es eine Vielheit von Moralen gibt. Jede einzelne Moral glaubt dabei, die allein richtige zu sein und zu wissen, was das Gute sei. Meist beginnt die Reihenfolge der Moralen mit einer Tapferkeitsmoral, die im kriegerischen Jugendstadium der Völker herrscht und die sich aus der Notwendigkeit erklärt, sich den Nachbarvölkern gegenüber durchzusetzen. Wenn dann der innere Aufbau des Gemeinwesens eingesetzt hat, gelangen andere Werte zur Oberherrschaft, z.B. die Gerechtigkeit. Dann folgen vielleicht die Selbstaufopferung, die Nächstenliebe usf. Besonders auffällig ist der Wechsel der Moral im Verlauf von Revolutionen, z.B. der französischen, und im Zeitalter der Aufklärung überhaupt.

Schon aus diesem Phänomen ergibt sich, daß unsere Grundfrage nicht nur heißen darf: »Was ist das Gute?«, sondern auch: »Woran erkennen wir das Gute?«. Und woher nehmen die Werte, so müssen wir weiter fragen, das Recht, mit ihren gebieterischen Forderungen an uns heranzutreten, daß wir anders empfinden und handeln sollten als bisher? Maßen sie sich nicht eine Autorität an, die ihnen nicht zukommt? Sie haben doch selbst gar nicht die Macht, ihre Forderungen zu verwirklichen. – Es genügt nicht, diese Frage mit dem Hinweis auf Tradition und Konvention zu beantworten. Wenn der Mensch kritisch wird, dann müßte die auf solchen Überlieferungen beruhende Kraft der Forderungen der Werte schwinden. Und auch den Werten ein Fundament in Gottes Willen zu geben, hilft im Grunde wenig; wenn die Gebote, die Gottes Wille errichtet, dem Menschen nicht einleuchten, wird der Mensch ihnen nicht Folge leisten, sondern vielmehr gegen sie rebellieren. – Es ergibt sich: Wertprinzipien können nur dann über uns Macht gewinnen, wenn wir ihre Berechtigung selbst einsehen, wenn sie unserem Wertgefühl gerade so, wie sie fordernd an uns herantreten, berechtigt erscheinen. Das Wertgefühl ist also die entscheidende Instanz. Belehrung allein hilft auf dem Gebiet der Moral nicht; der Mensch ist hier nur belehrbar, wenn sein eigenes Wertgefühl dem, was ihn gelehrt wird, zustimmt. Belehrung kann dem Bewußtsein nichts aufdrängen, sondern nur aus ihm heraufholen, was in ihm bereits enthalten ist. Das heißt aber: Wertprinzipien können nur a priori eingesehen werden.

Veranlaßt aber wird diese apriorische Einsicht durch einen aposteriorischen Vorgang, nämlich dadurch, daß der Mensch im Leben auf die wertgetränkte Wirklichkeit, auf die Auswirkung der Wertprinzipien, stößt. Oftmals wird der Wert auch gerade in seinem Gegenteil, dem Unwert, erfaßt. So kann z.B. einem Schüler, wenn sein Mitschüler vom Lehrer ungerecht behandelt wird, der Wert der Gerechtigkeit aufgehen. In diesem Fall ist der Unwert gegeben, der Wert aber wird erschaut.

Nicht von jedem und nicht zu jeder Zeit freilich vermag ein Wert eingesehen zu werden. Vielmehr erfordern viele Werte ein hohes Reifestadium des Menschen, um dem Wertgefühl einleuchten zu können. So etwa die Nächstenliebe. Es gehört seelische Reife dazu, den natürlichen Egoismus, der an sich auch seinen Wert hat – wenn auch nicht einen sehr hohen –, zu überwinden und für andere Menschen so dazusein, daß man für sie nicht eine feindliche

Macht, sondern einen Wert bedeutet. Auch die Zuverlässigkeit (vgl. Nietzsche: Der Mensch ist das Tier, das versprechen kann, S. 150) ist ein hoher Wert, der dem Menschen nicht angeboren ist, sondern den er erst im Laufe der Zeit erwerben kann. Wenn der Mensch aber einmal einen Wert erfaßt hat, wenn er weiß, daß Treue, Zuverlässigkeit, Gerechtigkeit usw. wertvoll sind, dann kann er diese Werte nicht mehr vergessen. Und handelt er gegen sie, so belädt er sich mit Schuld, und sein Gewissen klagt ihn an.

Wir sprachen bisher von Werten schlechthin. Bei einem etwas tieferen Einblick in das Wertreich zeigt es sich, daß es mancherlei Werte gibt; wir kennen keineswegs nur sittliche Werte; nicht die Ethik allein hat mit Werten zu tun. Als einen niederen Wert kann man zum Beispiel den Lustwert ansehen, der sich schon bei den Tieren findet. Am gebräuchlichsten ist der Begriff des Wertes in der ökonomischen Sphäre. Werte sind dort vor allem die mannigfaltigen dinglichen Güter. Werte sind aber weiterhin auch die vitalen, sozialen und geistigen Güter aller Art. Unter diesen Gütern gibt es schon sehr hohe Werte, z.B. manche der Sachverhaltswerte, die in einem bestimmten Verhältnis von Gütern zu Personen bestehen. Der Rechtszustand etwa ist ein solches hohes Gut für jeden, der seine schützende Macht genießt. Den Gütern im allgemeinen ist charakteristisch, daß sie für jemanden gut sind. Die Güterwerte haben zwar ein Ansichsein, aber in diesem Ansichsein liegt eine doppelte Bezogenheit: einmal auf das Subjekt, für das sie gut sind, zum anderen auf das Ding oder überhaupt auf das reale Substrat, dem als Wertträger der Wertcharakter anhaftet. – Außer den Güterwerten gibt es noch die ästhetischen Werte. Über sie, insbesondere über ihre Einordnung in das Reich der Werte, sind wir noch sehr im unklaren.

Uns interessieren hier vor allem die sittlichen Werte. Auch sie bestehen an sich. Wenn wir an ihnen eine mehrfache Relativität feststellen, so ist das nicht etwa im Sinne des obenerwähnten »Wertrelativismus« zu verstehen, sondern lediglich als Bezogenheit, wie wir sie ja in ähnlicher Weise eben bei den Güterwerten konstatiert haben. Abgesehen davon, daß ein sittlicher Wert auch ein Güterwert für andere sein kann – z.B. die Treue des einen für den anderen, an dem sie geübt wird – liegt in den sittlichen Werten eine doppelte Bezogenheit. Sie sind einmal relativ (i. S. von Bezogenheit) auf eine Person als ihren Träger. Nur ein Wesen, das frei ist, das wollen, handeln, Zwecke setzen und verwirklichen, Gesinnungen hegen und Werte fühlen kann – nur eine Person also kann überhaupt sittliches Verhalten an den Tag legen. Zum anderen sind die sittlichen Werte bezogen auf eine Person als Objekt; denn jeder sittliche Wert ist der Wert eines Verhaltens; Verhalten aber ist allemal Verhalten gegen jemanden. In zweierlei Hinsicht ist also der sittliche Wert auf die Person bezogen; als (aktives) Subjekt und als (passives) Objekt.

Die sittlichen Werte haften also immer an Personen. Schon dadurch unterscheiden sie sich prinzipiell von den Güterwerten, die an Dinge und Dingverhältnisse geknüpft sind. Es läßt sich aber nicht vermeiden, auch die Güterwerte in den Kreis der sich auf die sittlichen Werte erstreckenden Betrachtung einzubeziehen. Es ergibt sich nämlich, daß alle sittlichen Werte auf Güterwerte oder Sachverhaltswerte fundiert sind. Schon wenn man sich wenige Beispiele vor Augen hält, leuchtet das ein. Das Verbrecherische am Diebstahl liegt doch darin, daß der Dieb Güter und nicht einfach Dinge entwendet. Der Wert der Ehrlichkeit beruht umgekehrt auf dem Respektieren der Güter der anderen. Die Ritterlichkeit, in der der Stärkere dem Schwächeren gegenübertritt, ist fundiert auf den Vorteil in bezug auf gewisse Güterwerte, die der erstere dem letzteren überläßt. Die Wahrhaftigkeit schließlich (sie ist nicht mit der Wahrheit zu verwechseln; diese ist lediglich Übereinstimmung des Gedankens bzw. unseres Verhaltens überhaupt mit dem Gedanken bzw. der Überzeugung) ist in gleicher Weise fundiert auf den Wert der wahren Aussage für die Person, der sie gemacht wird.

Bemüht man sich um dieses Fundierungsverhältnis eingehender, will man seine Gesetzmäßigkeiten ausfindig machen, so ist man versucht, nach ähnlichen Verhältnissen Ausschau zu halten. Man könnte vielleicht den Aufbau der realen Welt, den wir ja schon ausführlicher behandelt haben, und insbesondere die Schichtungsgesetze dem Aufbau des Wertreiches gegenüberstellen. Es zeigt sich jedoch, daß sich die Schichtungsgesetze, die in der realen Welt galten, im Wertreich nur in beschränktem Maße und sehr abgewandelt auffinden lassen. Drei Momente vor allem kann man ausmachen, die einen wesentlichen Unterschied des Verhältnisses von sittlichen Werten zu Güterwerten gegenüber den Beziehungen zwischen einer niederen und einer höheren Schicht der realen Welt herausstellen; sie legen klar, daß die sittlichen Werte den sie fundierenden Güterwerten gegenüber in viel höherem Maße autonom sind, als eine höhere reale Schicht gegenüber der niederen:

1. Die Güterwerte kehren in den sittlichen Werten nicht mehr wieder; erstere sind nur die Voraussetzung der letzte-

ren, ihre äußere Bedingung. Die Bedingung geht dabei nicht in das Bedingte über – auch nicht in abgewandelter oder durch ein Novum ergänzter Form. Sittlicher Wert und Güterwert bleiben für sich und einander gegenüberstehend. Wenn ich jemandem etwas Verlorenes nachtrage, so bleibt dieses für den Betreffenden ein Güterwert. Der sittliche Wert fällt mir zu, auch wenn ich den betreffenden Gegenstand abgebe – ja gerade deshalb.

2. Die Höhe des sittlichen Wertes einer Handlung ist unabhängig von dem Güterwert, auf den sich die Handlung bezieht. Der sittliche Wert steigt mit der Größe des Einsatzes, mit der Tiefe und Echtheit der Gesinnung, nicht aber mit der Höhe des Güterwertes. Man vermag für eine kleine Gefälligkeit sehr viel Mühe aufzuwenden, man kann aber auch ein großes Geschenk ohne die geringste Anstrengung machen. Der sittliche Wert der ersteren Handlung ist zweifellos größer. Das klassische Beispiel ist hier die biblische Geschichte vom Scherflein der Witwe.

3. Die Realisation des sittlichen Wertes ist unabhängig von der Realisation des Sachverhaltswertes. Wenn ich jemandem ein Liebeswerk erweisen will, so spielt es für die Realisation des sittlichen Wertes keine Rolle, ob es wirklich gelingt, ob der von mir beabsichtigte reale Sachverhalt auch wirklich zustande kommt. Entscheidend ist hier nur der Ernst meiner Absicht, die Tiefe meiner Gesinnung.

Das letzte hier angeführte Moment macht zugleich verständlich, weshalb Ethik nur als Gesinnungs-, nicht aber als Erfolgsethik möglich ist. Nur, wenn wir stets alle Mittel zur Realisation des intendierten Sachverhaltes zur Hand hätten, könnten wir den sittlichen Wert einer Handlung nach dem Erfolg bemessen. Einen Ausdruck der Gesinnungsethik finden wir schon bei Aristoteles: Die areté besteht in der héxis, der inneren Haltung gegenüber dem andern und der Energie, die ich für die Handlung aufwende.

Aus dem Fundierungsverhältnis der sittlichen Werte zu den Güterwerten ergibt sich eine weitere wichtige Konsequenz: Es gibt eine Art Ethik – auch die Kantische gehört dazu – nach welcher der Sinn der sittlichen Werte darin besteht, daß sie für die menschliche Handlung oberste Zwecke werden. Diese Zweckethik aber würde des näheren besagen, daß der sittlich Handelnde nicht auf eine andere Person, sondern auf sich selbst bedacht ist. Denn wenn die moralischen Werte die obersten Zwecke seiner Handlung ausmachen, dann bleibt doch nur die Bezogenheit auf sich selbst als denjenigen, der um dieser Werte willen handelt. Der wahrhaft sittlich Gute aber ist gerade nicht der Pharisäer, der sittlich handelt, um sich im Glanze dieses Wertes sonnen zu können. Er ist vielmehr derjenige, der zwar aus einer sittlichen Haltung heraus, nicht aber um dieser selbst willen sittlich handelt. Nicht um sein eigenes sittliches Sein ist es ihm zu tun, sondern um das ganze menschliche Sein des anderen. Dieses Sein des anderen – das leibliche sowohl wie das geistige – kann er nur fördern, wenn er sich um irgendwie für es wertvolle Sachverhalte bemüht. Das heißt:

Der sittlich Handelnde intendiert einen Güter- oder Sachverhaltswert.

Dieser ist der oberste Zweck der Handlung. Auf diese Handlung freilich fällt dann ein sittlicher Wert (Zeichnung) als Wert des Aktes und damit auch Wert der Person. Der sittliche Wert erscheint dabei – so hat Scheler dieses Verhältnistreffend ausgedrückt – »auf dem Rücken der Handlung«. – Es ergibt sich also aus dem Fundierungsverhältnis, daß in jeder Handlung streng unterschieden werden muß zwischen dem intendierten Wert – dem Güter- bzw. Sachverhaltswert – und dem Intentionswert – dem sittlichen Wert. Nicht, wer sittlich gut sein will, sondern wer einen guten Sachverhalt will, ist also sittlich gut. Kann man aus dieser Feststellung nun mit Scheler folgern, daß jede Intention von sittlich wertvollem Verhalten dem sittlichen Charakter dieses Wollens widerstreite? Diese Frage muß verneint werden. Die Schelersche Folgerung ist nicht absolut gültig. Jegliche Erziehung z.B. wäre unmöglich, wenn nicht sittliche Werte in gewissen Grenzen selbst intendiert werden könnten, wenn der Mensch das sittliche Gutsein nicht direkt zu erstreben vermöchte. Das Faktum der Selbstbemeisterung wäre unerklärlich, wenn wir uns nicht unsere Untugenden abgewöhnen und Tugenden, Fleiß, Pflichttreue, Ordnungsliebe, Verantwortungsbewußtsein usw. aneignen könnten. Freilich ist die Erstrebbarkeit sittlicher Werte ein Grenzphänomen. Nur in einigen Fällen des sittlichen Strebens werden sittliche Werte direkt erstrebt. Wenn das aber jemandem möglich ist, ohne daß er dabei der Gefahr der Selbstbespiegelung, des Pharisäertums unterliegt, so ist sein sittliches Verhalten sogar besonders hoch zu bewerten.

Ergibt sich aber nun aus dieser Einschränkung des Schelerschen Satzes von der Nichterstrebbarkeit der sittlichen Werte, so könnte man einwenden, nicht eine Aufhebung des Unterschiedes zwischen intendiertem Wert und Intentionswert? Dieser Einwand läßt sich leicht abwehren. Der

Erzieher, der seinen Zögling zu Opfermut und Hochherzigkeit erziehen will, ist doch nicht deswegen selbst in seinen pädagogischen Bestrebungen opfermutig oder hochherzig. Sind die an dem Zögling intendierten Werte Wahrhaftigkeit und Ehrlichkeit, so kommen sie doch nicht auch dem Intentionswert des Erziehers zu. Letzterer ist ein ganz anderer, in diesem Beispiel vielleicht Verantwortungsbewußtsein oder allgemeine oder persönliche Menschenliebe. Und ebenso ist, wenn ich einem sittlichen Idealbild nachstrebe, der Wert dieses Nachstrebens ein anderer, als der des Ideals selber. Für alle diese Fälle bleibt also das Gesetz der Nichtidentität von erstrebtem Wert und Wert des Strebens in Kraft. Das Schema auf S. 207 behält seine Gültigkeit. Es tritt nur an die Stelle des Güterwertes ein sittlicher Wert, d.h. intendierter Wert und Intentionswert sind nun beide sittliche Werte, allerdings nicht dieselben.

Sittliche Werte können also durchaus erstrebbar sein. Aber an einigen von ihnen findet die Erstrebbarkeit ihre Grenze. Es gibt z.B. individuelle Persönlichkeitswerte, die zwar fühlbar sind, die man aber mit allgemeinen Maßstäben gar nicht fassen und daher auch nicht strukturell greifen kann, so daß sie sich dem Streben der anderen entziehen. Dennoch die Persönlichkeitswerte einer fremden Person nachahmen zu wollen, bringt die Gefahr der Verfälschung des eigenen Wesens mit sich. Was für den einen ein Wert ist, kann für das ganz anders geartete Ethos des anderen ein Unwert sein. Überhaupt kann das Bewußtwerden eines Persönlichkeitswertes dessen Verfälschung nach sich ziehen, wie denn auch die Originalitätssucht als der Auswuchs eines Persönlichkeitskultes die Zersetzung eines ursprünglich Wertvollen bedeutet.

Wenn hier in den Persönlichkeitswerten eine Grenze der Erstrebbarkeit aufgezeigt wurde, so ist damit nicht gesagt, daß sich Persönlichkeitswerte nicht realisieren ließen; denn dann stünde es schlecht um das sittliche Wertvollsein der Person. Persönlichkeitswerte lassen sich nur nicht realisieren, wenn das Streben direkt auf sie zielt. Wenn aber eine Person aus allgemeinen und persönlichen sittlichen Motiven heraus Sachverhaltswerte intendiert, so realisiert sie dabei fortwährend Persönlichkeitswerte. Und wenn wir eben von den Gefahren der Nachahmung der Persönlichkeitswerte als solcher gesprochen haben, so berührt das nicht das im sittlichen Streben so wichtige Verhältnis der Nachfolge. Einem Vorbild nachzufolgen, ist sehr wohl ein Ding der Möglichkeit. Ein bekanntes Beispiel dafür ist auf religiösem Gebiet die imitatio Christi. Die Nachfolge kann sich aber nur auf allgemeine Werte der Persönlichkeit, auf Nächstenliebe, Gerechtigkeit, Wahrhaftigkeit usw., richten, nie auf die Persönlichkeit selber.

Ist nun bei den Persönlichkeitswerten die Realisation möglich, nicht aber die Erstrebbarkeit, so gibt es auch Werte, in deren Wesen es liegt, sich auch der Realisation zu widersetzen. Von solcher Art sind schon manche Güterwerte, wie Jugend, Unbefangenheit, Harmlosigkeit und in gewissen Grenzen auch Schönheit, Anmut und natürliche Grazie. Es ist im Wesen des realen Prozesses begründet, daß sich der Mensch nur von diesen Werten weg, nicht aber auf sie zu bewegen kann, und daß er sie nur, wenn er sie einmal hat, verlieren kann, aber nicht gewinnen, wenn sie einmal verloren sind. Und auch eine Reihe von sittlichen Werten sind vom Menschen weder erstrebbar noch realisierbar, z.B. Reinheit und Unschuld. Wenn diese Werte erst verloren sind, wenn der Mensch aus dem Stadium der Kindlichkeit und der Unerfahrenheit herausgewachsen ist, sind sie unwiederbringlich dahin. Man kann sich dann wohl nach ihnen sehnen, aber es ist weder möglich, sie selber zu intendieren, noch kann man sie durch Erstreben von Sachverhaltswerten realisieren. Das sittliche Verdienst kann bei solchen Werten nur im Bewahren liegen.

Etwas Besonderes hat es mit dem Glückswert auf sich. Er läßt sich wohl begehren und erstreben, aber nicht strebend erreichen. Es ist für die launische, ungreifbare Fortuna vielmehr charakteristisch, daß sie gerade den flieht, der nach ihr strebt, und sich dem zuwendet, der ihrer nicht achtete, sondern in Arbeit und Pflichterfüllung andere Ziele und Aufgaben verfolgte. Voraussetzung für das Glück ist die Glücksfähigkeit, die aber durch das leidenschaftliche Begehren des Glückes zerstört wird und gerade da am größten ist, wo das Glück jemandem unerwartet in den Schoß fällt. Die Glücksfähigkeit beruht auf einem richtigen Verhältnis zur Umwelt, wie es sich vielleicht im antiken Ideal des Weisen ausdrücken mag: in einer Empfänglichkeit, einem Offensein für die Fülle und den Reichtum des Wirklichen, für das Glück, das ja »immer da« ist.

Weiter oben hatten wir schon von dem synthetischen Charakter der aristotelischen Tugenden (S. 211) gesprochen und dann einige Wertantinomien herausgestellt. Aus diesen Erörterungen läßt sich offenbar erkennen, daß das vollkommene sittlich Gute nicht in einer einzigen Tugend liegen kann. Es läßt sich nun darüber hinaus noch feststellen, daß jeder sittliche Wert, wenn er in extremer Weise das Wertgefühl beeinflußt oder wenn er sich gar Alleinherrschaft anmaßt, in sich einen Unwertcharakter hervorkehrt, so etwas wie einen Widerhaken zeigt. Diese Erscheinung läßt sich verhältnismäßig häufig beobachten, denn jeder Wert hat, wenn er einmal Macht über eine Person gewonnen hat, die Tendenz, diese Macht weiter auszudehnen und sich zum Tyrannen des ganzen menschlichen Ethos aufzuwerfen. Das geschieht natürlich auf Kosten anderer Werte, auch derjenigen, die dem herrschenden nicht entgegengesetzt sind. Die Tyrannei der Werte zeigt sich schon in der Unduldsamkeit der einseitigen Moralen gegeneinander. Noch deutlicher aber tritt sie zutage, wenn eine einzelne Person von einem einzigen Wert ganz erfaßt ist. So kann z.B. in einem Menschen die Wahrhaftigkeit zur Alleinherrschaft gelangen. Der sich dann zeigende Wahrheitsfanatiker vergißt, daß zu große Offenheit aufdringlich und anmaßend sein kann. Er übersieht, daß man eine besondere Berechtigung haben muß, um jedem Menschen die Wahrheit sagen zu dürfen. Und er kann, wenn er wichtige Geheimnisse verrät, andere Werte verletzen, z.B. schweren Vertrauensbruch und Verrat begehen. – Es gibt weiterhin einen Fanatismus der Gerechtigkeit (fiat iustitia, pereat mundus). So sehr die Gerechtigkeit zu schätzen ist – im Extrem wird sie zum Widersinn, das strengste Recht ist das größte Unrecht (summum ius summa iniuria). – Wie es zu verstehen ist, daß auch solche Tugenden wie Tapferkeit, Großzügigkeit usw. zwischen zwei Extremen liegen, hatten wir schon oben (S. 195ff.) gesehen.

Bei einer solchen Sachlage scheint es sehr schwer, ja unmöglich zu sein, das Gute in einem Begriff zusammenzufassen oder gar mit einem Wert zu identifizieren. Platons Idee des Guten erwies sich für eine Bestimmung des menschlichen Verhaltens ungeeignet; denn sie war in ihrer

Eigentümlichkeit gar nicht faßbar. Auch die Bemühungen des Christentums, die Nächstenliebe als das schlechthin Gute, die Einheit der Tugenden anzusehen, müssen als unzulänglich bezeichnet werden. So sehr man die Nächstenliebe anerkennen muß – schon weil sie eine Gesinnungsethik zur Folge hat –, so wenig kann man leugnen, daß sie als oberste Tugend zu eng ist; ihr antinomisches Verhältnis zur Gerechtigkeit und zur Fernstenliebe haben uns darüber belehrt (S. 198ff.). Als den bedeutendsten Versuch, die Mannigfaltigkeit der Werte in einem Gesetz zusammenzufassen, können wir Kants kategorischen Imperativ ansehen, den er in seiner »Kritik der praktischen Vernunft« herausgearbeitet hat: »Handle so, daß die Maxime Deines Willens jederzeit zugleich als Prinzip einer allgemeinen Gesetzgebung gelten könnte!« Dieser Imperativ ist so allgemein gefaßt, daß er für alle Menschen und alle Situationen gilt. Nach Kant vermag ein echter kategorischer und autonomer Imperativ nur ein formales Gesetz zu sein. Der Wille dürfe, so war Kants Auffassung, keine inhaltlichen Bestimmungen erfahren, weil solche ja nur auf empirischem Wege ermittelt, von Dingen und Dingverhältnissen, die auf Grund natürlicher Triebe erstrebbar seien, hergenommen werden könnten. Der Wille müsse aber vielmehr durch die Vernunft, durch das Sittengesetz, durch das Prinzip des Guten, bestimmt werden, und das sei nur durch ein inhaltloses Gesetz möglich. – Diese Auffassung Kants, die auf einer Verkennung der wirklichen Rolle des Formalen in der Welt beruht, ist nicht anzuerkennen. Auch eine materiale Bestimmung des Willens braucht nicht aus der Erfahrung zu stammen, sondern kann apriorisch und autonom sein. So ist auch Kants kategorischer Imperativ gar nicht inhaltslos

– ein inhaltloser Imperativ könnte ja nichts gebieten, er wäre gar kein Imperativ –, sondern hat vielmehr zum Inhalt die Forderung einer Einstellung, von der man wollen kann, daß sie die Einstellung aller sei. Die große Allgemeinheit dieser Forderung ist es, die ihren rein formalen Charakter vortäuscht. Diese Allgemeinheit aber ist natürlich notwendig, wenn der Imperativ für alle Menschen und Situationen gelten soll.

Liegt nun aber nicht, so könnte man fragen, im kategorischen Imperativ, der doch für alle der gleiche ist, eine Uniformierung des Handelns und Wollens? Unterdrückt diese Forderung nicht den Wert der Persönlichkeit, der doch eben darin besteht, etwas Eigenes zu tun, was kein anderer tun solle und tun dürfe? In Absehung von jeder historischen Interpretation sei darauf entgegnet: Der kategorische Imperativ widerstreitet, streng genommen, nicht der Forderung nach einer Eigenart meines Wollens gegenüber dem der anderen, sondern schließt sie in sich ein. Denn das Gebot des Imperativs ist nur dann sinnvoll, wenn es sich wirklich auf völlig gleiche Situationen bezieht. Allein dann kann ich dasselbe wollen sollen wie jeder andere. Sind die Situationen aber verschieden, so muß auch die auf sie bezogene Maxime des Wollens verschieden sein – der Eigenart der Situationen und der in ihnen stehenden Menschen angepaßt. Das ist nun in der Tat auch der Fall, denn wie alles Reale voneinander verschieden ist, so gibt es auch nicht zwei völlig gleiche reale Situationen, wenn auch ihre Verschiedenheit nur darin bestehen sollte, daß die in ihnen stehenden Personen immer andere sind.

In neuester Zeit ist von O. F. Bollnow der einfachen Sittlichkeit, die sich auf einfache Gebote, wie etwa: »Du sollst nicht töten, stehlen, jemanden hintergehen« usw. beschränkt, ein von ihm sogenanntes »Hochethos« gegenübergestellt worden. Das Hochethos ist charakterisiert durch hochgespannte, radikale Forderungen, die zur Grundlage einer ganzen Moral werden. Zu ihm wäre vielleicht das antike Ideal des Weisen, insbesondere im Hinblick auf Sokrates, und das stoische Ideal der völligen Autarkie des Einzelnen zu rechnen, weiterhin die christliche Ethik, sofern sie die ideale Höhe einer strengen Interpretation der Gebote der Bergpredigt erstrebt, und die ritterliche Ethik des Mittelalters mit ihrer gewichtigen Forderung, für Schwache und Hilfsbedürftige einzutreten. Auch Nietzsches Ethik mit ihrem hohen Ideal der Fernstenliebe, die gegenüber der Nächstenliebe die Verantwortung für die kommenden Geschlechter verlangt, sowie mit dem Ideal der schenkenden Tugend wäre in diesem Zusammenhang zu nennen.

An Hand des Beispiels der schenkenden Tugend läßt sich nun eine Grenze der Kantischen Ethik zeigen. Die von Nietzsche neu geschaute Tugend bedeutet die überströmende Liebe des Überreifen, Gesegneten, Dankerfüllten, die er all denen, die hören und verstehen können, gibt, indem er ihnen von seinem geistigen Reichtum schenkt. Sie ist eine Tugend ohne Opfer; der Schenkende bedarf vielmehr des Nehmenden, er sehnt sich nach ihm. Sie vermittelt auch keine »nützlichen«, das Leben fundierenden Werte, sie ist eine unnützliche Tugend; und doch ist sie ein Leuchten über dem Leben, und doch bietet sie eine sinngebende Kraft, die den Geboten der einfachen Sittlichkeit abgeht. Für die schenkende Tugend gilt, was für die höchsten Werte überhaupt charakteristisch ist: Sie ist als Mittel wertlos, als Selbstzweck aber autonom. Der Menschen jedoch, die sie erfassen und anderen weitergeben können und die damit so etwas wie eine Sinngebung des Lebens zu schenken vermögen, sind immer nur wenige.

Von einer solchen Tugend kann man nicht wollen, daß jeder sie habe; sie steht jenseits des kategorischen Imperativs. Daß sie nicht in Kants rigoristische Forderung einzubeziehen ist, geht schon daraus hervor, daß Kant die Liebe, die in einer gewissen Form gerade auch Charakteristikum der schenkenden Tugend ist, verwarf und als »pathologisch« bezeichnete, weil sie aus dem páthos, dem Affekt stamme, also sinnlich bedingt sei. Im Gegensatz zur Liebe schätzt Kant die Achtung: Die Achtung vor dem Sittengesetz, dessen Urheber wir selbst kraft unserer Vernunft sind und vor dem wir uns beugen, auch wenn es den Neigungen widerspricht, ist die einzige moralische Triebfeder. Aus ihr entspringt wiederum die Achtung vor dem Mitmenschen, weil auch er das Sittengesetz gibt und zugleich unter ihm steht. Den Mitmenschen dürfen wir, so verlangt es das Sittengesetz, niemals bloß als Mittel, sondern immer nur zugleich als Zweck behandeln.

Sieht man als für das Hochethos wesentlich an, daß die höchsten und differenziertesten Werte in ihm vertreten sind, so ist der kategorische Imperativ ihm nicht zuzurechnen. Er betrifft nur die einfache Sittlichkeit. Da diese aber grundlegend ist, da sie der Mensch stets neu zu üben und zu beweisen hat – denn höhere sittliche Werte können letztlich nicht realisiert werden, wenn die elementaren verletzt werden – so kommt ihm große Bedeutung zu. Jede menschliche Situation, auch die geringfügigste, findet an ihm ihr Kriterium. Gerade die einfachen Tugenden, auf die er sich erstreckt, sind oft sehr schwer. Man denke dabei vielleicht an einige Werte des äußeren Umganges, auf die auch Aristoteles in der Nikomachischen Ethik eingeht: Nicht streitsüchtig sein, sondern dem anderen bereitwillig entgegenkommen, dabei aber auch das selbst als richtig Erkannte vertreten, und ein einfaches Sichgeben, eine Tugend der Geradheit, die Aristoteles als Wahrsein des äußeren Wesens (aletheúsis) bezeichnet.

Man könnte meinen, daß es ein Nachteil des kategorischen Imperativs sei, nicht von vornherein fertige Lebensregeln vorzuschreiben. Doch verweist dieser scheinbare Mangel gerade auf ein eminent positives Moment. So wird der Mensch nämlich gezwungen, in jedem Augenblicke schöpferisch zu sein und stets seine Handlungsweise von neuem zu überprüfen, damit er auch wirklich richtig handelt. Und diese Forderung nun ist ein so hohes Ideal, daß es niemals ganz erreicht werden wird. Das freilich bei jeder Moral der Fall; denn im Wesen der Moral liegt es, sich niemals ganz durchzusetzen. Denn auch, wenn ein sittliches Ideal in einem langen Geschichtsprozeß dem Menschen in seinem Wertgefühl klar bewußt geworden ist, wird es nicht immer angestrebt. Der Mensch sieht zwar oft das Gute, vermag es aber aus Schwäche nicht zu tun.

Mit den beiden letzten Sätzen berühren wir ein wichtiges Problem: Wie kommt es, daß der Mensch nicht nur den sittlichen Werten gemäß handelt, sondern auch Böses tut? Für die Alten, namentlich für Sokrates, lag das Abirren vom Pfade der Tugend allein in der Unwissenheit begründet. Keiner tut, so meinte Sokrates, das Böse um des Bösen willen. Nur Unwissenheit und Irrtum verleiten den Menschen, das Böse zu tun, indem sie nämlich ihm, dem immer ein

Gutes vorschwebe, das er erstrebt, das Böse für gut erscheinen lassen. Daraus folgt, daß Tugend soviel wie Wissen ist und gelehrt werden kann. – Gegenüber dieser antiken Ansicht war es vor allem das Christentum, das darauf hinwies, daß es mit dem Wissen um das Gute noch nicht getan sei, daß es vielmehr eine verführende Macht gebe, die den Menschen auch wider besseres Wissen zum Bösen verleite. Wenn man nun einerseits diese Tendenz zum Bösen, welcher der Mensch unterworfen ist, in der menschlichen Natur selbst begründet sieht, wenn man andererseits aber auch den Menschen für fähig hält, dem Sittengesetz Folge zu leisten, ja, es selbst hervorzubringen, dann wird dieser zum Kampfplatz zweier Mächte, der Natur- und der Sittengesetzlichkeit oder, wie Kant es ausdrückte, der Neigung und der Pflicht.

Worin besteht aber nun das Gute, wodurch unterscheidet es sich vom Bösen? Mit dieser Frage kehren wir zu unserem Grundthema zurück. Könnte man hier nicht im Sinne von Kant sagen, die Pflicht, also das Gute, richte sich auf sittliche Werte, die Neigung aber, also das Böse, auf Güterwerte? Eine solche Definition wäre offenbar unzulänglich. Wenn wir nämlich das Gute als die Teleologie des sittlichen Wertes, also als das Handeln um des kategorischen Imperativs willen, bezeichneten, würden wir doch gegen Schelers Gesetz von der Nichtintendierbarkeit der sittlichen Werte verstoßen, das auch wir in gewissen Grenzen anerkennen mußten. Die sittliche Intention richtet sich zunächst meistens nur auf den Güter- bzw. Sachverhaltswert. – Auf Grund dieser Feststellung vermag man sich wiederum versucht fühlen, die Bezeichnung »sittlich gut« den Akten zuzuschreiben, die auf Werte gerichtet sind, böse aber die Akte zu nennen, die auf Unwerte gehen. Das Gute wäre dann die Teleologie des Wertes, das Böse die Teleologie des Unwertes. Doch auch diese Vermutung läßt sich nicht halten. Der Mensch erstrebt nämlich nie das Böse als solches. Es liegt in seinem Willen wesenhaft begründet, daß er sich nicht auf das Wertwidrige um des Wertwidrigen willen richten kann. Niemand tut das Böse um des Bösen willen – diese Ansicht des Sokrates dürfte bis heute noch nicht zwingend widerlegt sein. Wenn der Mensch wertwidrig handelt, dann tut er es nur, um etwas anderes Wertvolles dafür zu erlangen. Der Dieb begehrt doch auch einen Güterwert, intendiert also etwas Wertvolles. Selbst dann, wenn jemand sich über einen anderen lustig macht, ihm einen Streich spielen will, oder wenn jemand dem Unglück des anderen gegenüber Schadenfreude an den Tag legt, tut er das um eines Wertes willen, in diesem Beispiel etwa um des Vergnügens oder eines gewissen Überlegenheitsgefühls willen. Er verletzt dabei allerdings zugunsten der niederen Werte höhere. Aber der Mensch ist kein satanisches Wesen; er richtet nicht sein Ziel unmittelbar auf das Böse. Er tut nur Böses, indem er beim Erstreben eines Wertes einen anderen, einen höheren, verletzt. Es ist bei ihm also gerade umgekehrt wie bei der Vorstellung vom Satan, der »stets das Böse will und stets das Gute schafft«.

Die Vorstellung von einer bösen realen Macht, die in die Geschicke der Welt eingreift, ist im Laufe der Geschichte des öfteren aufgetreten, zum erstenmal in dem Dualismus der altpersischen Religion. Der Weltprozeß bestand hier in dem Kampf der zwei Grundprinzipien dieses Weltbildes, des guten und des bösen. Eine maßgebende Macht sieht vor allem auch Kant im Bösen. In seiner Schrift »Die Religion innerhalb der Grenzen der bloßen Vernunft« spricht er von dem radikal Bösen. Er hat es sich zwar nicht personifiziert gedacht, hat es aber doch als natürlichen Hang im Menschen angesehen, als eine starke Macht, die mit menschlichen Kräften nicht zu tilgen ist. – Wissenschaftliche Ethik freilich muß eine solche Vorstellung vom Bösen ablehnen. Was man früher als böse angesehen hat, z.B. die natürlichen Triebe des Menschen, müssen wir als durchaus wertvoll anerkennen. Wertwidrig werden diese Triebe nur dann, wenn der Mensch ihnen Alleinherrschaft einräumt, und wenn sie von ihrer natürlichen Richtung abweichen. Der Sinn des Guten, so ergibt sich aus dem oben Gesagten, wird offenbar deutlich, wenn man ihn auf eine Mannigfaltigkeit von Werten bezieht. Dieser begegnen wir ja auf Schritt und Tritt. In jeder ethischen Situation stehen sich mindestens zwei Werte einander gegenüber. Die Entscheidung des Menschen kann aber nie zugunsten aller Werte ausfallen; wenn er einen (bzw. einige) intendiert, muß er den anderen (bzw. andere) verletzen. Innerhalb dieser Entscheidungsmöglichkeiten – so können wir jetzt feststellen – bedeutet das Gute immer das Vorziehen des höheren Wertes, das Böse das Vorziehen des niederen. Man kann also das Gute auch als die Teleologie des höheren Wertes bezeichnen.

Es wird einleuchten, daß es bei solcher Sachlage von ungeheurer Wichtigkeit ist, die Rangordnung der Werte zu kennen. Nun haben wir keineswegs schon einen tieferen, klaren Einblick in das Wertreich gewinnen können. Wir wissen nur, daß es sehr kompliziert aufgebaut ist und mehrere Dimensionen hat. Daher ist das nebenstehende Schema, das eine Ordnung der Werte aufzeigen soll, nur als ein sehr grobes und unvollständiges anzusehen. Die Bemühungen um eine Feststellung der Höhenordnung der Werte befinden sich erst in ihrem Anfangsstadium. Die ästhetischen Werte vermag man z.B. noch gar nicht einzuordnen. Ist unsere Vorstellung von der Ordnung des gesamten Wertreiches bisher nur eine sehr vage, so ist unsere Kenntnis von der Rangordnung im spezielleren Gebiet der sittlichen Werte gleichfalls noch unsicher. Wir sahen bisher nur, daß über den Geboten der einfachen Sittlichkeit sich noch andere Werte erheben, die Fernstenliebe etwa oder die schenkende Tugend und die individuellen Persönlichkeitswerte. Wie soll der Mensch nun bei seiner Unkenntnis der Höhenordnung der Werte die an ihn in unzähligen Situationen herantretende, Entscheidung verlangende Frage lösen, welcher Wert der höhere ist? An der richtigen Beantwortung dieser Frage hängt überhaupt die Möglichkeit einer sittlich guten Handlungsweise. In jeder ethisch relevanten Situation steht der Mensch vor der Aufgabe, einen Wertkonflikt zu lösen, in jeder Situation muß er sich immer wieder neu zu einem ganz bestimmten Wert entscheiden. Das Problem wird auch dadurch noch besonders schwierig, daß, wie wir schon sahen, manche Werte schon an sich zueinander im Widerspruch stehen, wie etwa Liebe und Gerechtigkeit (S. 199). Es liegt auf der Hand, daß die hier notwendigen Entscheidungen nicht in intellektualistischem Sinn auf dem Wege einer Überlegung gefällt werden können, sondern vielmehr spontan aus dem Wertgefühl kommen müssen. Nicht auf Grund einer Reflexion zieht der Mensch den einen Wert zuungunsten des anderen vor; sein Wertgefühl sagt ihm, welches der höhere Wert ist. Wie das geschehen kann, das ist das innerste Geheimnis des Wertgefühles.

Es war wiederum Max Scheler, der im Zuge seiner Bemühungen um eine Ermittlung von Kriterien der Werthöhe auf ein sehr wichtiges, im Wertgefühl des Menschen begründetes Kennzeichen für die Werthöhe hinwies: Der höhere Wert ist der, dessen Realisierung mit der tieferen Befriedigung verbunden ist. Die Befriedigung durch materielle Güter z.B. bleibt immer an der Oberfläche, wenn sie auch noch so intensiv sein mag. Die Befriedigung im ästhetischen Genuß dagegen geht in die Tiefe, auch wenn sie nur eine sehr feine, unwägbare ist. Die »Tiefe der Befriedigung« ist von ihrer Stärke unabhängig; sie ist so etwas wie eine innere Zustimmung. – Die für unsere sittlichen Entscheidungen so überaus wichtige, immer wieder neu zu entscheidende Frage nach der Höhe der einzelnen Werte im Verhältnis zueinander wird in uns also durch dieselbe Instanz und deren Fähigkeit, Werte und Unwerte zu scheiden, ermöglicht: durch das Wertgefühl. Wir haben ein unmittelbares Gefühl dafür, was wertvoller und was geringer an Wert ist. Man könnte das auch einen »axiologischen Höhensinn« nennen. Scheler bezieht sich in seinen Äußerungen über dieses Gefühl auf das Wort Blaise Pascals vom »ordre du coeur«. Einem ähnlichen Gedanken verleiht auch der holländische Philosoph Hemsterhuis [1721-1790] mit seinem Begriff des »organe morale« Ausdruck.

Das Wertgefühl ist also die Instanz, an die sich die Werte mit ihrer Forderung, der Mensch solle anders sein, als er ist, wenden. Ist das Wertgefühl erst einmal so weit aufgeschlossen, daß es einen Wert erfaßt hat – nicht von vornherein ist das der Fall, wir sahen schon, daß zum Begreifen vieler Werte seelische Reife erforderlich ist –, dann setzt es sich für ihn ein; das Wertgefühl wird dann durch den Wert determiniert. Der Wille aber muß diesem vom Wertgefühl eingesehenen Wert gegenüber frei sein, damit seine Entscheidungen sittlich sein können. – Das Wertgefühl ist das einzige Organ, das uns mit den Werten verbindet und uns ein Kriterium für sie und ihre Höhenunterschiede gibt. Eine Rangordnung der Werte aus der Beurteilung abzuleiten, die sie im Laufe der Geschichte erfahren haben, ist nicht möglich. Die Einstellung zu den einzelnen Werten ist, historisch gesehen, in steter Wandlung begriffen. So kann die Wertskala, an der wir das Verhältnis der Höhe der Werte zueinander abmessen, nur unserem eigenen Wertgefühl entnommen werden. Dieses aber beruht, wie wir schon früher (S. 203) erwähnt haben, auf apriorischer Grundlage. Ein Wertgefühl und ein in ihm enthaltener Maßstab sind überhaupt Voraussetzung für die sittlichen Phänomene und können deshalb nicht empirisch entstehen. Der apriorische Charakter des Wertgefühls zeigt sich auch deutlich an dem Phänomen des Gewissens, das ja auf das Wertgefühl zurückgeht, in dem sich das Wertgefühl in einer ursprünglichen Art und Weise Geltung verschafft. Diese Stimme, die da warnt und nach vollbrachter Tat richtet, verurteilt, Schuldbewußtsein hervorruft – im Gegensatz zu der empirischen Handlungsweise des Menschen und seiner natürlichen Selbstbejahung –, kann es nicht anders geben als apriorisch. Das Gewissen stellt doch eben Forderungen, zeigt Ideale auf im Gegensatz zur Erfahrung; es verlangt von uns, wir sollten anders sein, als wir bisher waren. Daß sich aber das Gewissen wie das Wertgefühl erst mit der Zeit entwickelt, ist weder Einwand dagegen, daß die Werte an sich bestehen, noch dagegen, daß sie apriorisch erfaßt werden. Auch die mathematischen Verhältnisse erkennt man nicht ohne Schulung, ja, mancher begreift sie nie, und doch bestehen sie an sich und werden apriorisch erschaut. Auch die dem Nichtbegreifenkönnen der mathematischen Gesetze entsprechende Wertblindheit spricht nicht gegen, sondern eher für das Ansichsein der Werte. Die Wertblindheit ist nichts anderes als das Fehlen des Wertgefühls für bestimmte Werte. Eine solche Blindheit oder wenigstens Stumpfheit gegenüber gewissen Werten kann leicht dadurch hervorgerufen werden, daß der Mensch ein bestimmtes Vergehen häufig wiederholt. Er verdunkelt sich dadurch den Blick für den verletzten Wert. Es gibt aber auch umgekehrt ein Schärfen und Üben des Wertblicks. Das Wertgefühl kann so viele und so feine Nuancen unter den Werten feststellen, daß die Sprache gar nicht in der Lage ist, alle zu benennen. Schon Aristoteles kannte solche »anonymen« Werte.

Wenn wir oben das Gute als die Teleologie des höheren Wertes bezeichnet haben, so ist damit offenbar noch nicht alles gesagt. Wenn wir nämlich aus dieser Feststellung den Schluß ziehen wollten, daß wir, um sittlich gut zu sein, unter allen Umständen den höheren Wert anstreben müßten, so würde das zu unhaltbaren Konsequenzen führen. Es ist in vielen Fällen auch erforderlich, den niederen Werten den Vorzug zu geben; denn sie sind als die fundamentaleren und stärkeren, die für uns existenznotwendig sind, die Bedingungen der höheren. Wer nicht in der Lage ist, sich das nackte Leben zu erhalten, kann auch nicht höhere Werte erlangen. Wer hungern und frieren muß, kann sich nicht an geistigen Werten erfreuen. – Der Forderung, den höchsten Wert zu wählen, steht die Tatsache gegenüber, daß die Verletzung der niederen Werte das schwerere Verbrechen ist. Jemanden seines Lebens zu berauben, ist das schwerste aller Verbrechen, und die Mißachtung des fremden dinglichen Eigentums wird schwerer geahndet als der Diebstahl an geistigem Eigentum. Diese Einschätzung erscheint uns berechtigt, weil die niederen Werte, wenigstens im allgemeinen, die Fundamente, die Bedingungen für die höheren bilden. Mit dem Sturz der niederen Werte werden auch die höheren vernichtet.

Nicht nur die höheren Werte fordern also, bevorzugt zu werden, sondern auch die niederen. Die ersteren verlangen die Bevorzugung auf Grund ihrer besonderen Höhe, die letzteren auf Grund ihres fundamentalen Charakters, ihrer »Stärke«. Beide Vorzugstendenzen prätendieren darauf, die Antwort auf die Frage: »Was ist das Gute?« zu sein. So entrollt sich hier vor uns eine Antinomie im Wesen des Guten selbst. Sie läßt sich bis in die Typik der im Verlauf der Geschichte aufgetretenen Moralen verfolgen: Ein Typus der Moral bevorzugt den niederen, aber stärkeren, grundlegenden Wert, z.B. die Gerechtigkeit, die Beherrschung, die Entsagung oder die Reinheit. Der zu ihm im Gegensatz stehende Typus stellt den höheren Wert an die Spitze, etwa Weisheit, Fülle, Treue, Liebe oder sittliche Größe.

Mit dieser Antinomie stehen wir zugleich vor der gewichtigen Frage, wofür wir uns nun letztlich entscheiden sollen: für die Tendenz zum höheren oder zum niederen Wert? Sind die höheren Werte wichtiger oder die niedrigeren, stärkeren? Es leuchtet ein, daß diese Frage nicht mit einem Entweder-Oder beantwortet werden kann, sondern daß die ihr zugrunde liegende Gegensätzlichkeit mit einer Synthese überbrückt werden muß. Und diese ist verhältnismäßig leicht aufzufinden. Denn es stellt sich heraus, daß die Gegensätzlichkeit keine schroffe ist, daß sie, streng genommen, gar nicht besteht. Die niederen Werte verlangen nämlich nicht so sehr ihre Realisierung, da sie ja meistens schon da sind, wie z.B. die Ordnung, in der wir leben, sondern vielmehr ihre Erhaltung, ihr Nichtverletztwerden. Es wird also eine Tendenz von den niederen, d.h. schwerer ins Gewicht fallenden Unwerten weg oder, wie man auch sagen könnte, eine Ateleologie der niederen Unwerte gefordert. Mit dieser Forderung, die sich meist in einer Gebots- oder Verbotsform äußert, läßt sich aber die der positiven Teleologie des höheren Wertes vereinen. Die Tendenz von den größeren Unwerten fort widerspricht nicht dem Streben zu den höheren Werten hin. Beide Tendenzen ergänzen vielmehr einander. Die niederen Werte sind nun einmal die Fundamente der höheren – auch in der Sittlichkeit. Es spricht eine grelle Dissonanz aus einer Person, die höhere moralische Werte besitzt, aber niedere dauernd verletzt. Obgleich ein solcher Mensch Tugenden hat, glaubt man sie ihm nicht, sie erscheinen unecht. Der höhere Wert wird eben sinnlos, hohl und ungediegen ohne das Fundament des niederen. Und daraus ergibt sich nun schon die Forderung, daß wir neben dem Streben nach den höchsten Werten auch das Fundament der niederen Werte nicht vernachlässigen dürfen. Echte Sittlichkeit verlangt Gediegenheit von unten auf, stete Arbeit an den Grundmauern. Und wie einerseits ein wahres ethisches Verhalten unmöglich ist, das sich allein um die Realisierung der höheren Werte bemüht, so ist andererseits das moralische Leben beschränkt und armselig, wenn es in dem begrenzten Kreis der niederen Werte gefangen bleibt. Das Verhüten der Vergehen gegen niedere Werte bekommt überhaupt erst Sinn, wenn es sich mit dem Erstreben der höheren Werte vereint. Niedere Werte sind lediglich die sittentragenden, die höheren erst die sinngebenden. Was wäre denn das Leben ohne diese höchsten Werte, ohne die Fernstenliebe etwa, die schenkende Tugend, die Liebe oder die Weisheit und die Fülle?! Sinn bekommt es eben durch ein allseitig offenes Wertgefühl, durch einen sich auf alles richtenden, alles liebenden und verstehenden Blick. Glanz und Glück erhellt es durch das tiefe Verständnis des »in der Fülle Stehenden« für den anderen Menschen. Der Verstehende bereichert sein Leben, indem er den anderen in seiner Ganzheit in sich aufnimmt, und der Verstandene erfährt eine Art Sinngebung des Lebens, wenn er sich ganz begriffen fühlt.

Das Gebot, die niederen Werte nicht zu verletzen, ist also genauso sinnvoll wie die Forderung, die höheren Werte zu realisieren. Die Tendenz zur Bevorzugung des niederen Wertes steht nicht im Widerspruch zur Tendenz zur Bevorzugung des höheren, sondern ergänzt vielmehr diese. Daraus läßt sich für die Struktur der Rangordnung im Wertreich entnehmen, daß diese in gewissem Sinne eine doppelte ist – oder besser gesagt, eine doppelseitige oder doppelsinnige. Zieht man nun in Rechnung, daß jedem Wert ein Unwert gegenübersteht, daß also an jedem Wert schon eine ganze Skala hängt, so läßt sich die doppelsinnige Rangordnung wie folgt verstehen: Es ist nicht so, wie man zuerst vielleicht glauben könnte und wie es das linke Schema (s.u.) zeigt, daß mit dem Steigen der Werte auch die ihnen entsprechenden Unwerte zunähmen, d.h. weiter nach unten rückten. Vielmehr sieht die Wertskala so aus (Schema rechts), daß mit dem Zunehmen der Werthöhe die

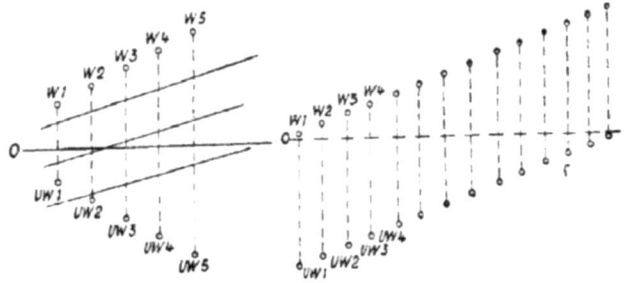

Unwerte geringer werden, dem Nullpunkt, dem Indifferenzpunkt, näherrücken. Den niederen Werten entsprechen also schwerwiegende Unwerte, den höheren Werten geringfügigere Unwerte. Und das bedeutet: Dem größeren Verdienst bei der Erfüllung eines höheren Wertes entspricht bei seiner Mißachtung, seiner Übertretung, ein geringfügigeres Vergehen. Der schwereren Schuld, die man mit der Verletzung eines niedrigeren, aber stärkeren Wertes auf sich lädt, entspricht bei der Erfüllung dieses Wertes ein geringeres Verdienst. Wenn es also z.B. höchste Wertschätzung verdient, die Werte der Fernstenliebe, der schenkenden Tugend oder der idealen Liebe realisiert zu haben, so ist ihre Nichterfüllung nicht einmal ein moralisches Vergehen zu nennen; man kann diese Tugenden gar nicht von jedem verlangen. Und ist der Mord das schwerste Verbrechen, so ist es hingegen kein Verdienst, wenn man das Leben des Mitmenschen respektiert.

Wir haben oben aufgezeigt, wie eine Synthese der beiden die Antinomie im Wesen des Guten ausmachenden Momente, nämlich der unbedingte Anspruch der höheren sowohl als auch der niederen Werte, bevorzugt zu werden, denkbar ist. Es bleibt uns noch übrig, nach einer Lösungsmöglichkeit des antinomischen Verhältnisses zwischen zwei bestimmten Werten, z.B. zwischen Lebensfülle und Reinheit, Nächstenliebe und Gerechtigkeit und Fernstenliebe und Nächstenliebe Ausschau zu halten. Wir hatten weiter oben (S. 198ff.) dieses Problem der Wertantinomie schon berührt. Betrachtet man nun das hier bestehende Verhältnis näher, so findet man, daß in den beiden Gliedern einer solchen Wertantinomie nicht nur reine Werte enthalten sind, sondern daß immer hintergründig in ihnen Unwertmomente stecken. Wir haben schon festgestellt, daß z.B. die Gerechtigkeit lieblos, eiskalt sein kann, und daß umgekehrt die Liebe völlig ungerecht zu sein vermag. Was Christus an der sich lediglich an den Buchstaben hal-

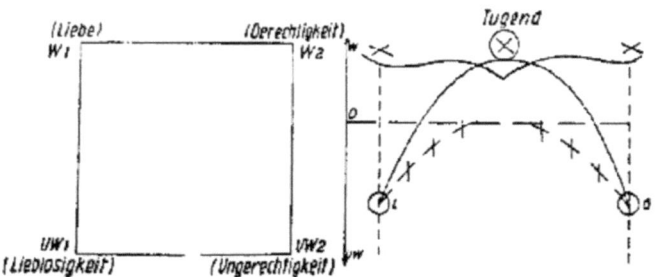

tenden Gerechtigkeit auszusetzen hatte, war doch eben das in ihr enthaltene Unwertmoment der Lieblosigkeit.

Die Wertantinomie läßt sich schematisch in einem Quadrat der Werte darstellen.

Beide Werte (Liebe und Gerechtigkeit) stehen sich in antinomischem Verhältnis gegenüber. Die diesen beiden Werten entsprechenden Unwerte (Lieblosigkeit und Ungerechtigkeit) bilden die beiden anderen Eckpunkte des Quadrats; sie stehen aber nicht im Gegensatz zueinander, sondern lassen sich sehr wohl vereinen. Wer ungerecht ist, kann auch lieblos sein, ist es sogar sehr oft. Dieses Verhältnis der Unwerte zueinander ist auffällig. Wir finden es nicht etwa bei allen Werten.

Nehmen wir eines von den Beispielen, die wir bei der Erörterung der Aristotelischen Theorie erwähnt hatten, etwa die Gerechtigkeit. Hier mußten wir doch gerade erkennen, daß die Tugend ein »Mittleres« zwischen zwei im scharfen Widerspruch stehenden, miteinander nicht zu vereinbarenden Untugenden (Feigheit und Tollkühnheit) war.

Wir hatten beim weiteren Eindringen in die Aristotelische Theorie dann auch schon festgestellt, daß die Tugend weniger ein Mittleres zwischen zwei Untugenden, als vielmehr eine Synthese zweier Tugenden war. Das Schema der Aristotelischen Wertgegensätzlichkeit (S. 196 rechts) läßt sich durchaus mit unserem eben gezeichneten Quadrat der Werte in Deckung bringen. Beide Perspektiven der Wertgegensätzlichkeit unterscheiden sich nur dadurch, daß das Verhältnis zwischen Wert und Wert und Unwert und Unwert in ihnen ein umgekehrtes ist. Bei Aristoteles ließen sich die beiden Werte miteinander vereinen, die Unwerte aber waren antithetisch; in dem von uns zuletzt gezeichneten Schema waren die Werte gegensätzlich, die Unwerte aber vereinbar. Nun liegt offenbar hinter der Aristotelischen Konzeption – von Aristoteles noch nicht gesehen – der doch sehr einleuchtende Gedanke verborgen, daß wirkliche Tugend nur in der Vereinigung zweier Werte liegen kann. Läßt sich dieses Prinzip der Synthese nicht auch auf die von uns genannten höheren sittlichen Werte übertragen? Es wäre doch durchaus möglich, daß die Nächstenliebe z.B. und die Fernstenliebe sich genauso zu einer wahren Tugend vereinigen ließen wie Standhaftigkeit und Besonnenheit zur Tapferkeit. Bei den höheren Werten stünde dann eben die Synthese noch aus, die in den niederen Werten schon vollziehbar ist. Daß dem tatsächlich so ist, läßt sich zwar nicht beweisen, aber doch mit hoher hypothetischer Gewißheit dartun. Das Wertbewußtsein erfaßt eben die höheren Werte nur erst unvollständig, nur bis zu einer Stufe, auf der sie noch nicht rein sind, sondern Unwertmomente in sich tragen, die sich in den sogenannten Widerhaken (S. 212) zeigen. Unser Wertgefühl hat noch nicht das höhere Niveau erreicht, von dem aus es eine Synthese der Werte zu finden vermöchte, so daß diese noch isoliert einander gegenüberstehen und ihren tyrannischen Charakter (S. 212) hervorkehren können. Erst auf einer solchen bisher noch unerreichten Höhe des Wertgefühls (Zeichnung S. 229 rechts), auf der die Unwertmomente aus den Werten verschwänden, Überspitzungen, Widerhaken nicht mehr möglich wären, ließe sich die Synthese bilden. Auf einer solchen Höhe, so können wir uns vorstellen, wären ein Rechtssinn, der zugleich liebend ist, und eine Nächstenliebe, die zugleich auf das Fernste geht, genau so möglich wie jetzt etwa die Tapferkeit als Vereinigung von Standhaftigkeit und Besonnenheit. Zu benennen, unserem Wertgefühl ansichtig zu machen, vermögen wir freilich diese Synthese der sich jetzt antinomisch gegenüberstehenden Werte noch nicht. Wir können sie nicht konstruieren. Aber wir können annehmen, daß das Wertgefühl des Menschen einmal dazu herangereift sein wird, sie zu erfassen.

Wir haben schon früher (S. 201) vom Wandel der Moral gesprochen. Wir verstanden darunter die Erscheinung, daß im Laufe der Geschichte immer wieder neue Wertgruppen in das Bewußtsein der Menschheit treten, daß immer wieder andere Werte bevorzugt werden und die Moral beherrschen. Wie es ein Reifen des individuellen Wertgefühls des Einzelmenschen gibt, so kann man auch von einem Reifen des Wertorgans der ganzen Menschheit sprechen. Es ist allerdings die Frage, ob das letztere »Reifen« als Fortschritt zu verstehen ist. Es besteht nämlich eine gewisse Enge des Wertbewußtseins, die zur Folge hat, daß dem Anwachsen des Wertbewußtseins, dem neuen Erfassen von Werten auf der einen Seite, auf der anderen Seite ein Verlieren, ein in Vergessenheit Geraten früher verstandener und geschätzter Werte entspricht. Immer, wenn eine neue Wertgruppe in das menschliche Leben eintritt, dann scheint es, als sei sie die alles beherrschende. Es läßt sich freilich auch eine Erweiterung der Enge des Wertbewußtseins aufweisen. Sie hat aber zur Folge, daß die Unmittelbarkeit und die Intensität des Wertbewußtseins abnehmen. Es verliert sich bei der Erweiterung des Wertblickes die Leidenschaftlichkeit und das Schöpferisch-Bewegende, das aus einem engen, einseitigen Wertgefühl entspringt.

Auf jeden Fall dürfte eine solche Erweiterung immer nur eine begrenzte sein. Denn es ist Tatsache, daß wir immer nur einen Ausschnitt aus dem Wertreich erfassen, für die übrigen Werte aber blind sind. Im Wandel der Moral wechseln nun die Ausschnitte. Der jeweilige für die Menschen einer Zeit gültige Wertblick bildet gewissermaßen einen Lichtkreis (M1 der Zeichnung) im Wertreich. Die Werte, die von ihm be-

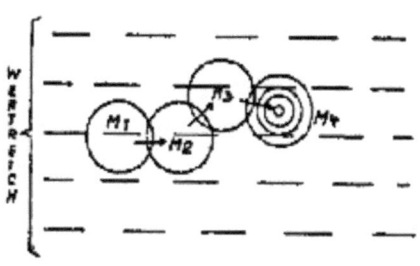

strahlt werden, sind die für das betreffende Zeitalter verbindlichen. In einer späteren Zeit, in der neue Werte entdeckt werden, alte aber verlorengehen, wird ein anderes Feld des Wertreiches von dem Lichtfleck erhellt (M2), und wieder eine Epoche später ist der Lichtkreis abermals an eine andere Stelle (M3) gerückt usw. Man kann also von einem Wandern des Wertblicks auf der Ebene der ansichseienden Werte sprechen. In diesem Bild spiegelt sich die Vielheit und Vergänglichkeit der Moralen. Man hat dieses Phänomen des Wanderns des Wertblickes auch Wertrelativismus genannt – in der irrigen Ansicht, die Werte selber vergingen und entstünden im Wandel der Moral, während sich in Wahrheit doch nur der Wertblick verschiebt.

Gegenüber dem verhältnismäßig fest umrissenen Kreis der von der ganzen Menschheit während einer Zeitepoche erfaßten Werte ist im Wertgefühl des einzelnen Menschen deutlich ein Wachstum festzustellen. Der Umfang des Kreises wächst stetig an (vgl. die konzentrischen Kreise in M4) bis zu den Grenzen, welche die Zeit ihm zieht.

Das große Problem des Wertrelativismus löst sich so ganz einfach. Das Aufgeschlossensein für neue Wertgruppen und das Abgeschlossensein für vergangene ist eine neue Moral. Mit dem Erfassen der Werte durch das Wertbewußtsein verhält es sich ganz anders als mit der theoretischen Erkenntnis. Das Wertbewußtsein verliert auf der anderen Seite wieder, was es auf der einen gewonnen hat. Die Erkenntnis aber, die denselben geschichtlichen Weg durch dieselben Jahrhunderte und dieselben Generationen geht, verliert nichts von dem, was in früheren Zeiten durch frühere Generationen aufgefunden worden ist, sondern sie nimmt alles auf, verwertet die alten Resultate und baut sie weiter aus. Wenn irgendwo im Bereiche des Geistes, so gibt es in der Erkenntnis den Fortschritt. Aus der Geschichte der Wissenschaften läßt sich das leicht und überzeugend erweisen. In der Moral aber gibt es diesen Fortschritt, dieses fortdauernde Aufspeichern von immer neuen Erkenntnissen nicht, und zwar deshalb, weil Moral eben nicht Wissenschaft ist. Die Ethik kann man zwar eine Wissenschaft nennen, sie ist die Wissenschaft von der Moral; diese selber aber ist etwas Lebendiges, und sie ist nur so lange eine positive Kraft, an der sich der Mensch orientieren kann, als sie fest im Menschenherzen sitzt. Wenn sie ihren Platz in der Menschenbrust verliert, stirbt sie ab, bleibt nur noch eine tote Moral, von der man zwar wissen kann, die man aber nicht mehr mitzuempfinden vermag. Das Wertbewußtsein ist kein theoretisches Bewußtsein, als das es alle früheren Moralen in sich bewahren könnte. Was Sokrates das Wissen um das Gute nannte, ist noch nicht das Wertbewußtsein des Guten. Wenn wir um das Gute wissen, dann handelt es sich um ein Erfaßthaben, ist es aber unserem Wertgefühl bewußt geworden, dann müssen wir von einem Erfaßtsein sprechen. Das Wertgefühl kennt das neutrale Erfassen nicht. Von einem Wert erfaßt zu sein bedeutet, daß man sich gedrängt fühlt, ihn im Leben zu verwirklichen, und daß man, wenn man diesem Drange nicht nachgibt oder den betreffenden Wert gar verletzt, die Stimme des Gewissens verspürt.

Von dem Gesichtspunkt des wandernden Wertblicks, in dessen Lichtkreis neue Werte treten, aus dem alte Werte wieder hinaustreten müssen, erhält das auf S. 228ff. behandelte Problem der Antinomik der höheren Werte noch eine weitere Aufhellung. Es war uns oben sehr naheliegend erschienen, daß die höheren Werte, die jetzt noch antithetisch einander gegenüberstehen, einmal, bei einem fortschreitenden Eindringen unseres Wertblicks in die Struktur der höheren Werte, sich vereinigen lassen würden. Wenn dieser Einblick und damit die Synthese der höheren Werte möglich sein würde, so bedeutete das nichts anderes, als daß das ganze Niveau des Wertblicks eine Etage höher hinauf verlegt würde. Auf diesem höheren Niveau würde unser Wertgefühl die jetzt als antithetisch angesehenen Werte als vereinbar erfassen und ihre Synthese vollziehen können – gemäß der tiefen Einsicht, daß die eigentlichen Tugenden erst die Synthesen sind und daß jeder Wert erst in seiner Synthese mit anderen Werten zu seiner wahren Sinnerfüllung kommt. Die Antithetik der Werte aber rückte zu den Unwerten ab und ließe sich an diesen dann genauso zeigen, wie sie jetzt schon bei den Unwerten, über denen sich die von Aristoteles aufgewiesenen Tugenden erheben, aufweisbar ist.

Neben der Frage: »Was ist das Gute, und wie erkennen wir es?« ist auch das Problem der Freiheit für die Ethik fundamental. Wir haben es schon des öfteren behandelt. Vor allem hatten wir schon (S. 78) auf Kants Erkenntnis hingewiesen, daß Freiheit nur im positiven Verstande möglich ist, daß also in das Reich der Erscheinungen, in dem wir uns bewegen, aus einer anderen Sphäre eine determinierende Macht hineinragt, welche, unabhängig von der kausalen Gesetzmäßigkeit der empirischen Welt, die Forderungen des Sittengesetzes verkündet. Mit dieser Kantischen Lösung der Kausalantinomie, die in der scheinbaren Gegensätzlichkeit von Kausaldetermination und Freiheit lag, sind noch nicht alle Schwierigkeiten des Freiheitsproblems beseitigt. Vielmehr liegt in ihnen noch eine zweite Antinomie, die Kant nicht gesehen und deshalb auch nicht gelöst hat, die erst Fichte sah, und die dann noch ein Jahrhundert geschlummert hat, bis sie in unserer Zeit von der neu erwachten Ontologie aufgegriffen worden ist. Der Wille muß keineswegs nur gegenüber den Kausalreihen dieser Welt frei sein – gegenüber den Geschehnissen, die durch ihn hindurchwirken, ohne daß er es weiß, sondern er bedarf außerdem eines Freiseins gegenüber den sittlichen Prinzipien selber. Wenn der Mensch wirklich Freiheit hat, dann muß er sich auch für oder wider jeden Wert entscheiden können. Diese zweite Freiheit, die der Mensch den Werten gegenüber haben muß, steht aber im Widerspruch zu der Kantischen Überdetermination, dem Plus an Determination, das uns in einer inneren Form unserer Vernunft gegeben ist. Das heißt also: Der Mensch braucht einerseits diese Bestimmung aus einer anderen Welt, diese höhere Determination durch die Werte. Denn allein durch sie vermag er frei zu sein; aufheben kann er den Kausalprozeß nicht, in den er verflochten ist, er vermag ihm nur etwas hinzuzufügen. Aber andererseits dürfen die Werte den Menschen nicht determinieren, denn das würde bedeuten, daß sie den

Menschen genau so bestimmten, wie die Naturgesetze den fallenden Stein. Freiheit wäre dann unmöglich.

Diese zweite Antinomie im Freiheitsproblem läßt sich auch noch in anderer Form herausstellen: Bei Kant ist die Instanz, welche die Sittengesetze gibt, dieselbe, welche die Forderungen dieser Gesetze vernimmt. Der reine Wille nur kann der sittliche Wille sein, und zwar gerade insofern, als er sich nach den von ihm gegebenen Prinzipien richtet. Wie vermöchte dieser Wille aber die von ihm selbst gegebenen Prinzipien zu übertreten? Daher erhebt sich die Frage: Wo bleibt die andere Instanz, die dasein muß, wenn wir dem Menschen wirklich Freiheit zusprechen wollen – eine Instanz, die sich für oder wider das Gesetz entscheiden kann? Diese andere Instanz ist bei Kant nicht zu finden. Der empirische Wille kann sie nicht darstellen, denn er ist völlig den Naturgesetzlichkeiten unterworfen. – Fichte hat diese Instanz gesehen. Er äußerte diesbezüglich: »Das Ich ist in der Wirklichkeit der Erscheinungen ein eigentümliches Leben, das da kann und auch nicht kann, ein Wollen gegenüber einem Sollen.« Das Wollen hat dem Sollen gegenüber Freiheit, kann sich für oder wider es entscheiden. Freiheit ist eben nur möglich zum Guten und zum Bösen. Wenn sich ein Wille nur auf das Gute richten kann, dann ist er nicht frei.

Noch in einer dritten Form, nämlich im Sollen selbst, läßt sich diese Antinomie aufweisen. Das Sollen, das in den sittlichen Geboten liegt, verlangt einerseits, daß ihm unbedingt entsprochen wird. Der Wille soll so sein, daß er gar nicht anders kann, als den Anforderungen der Werte Genüge zu leisten. Wenn er aber nun gar nicht anders kann, dann ist er doch eben nicht mehr sittlicher Wille; ein solcher setzt die Freiheit der Entscheidung voraus. – Das Sollen selbst ist also in sich zwiespältig. Deshalb wird die ganze Antinomie auch die Sollensantinomie im Gegensatz zur Kausalantinomie genannt. Einerseits heißt es hier: Du sollst unverbrüchlich so sein, andererseits aber: Du sollst nicht unverbrüchlich so sein, sondern dich jedesmal noch frei entscheiden.

Und noch etwas zeigt sich bei dieser Antinomie: Die Freiheit des Willens ist, wie Kant uns gelehrt hat, nur möglich im positiven Verstande. Wenn der Wille aber gegenüber den Forderungen der sittlichen Gebote die Wahl hat, sich entweder nach ihnen zu richten oder aber ihnen zuwiderzuhandeln, wenn er Entscheidungen zu treffen vermag, dann handelt es sich doch um negative Freiheit. Stellt man diese beiden Formulierungen einander gegenüber, so ergibt das auf den ersten Blick einen glatten Widerspruch. Wenn wir der Sache aber auf den Grund gehen, so erweist sich, daß es sich bei den beiden hier angeführten Momenten nicht um dasselbe handelt. Kant hat nie behauptet, daß der Wille dem Sittengesetz gegenüber positiv frei sein müßte, sondern nur dem Kausalgeschehen gegenüber. Vielleicht kann der Wille in doppeltem Sinn frei sein: Einmal positiv gegenüber der Kausaldetermination und zum anderen negativ gegenüber dem Sittengesetz. Das letztere ist deshalb möglich, weil das Sittengesetz keine reale Macht darstellt, wie etwa die Naturgesetze oder die Kategorien, sondern nur Forderungen ausspricht, nur gebrochen determiniert. Hier liegt in der Tat schon die Lösung der Antinomie. Gegenüber ein und derselben Instanz können sich negative und positive Freiheit natürlich nicht vereinen, wohl aber gegenüber zwei Instanzen.

Zieht man nun noch denjenigen Faktor, der diesen beiden Instanzen gegenübersteht, in Rechnung, so bekommen wir drei Instanzen:

1. die Kausalität und die ganze Reihe der Determinationen, 2. das Sittengesetz mitsamt dem Sternenhimmel von Werten und 3. die Person, die mitten im Weltlauf steht und die Entscheidungen fällt. 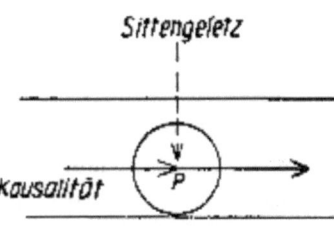 Auf die Person stoßen von zwei Seiten die Determinationen, und sie erfahren in ihr eine dritte Beeinflussung (s. Zeichnung).

Die Frage, wie diese positive, Entscheidungen fällende Instanz in uns aussieht, läßt sich nicht mit dem Aufweis eines einzigen Prinzips beantworten. Wir müssen für jeden Menschen ein eigenes Prinzip annehmen. Denn würden wir die Entscheidungen des Menschen auf ein allgemeines Prinzip zurückführen, so könnte nur diesem Schuld und Verantwortung zugesprochen werden, nicht aber dem einzelnen Menschen.

Wie aber nun diese jedem Menschen in besonderer Weise eigene Instanz des näheren beschaffen ist, darüber ist mit Sicherheit nichts auszusagen. Hier ist die Grenze dessen, was sich mit den analytischen Methoden der Psychologie, Philosophie, Soziologie und Geschichtsphilosophie ausmachen läßt. Man kann gerade noch sehen, daß es diese Instanz geben muß; denn sonst könnten die großen Probleme des Schuldigseins, des Verdienstvollseins und des Gewissens nicht bestehen. Auch gibt es, was ein besonderes Zeugnis für diese Instanz ist, einen gewissen Anspruch auf Verantwortung, der sich gerade auch im Schuldigsein in einem aufrechten Einstehen für die Tat zeigt. Und wenn im umgekehrten Fall ein notorisch Schuldiger sich zu entlasten versucht, indem er behauptet, nach bestem Wissen und Gewissen gehandelt zu haben, dann gibt er etwas vom menschlichen Wesen preis und erklärt sich selbst als sittlich unzurechnungsfähig. Deshalb ist überall da, wo wirkliche Schuld vorliegt, die Grenze der »Entschuldigung«. Das Wort »Entschuldigung« meint ein Absprechen der Schuld; das aber würde die sittliche Entmündigung der Menschen bedeuten. Deshalb kann ein Schuldiger seine Mitwelt lediglich darum bitten, ihm zu verzeihen. »Verzeihung« und »Entschuldigung« sollten auch im Leben stets unterschieden werden, denn die Ent-schuldigung erklärt den Menschen für ein nicht voll sittliches Wesen, sie degradiert ihn zum Tier, das so reagiert, wie es muß.

Wir können das Freiheitsproblem nicht bis zu Ende lösen. Es bedeutet schon sehr viel, dieses Problem durch zwei große Antinomien hindurchgesteuert zu haben. Zu verlangen, es ganz zu lösen, wäre eine übermenschliche Aufforderung, wie etwa die, den Weltursprung zu erklären. Nach Kant liegt hier eine transzendentale Zufälligkeit vor, in die wir nicht hineindringen können. Warum die Welt gerade so ist, wie sie ist, wissen wir nicht.

Es scheint allerdings, als sei dieses Wort von der transzendentalen Zufälligkeit noch nicht das letzte. Wir haben schon früher (S. 182) gesehen, wie auf Grund des Schichtenbaues der realen Welt das Freiheitsproblem durchsichtiger geworden war. Das, was wir Willensfreiheit nennen, erwies sich nur als Spezialfall derjenigen Freiheit, die sich in jeder höheren Schicht gegenüber der niederen aufweisen läßt. So wird es denkbar, was es mit der Willensfreiheit auf sich hat. Sie zeigt sich in diesem größeren Zusammenhang nicht mehr als ein so überaus erstaunliches und einzigartiges Phänomen, sondern sie steht in Parallele mit anderen rätselhaften Problemen. Wir verhalten uns zu ihr genau so, wie die heutige Physik zum Atominnern. Nur aus analytischen Methoden können Rückschlüsse gezogen werden, wie es im Innern des Atoms aussieht. Letzten Endes weiß der Physiker nicht, was Elektronen, Protonen und Neutronen sind, ob noch Korpuskeln oder Wellen oder Energiequanten. Auch der Tierpsychologe steht vor unübersteigbaren Hindernissen; er kann eben nicht in das Innere des lebenden Tierhirns hineingelangen und fühlen und empfinden wie das Tier selbst. Das Freiheitsproblem rückt in die Reihe derjenigen Tatsachen ein, die wir nicht bis in die letzten Dinge hinein zu übersehen vermögen.

5. Ästhetik

Die Probleme der Ethik führten uns in den Ernst des Lebens hinein. Treten wir nun in das Reich der Kunst, so gelangen wir damit in ein ganz anderes Gebiet. »Ernst ist das Leben, heiter ist die Kunst« – sagt der Dichter. Der Ernst, der auch in diesen Problemen liegt, ist zumindest ein ganz anderer.

Die ästhetischen Werte sind von eigentümlicher und hoher Art. Sie begegnen uns nicht nur in der Kunst – dasselbe Leben, das mit ethischen Werten getränkt ist, trägt unablässig auch ästhetische Werte an uns heran. Die Frage, ob nicht alle Dinge, die uns begegnen, auch ihre ästhetische Seite haben, ist durchaus berechtigt. Die Einordnung der ästhetischen Werte in das Wertreich, ihre Stellung zu den Güter-, Lust- und Vitalwerten und zu den ethischen Werten haben wir noch nicht ermitteln können. Wir wissen nur, daß sie ganz anders sind als diese und daß sie ein sehr weites Feld im Wertreich ausfüllen müssen. Denn nicht nur im Kunstschönen finden wir sie, sondern auch im Naturschönen. Deutlich und wirkungsvoll tritt uns das Schöne im Menschen entgegen – an ihm als Naturwesen, in der Schönheit seines Leibes, seines Antlitzes etwa, wie auch in seiner ganzen Lebenshaltung, seinen Taten und Erlebnissen, an denen wir selbst teilhaben oder die uns in konzentrierter Form der Dramatiker oder der Romanschreiber vor Augen führt. Auch das menschlich Kleine und Unzulängliche kann seine ästhetischen Reize haben, seine humorvolle, seine komische Seite, die man zu genießen vermag. Die ganze Welt – sofern sie das Vorzeichen des ästhetischen Wertes oder Unwertes hat – kann Gegenstand der ästhetischen Betrachtung werden. Freilich darf man die Welt und das Leben nicht nur von der ästhetischen Seite betrachten, wie der Ästhetizist, der allein nach dem Gesichtspunkt des Schönen urteilt und wertet, und dessen Leben spielerisch und unrealistisch wird.

Ein Hauptcharakteristikum der ästhetischen Werte liegt in folgendem: Sie sind nicht Werte, die uns mit Aufgaben belasten, an denen ein Sollen, eine Tendenz zur Realisation, zur Verwirklichung hängt. Keine Nötigung geht von ihnen aus, und keine Herabsetzung, wenn wir sie nicht erfüllen. Sie fordern nur den, der sie versteht, auf, sie zu genießen.

Im Altertum lehrte Platon die Identität des Guten, Schönen und Wahren. Diese In-eins-Setzung des Sittlichen, Ästhetischen und Theoretischen im Menschen ist aber sehr fragwürdig. Denn es ist hier ein deutlicher Unterschied stets zu empfinden. Er äußert sich schon in der geringen Determinationskraft der ästhetischen Werte. Hatten wir früher schon festgestellt, daß die ethischen Werte gegenüber der unbedingten Determination der Realkategorien nur gebrochen determinieren, so stellt sich jetzt heraus, daß die ästhetischen Werte noch schwächer bestimmen als die ethischen. Der bestmögliche Fall für die Stärke ihrer Determinationskraft liegt noch im Künstler vor. Wenn wir uns die Realkategorien, die ethischen und die ästhetischen Werte in der Reihenfolge von links nach rechts nebeneinanderstehend vorstellen (s. Schema), so müssen wir fest-

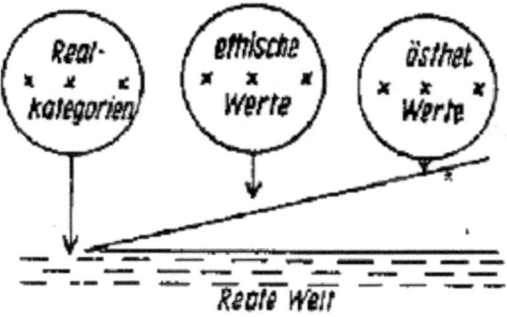

stellen, daß der Hiatus zwischen Werten bzw. Kategorien und Wirklichkeit nach rechts zu immer größer wird. Das ist verständlich, denn die ästhetischen Werte werden überhaupt nicht realisiert. Wenn ein Künstler gestaltet, so verwirklicht er nicht; er schafft vielmehr in einem gewissen Gegensatz zur Wirklichkeit. Der Künstler läßt nur erscheinen, er stellt dar. So stellen der Dichter und, noch plastischer und unmittelbarer, der Schauspieler ihre Gestalten und deren Schicksale dar, und so stellen auch schöpfender und ausübender Musiker – letzterer wieder in besonderem Maße – mittels der Musik, die irgendwie direkt das seelische Sein betrifft, dar. Die ästhetischen Werte werden also nicht realisiert, sondern gelangen nur zur Erscheinung.

Das ist freilich etwas sehr Merkwürdiges. Die Probleme des Ästhetischen sind zwar nicht Probleme des sittlichen Ernstes oder des Lebensernstes überhaupt, aber man kann sie deshalb nicht leichter lösen. Und wenn ganz allgemein eine philosophische Theorie ihr Kriterium darin findet, wieviel von den vorliegenden Problemen sie fassen und erklären kann, so gilt das auch im besonderen für die Ästhetik. Eine Theorie, die mit ihr nicht recht fertig zu werden weiß, wird wohl auch zur Erklärung der anderen Problemgebiete nicht taugen. – Nun haben auch allerdings in früherer Zeit viele Theorien die Ästhetik ganz außer Acht gelassen oder sich nur wenig mit ihr befaßt. Diese einstmalige Vernachlässigung wird daraus verständlich, daß die ästhetischen Probleme nicht solche Dringlichkeit wie etwa die sittlichen, sozialen oder wirtschaftlichen haben.

Wie sind uns eigentlich die ästhetischen Werte gegeben? Nach der Schelerschen Theorie der Werte muß es so sein, daß wir irgendein Wertgefühl für sie haben. Dieses Gefühl läßt sich in der Tat aufweisen. – Kant spricht in seiner Kritik der Urteilskraft, in der die Ströme der neuzeitlichen Ästhetik zusammenfließen, von zwei Formen des Bewußtseins, die wir den ästhetischen Gegenständen entgegenbringen und mit denen wir ihren Wert innerlich angezeigt finden: Lust und Wohlgefallen. Die Lust, die aus dem ästhetischen Eindruck entspringt, ist eine rein kontemplative, die nicht mit dem Begehren des Gegenstandes verbunden ist. Auch das ästhetische Wohlgefallen bedeutet das kontemplative Auf-sich-einwirken-Lassen. Schon in dem Wort »Wohlgefallen« kündigt sich wunderbar dieses Hervorgehobensein aus den Lebenszusammenhängen, das jedes bedeutende Kunstwerk in uns zustandebringt, an. Dieses Wohlgefallen ist nach Kant ohne alles Interesse, wie es etwa einem zu etwas nützlichen Gegenstande anhaftet, einem Ding, das als Mittel zu etwas in Frage kommt. Es ist auch ohne das moralische Interesse, ohne Verantwortlichkeit und ohne das Interesse am Besitz der Sache, am Habenwollen.

Mit den letzten Worten haben wir schon eine weitere charakteristische Eigenschaft des ästhetisch Wertvollen berührt. »Besitzen« und »Gehören« haben im Reich des Ästhetischen nicht den allgemein gebräuchlichen Sinn. Einem Millionär, der sich für eine Unsumme die auserlesensten Kunstwerke kauft, gehören – in ästhetischem Sinne verstanden – diese nie um des Geldes willen, sondern lediglich auf Grund eines Verständnisses für sie. In diesem Sinne kann man sagen: Ein Kunstwerk gehört jedem, der ihm das interesselose Wohlgefallen entgegenzubringen vermag. Dieses Gesetz des Besitzes – so kann man es nennen – ist ein rein geistiges Gesetz. Es ist ein Grundgesetz, das an der Schwelle der ganzen Ästhetik liegt. Es gilt nicht nur für die Kunstwerke, sondern auch für die Schönheit in der Natur, eines Waldes etwa, einer Gebirgslandschaft oder eines Sonnenunterganges, für die Schönheit am Menschen und im Menschen, in seinem Charakter und in der Art, wie er sein Schicksal trägt und gestaltet. All dieses Schöne gehört einem jeden, der einen offenen Blick dafür hat.

Eine weitere Bestimmung Kants besagt: Das dieses ästhetische Wohlgefallen Erregende hat allgemeine Gültigkeit – aber nur im Sinne einer subjektiven Allgemeinheit, d.h. es gilt für alle Subjekte, aber nicht für alle Gegenstände. Die ästhetischen Werte sind verschieden. An einer Symphonie z.B. sind sie ganz anders als an einem Selbstportrait. Was hier noch vergleichbar sein mag, ist sozusagen das allgemein Ästhetische, das Kategoriale. Die ästhetischen Werte aber sind überhaupt nicht zu verallgemeinern. In strengem Sinn genommen hat jedes Kunstwerk seinen individuellen und doch allgemeinen Wert – individuell ist der Wert, weil er an jedem Kunstwerk ein ganz besonderer ist, und allgemein, weil man annehmen kann, daß er in jedem Subjekt dieselbe Lust, dasselbe interessenlose Wohlgefallen auslöst. Dieser subjektiven Allgemeinheit ohne objektive Gültigkeit steht freilich noch das banale De gustibus non disputandum est entgegen. Wie soll diese subjektive Allgemeinheit zu verstehen sein, da doch gerade in der Beurteilung von Kunstwerken die Meinungen oft auseinandergehen?, so könnte man einwenden. Hierauf muß erwidert werden, daß es sich bei der subjektiven Allgemeinheit gar nicht um Gültigkeit für jedes beliebige Subjekt handelt, sondern nur für diejenigen, die für das Künstlerische aufgeschlossen sind, die das spezifisch ästhetisch Wertvolle am Kunstwerk wahrnehmen können. Und wenn es sich so verhält, dann ist diese subjektive Allgemeinheit gar nicht mehr rätselhaft. Dann ist es mit ihr wie mit allen Apriorismen. Auch die mathematischen Verhältnisse, z.B. sind nicht für alle Menschen auf allen Entwicklungsstufen verständlich.

Aller Apriorismus ist eingeschränkt – das ist gar nicht anders möglich und auch nicht anders nötig. Auch die wunderbare Allgemeingültigkeit der sittlichen Werte unterliegt einer Begrenzung. Der Streit um die subjektive Allgemeinheit der ästhetischen Werte ist nur darauf zurückzuführen, daß die Bedingungen, die zum Verständnis des Ästhetischen erfüllt sein müssen, viel mannigfaltiger sind, daß eine höhere Entwicklungsstufe verlangt wird, als auf anderen Gebieten. Manchen bleiben ganze Kunstgebiete völlig verschlossen. Oscar Wilde meinte, daß die Auserwählten hier diejenigen seien, denen schöne Dinge nichts anderes als schöne Dinge wären. Dieser Satz ist bestritten worden. Aber etwas Wahres ist an ihm. Zu der wirklich künstlerischen Einstellung gehört die Loslösung von der ganzen Aktualität des Lebens.

Eine weitere Bestimmung des schönen Gegenstandes sieht Kant in einer Zweckmäßigkeit für ein freies Spiel der Gemütskräfte in uns. Das Auftreten der ästhetischen Lust hängt daran, daß unsere Gemütskräfte durch den Gegenstand zum freien Spiel angeregt werden. Diese Bestimmung ergibt, für sich betrachtet, nur eine psychologische Theorie, in der allein die letzten Aufschlüsse über das Wesen des Ästhetischen nicht liegen können. Wie erklären wir uns es des näheren, daß es eine Lust ohne Interesse und von subjektiver Allgemeinheit gibt? Unter den modernen philosophischen Ästhetikern, die sich diese Frage wirklich gestellt haben und die sich klar darüber sind, daß es sich um Erscheinungswerte handelt, um Werte, die nicht verwirklicht werden, findet sich häufig die Antwort, es handle sich beim Schönen darum, daß wir einer Illusion unterlägen, daß etwas, was nicht wirklich sei, uns als wirklich dargestellt werde. Aber täuscht uns der Maler etwa vor, daß die Menschen dort, wo ich das Bild an der Wand hängen sehe, in Wirklichkeit da sind? Er tut es gerade nicht, und er bezweckt es auch nicht. An einem drastischen Beispiel läßt sich zeigen, daß es sich hier gar nicht um Illusion handelt. Wenn ein Schauspieler auf der Bühne einen Mord darstellt, täuscht er uns dann vor, daß wirklich gemordet wird? Kein Zuschauer könnte doch dabei ruhig sitzenbleiben und interessenloses Wohlgefallen empfinden!

Worin besteht nun eigentlich der Wert des Ästhetischen, wenn er nur in Erscheinung treten soll und dennoch nicht in der Illusion bestehen kann? In alter Zeit antwortete Platon darauf: das Schöne ist die Idee. Nach Platons Ansicht drückt jedes Ding irgendwie die Idee aus, nach der es geformt ist. Nicht alle Dinge sind in gleich hohem Maße der Idee ähnlich; diejenigen, aus denen die Idee am hellsten hervorleuchtet, sind schön. – Die Hauptsache ist in der Platonischen Formulierung noch verschwiegen. Sie tritt erst in der Neuzeit in einer Definition Hegels zutage: Das Schöne ist nicht die Idee selbst, sondern das »sinnliche Scheinen (heute sagt man ›Erscheinen‹) der Idee«. Im Schönen kommt eine Vollkommenheit zur Erscheinung, die wir sonst in der Wirklichkeit nicht finden. Sie muß so zur Erscheinung gelangen, daß wir sie anschauen können, daß wir sie mit unserer, die Sinnlichkeit nachbildenden Phantasie erfassen können. Auch der Dichter vermag diese Vollkommenheit erscheinen zu lassen, obgleich er sich direkt weder an das Auge noch an das Ohr wendet. Er bringt ein inneres Herausstellen der menschlichen Situation und Gestalten zustande. – Hier liegt ein fruchtbarer Begriff des Schönen, der eine ganze Reihe von Problemen nach sich zieht. Das Eigentliche ist aber nicht die Idee, sondern das »Scheinen«, das Erscheinungsverhältnis als solches.

Auf vier Wegen vermag die Analyse, die man anstellen kann, um dem Wesen des, Schönen auf den Grund zu kommen, vorzugehen; zwei führen über den Akt, zwei über den Gegenstand. Unter den am Akt hängenden Zugangsweisen unterscheiden wir die Analyse des ursprünglichen, des künstlerisch schaffenden Aktes von der des Aktes des Beschauens desjenigen, der vor einem Kunstwerk steht und es genießt, der das interesselose Wohlgefallen empfindet, das die künstlerische Anschauung von der wissenschaftlichen oder praktischen abhebt. Beide Akte sind jedoch miteinander verwandt. Denn der ein Kunstwerk Betrachtende muß den Schaffensakt nachvollziehen können, um es richtig verstehen zu können. Mit der Aktanalyse hängt wiederum die Analyse des Gegenstandes eng zusammen; denn das spezifisch Ästhetische, auf das die Untersuchung des Gegenstandes zielt, besteht ja nur für den, welcher die richtige Anschauung hat. Man kann an den ästhetischen Gegenständen einmal eine Analyse der ja hier ganz besonders gearteten Struktur vornehmen und zum anderen eine Analyse der ihnen anhaftenden, nicht zu verallgemeinernden Werte anstellen.

Die Analyse des künstlerischen Aktes hat von alters her die Gemüter am meisten gefesselt, obgleich sie am wenigsten verspricht. Gerade über dem künstlerisch schöpferischen Akt liegt ein tiefes Geheimnis. Nicht einmal der Künstler selbst kann sagen, wie er schafft. Er folgt einer inneren Notwendigkeit, einem harten Gesetz, und er kann dem in ihm nach Gestaltung Verlangenden nicht anders gerecht werden, als eben durch das Kunstwerk. – Als eher möglich erweist sich schon die Analyse des schauenden Aktes. Er beginnt, so kann man leicht feststellen, mit der Wahrnehmung; über dieser zeigt sich aber etwas ganz anderes. So erhebt sich z.B. erst über dem rein Akustischen eines Tonwerkes das Musikalische, das sich rein akustisch gar nicht mehr fassen läßt. – Der Wertanalyse ist wieder außerordentlich schwer beizukommen. Die Frage, worin der ästhetische Wert besteht, ist identisch mit der Frage, worin das Schöne besteht. – Die Ästhetik des 19. Jahrhunderts hat sich am meisten am aufnehmenden, schauenden Akt versucht und hin und wieder die Tendenz gehabt, den künstlerischen Akt zu analysieren. Zurückgeblieben ist dagegen die Analyse der Struktur des Kunstwerkes und damit auch die des Wertes.

Gerade die Analyse des Gegenstandes aber bietet einen Vorzug. Ist doch das Kunstwerk das am ehesten Greifbare, auf das sich die ästhetischen Urteile in erster Linie richten. – Wodurch unterscheidet sich nun eigentlich der ästhetische Gegenstand von theoretischen und praktischen Gegenständen aller Art? Als hervorstechendes Charakteristikum können wir feststellen, daß er in einen Vordergrund, der real gegeben ist, und einen Hintergrund, der irreal ist und auch nicht realisiert wird, sondern nur erscheinender Hintergrund ist, zerfällt. Diese Gliederung, diese Zweischichtung des ästhetischen Gegenstandes läßt sich in allen Künsten bis ins genaueste Detail aufweisen. – Halten wir uns ein Beispiel aus der Plastik vor Augen! Der Bildhauer, der eine laufende oder tanzende Figur darstellen will, kann das Material nicht beleben bzw. die Bewegung dem Material selbst nicht unmittelbar einprägen. Und doch ist durch das stillstehende Material, wenn es von einem

Meister geformt wurde, etwas anderes wahrnehmbar – eben die Bewegung, das Tanzen, Schreiten usw. Das heißt also: Die ästhetische Anschauung vermag über die erste Schicht, über das Reale, hinauszudringen und eine zweite, irreale Schicht zu erfassen. Bei der Statue eines Diskuswerfers ist real nur der Stein in seiner Geformtheit. Aber im Hintergrund dieser Realschicht sieht man die Bewegung, ja die ganze Lebendigkeit der Gestalt, das Spielen der Muskeln und vielleicht sogar das Seelische, die innere Anspannung, den Einsatz im Wettkampf. Und hinter dem engen Raum des Vordergrundes, in welchem der Stein unverrückbar steht, ahnt man die Weite der Walstatt, in die der lebendige Athlet seinen Diskus schleudert.

Suchen wir die Schichtung des Kunstwerkes in Vordergrund und Hintergrund in den anderen Künsten! In der Malerei ist sie leicht auffindbar. Vordergrund sind die Farbflecken auf der Leinwand. Die Kunst des Malers aber bewirkt, daß hinter dieser vorderen Schicht eine ganz andere Räumlichkeit sichtbar wird, als die, in der sich das Bild real befindet, z.B. eine Landschaft.

Es besteht nun, so können wir ganz allgemein für alle Kunstwerke aussagen, eine Abhängigkeit zwischen Vordergrund und Hintergrund. Letzterer erscheint nur in dem künstlerisch eigentümlich geformten ersteren. Für das Auffassen, das Genießen des Ästhetischen ist die Wahrnehmung des Vordergrundes, z.B. in der Malerei das Erfassen der Fläche mit den Farbflecken, eine unerläßliche Vorbedingung. Erstaunlich ist hier, was der Künstler alles hinter dem Vordergrund erscheinen lassen kann. Nicht nur Lebewesen in ihrer vollen Lebendigkeit vermag er zu zeigen, sondern auch das Seelische seiner menschlichen Gestalten, ja sogar die höchsten geistigen Gehalte kann er mit ausformen. Das Abhängigkeitsverhältnis zwischen Vorder- und Hintergründigem, in dem die großartige Gestaltungsmöglichkeit des Künstlers begründet liegt, erweist sich bei näherer Betrachtung als kein einzigartiges – und das macht die wunderbare Gestaltungsfähigkeit des Künstlers verständlicher. Wir finden das Abhängigkeitsverhältnis mitten im Leben als eine Selbstverständlichkeit. Der Charakter des Menschen vermag nur am Äußeren in Erscheinung zu treten. Irgendwelche äußerlichen Zeichen verraten uns das Innere. Meist ist es bei diesem Verhältnis sogar so, daß wir das Innere, das wir durch das Äußere hindurch gesehen haben, eher und länger behalten als letzteres, weil es eben das uns eigentlich Interessierende ist.

Im Gegensatz zur Plastik und Malerei, die Raumkünste sind, ist die Dichtung eine Zeitkunst. Wenn wir uns ihr jetzt für einen Augenblick zuwenden, dann wollen wir dabei von dem besonders schwer analysierbaren Sein eines lyrischen Gedichtes absehen. Leichter ist das für alle Kunstwerke Charakteristische am Epos, am Roman und am Drama zu sehen. Der Vordergrund ist hier zunächst nur das Schwarz auf Weiß, der Druck auf dem Papier. Erst wenn man den Sinn der Buchstaben, Worte und Sätze erfaßt hat, wenn man verstehend liest, d.h. den Sinn der Zeichen wiedererkennt – das griechische Wort anagignóskein drückt dieses für das Lesen charakteristische Moment treffend aus –, erst dann gelangt man auf die Ebene, auf der einem eine Welt der Gegenständlichkeit erscheint. An die Stelle der direkten Vermittlung durch das Auge in Plastik und Malerei tritt in der Dichtung die Kraft unserer Phantasie, welche die Szenen gegenständlich vor uns erstehen lassen muß. Und erst hinter dieser schon erscheinenden Gegenstandswelt tritt das hervor, wovon die Dichtung eigentlich handelt: Personen und ihre Erlebnisse, Situationen, in welche die Menschen hineingeraten, die besondere Art, wie sie in ihnen reagieren und dabei ihr Inneres zeigen. Das erfaßt unser Blick durch die vorderen Schichten hindurch, ohne daß es uns Mühe kostete. Daß es uns plastisch erscheint, ist die Kunst des Dichters. Dieser kann uns gegenüber geradezu das Verhältnis einnehmen, daß er uns in die seelischen Tiefen des Menschen an Hand der von ihm gezeigten irrealen Gestalten hineinführt. Und wir können dann manches von dem, was er uns kennen lehrte, im wirklichen Leben wiedererkennen. So vermag uns der Dichter auch ein ganzes vergangenes Zeitalter, das wir in der Realität niemals betrachten könnten, vor Augen zu führen, erscheinen zu lassen – niemals aber zu verwirklichen.

Etwas Besonderes hat es noch mit dem Drama, sofern man es nicht nur als Lesedrama betrachtet, auf sich. Es ist nämlich auf eine zweite Kunst, die des Schauspielers, angewiesen. Der Schauspieler dichtet das Drama gewissermaßen zu Ende, indem er sich in die dem Dichter vorschwebenden Gestalten hineinversetzt und sie darstellt. Dazu gehört allerdings eine gewisse Kongenialität mit der Person, die dargestellt werden soll. Nur wenn aus deren Geist heraus gespielt wird, dann ist es dem Schauspieler möglich, die eigene Person so in den Dienst der anderen zu stellen, daß diese wirklich sichtbar wird. Auf dieses Sichtbarwerden, »auf das sinnliche Scheinen (Erscheinen) der Idee« kommt es auch hier an, nicht auf die Idee selber, auf das Allgemeine als solches. Letzteres kann nicht schön sein: zur Schönheit gehört immer die konkret sinnliche Erscheinung. Man kann sich im Ästhetischen nicht über das Sinnliche erheben, wie es etwa der Neuplatonismus wollte, der die reine Idee für noch schöner als die Dinge hielt.

Widerspricht nun aber nicht die Schauspielkunst dem Gesetz, daß der Hintergrund nur erscheint und nicht realisiert wird, daß es keine Realisation in der Kunst gibt? Realisiert der mimische Künstler nicht doch all das, was im geschriebenen Drama nur erscheint? Diese Frage muß man verneinen. Die Gestalten zwar, die auf die Bretter treten, sind real, aber nur als Schauspieler; sie sind nicht wirklich König Lear, Hamlet oder Faust. Auch real sind zwar die Gesten und die Worte der Schauspieler, nicht aber ihre Gefühle und Leidenschaften. Letztere werden nur gespielt. Jeder Zuschauer ist davon überzeugt, daß eine im Schauspiel vorkommende Bedrohung von Leib und Leben nicht real ist, denn sonst vermöchte er sie nicht ruhig zu ertragen. Zuschauer und Schauspieler sind während des Spiels dieser realen Welt entrückt, und sie werden, wenn das Spiel geendet hat, wieder in sie zurückgerückt. Dieses Entrücktsein ist überhaupt das Wesentliche – nicht nur in der Schauspielkunst, sondern auch in allen anderen Künsten. So ist z.B. in der Malerei und der Plastik der hintergründige Raum, in den ich hineinsehe, ein ganz anderer als der, in dem ich und das Bild oder die Plastik einander gegenüberstehen, und daher ist jener Raum aus diesem hinausgerückt. Dieses Entrücktsein, das sich nicht nur auf die ästhetischen Gegenstände, sondern auch auf uns selbst bezieht, ist es, was wir an der Kunst als so wunderbar empfinden. – Auch der Schauspieler durchbricht also das Erscheinungsverhältnis nicht. Er bewirkt nur, daß zum realen Vordergrund etwas mehr gehört: die Gestalten auf der Bühne, die

Gesten, das Wort. Irreal aber bleiben die innerlichen Verstrickungen der Helden, Schuld und Sühne, Hassen und Lieben usw.

Waren die Verhältnisse in den bisher behandelten Künsten ziemlich leicht zu überschauen, so finden sich demgegenüber in Musik und Architektur, die man unter dem Namen der nichtdarstellenden Künste zusammenfaßt, einige Schwierigkeiten. Während sich das von Malerei, Dichtung und Plastik Dargestellte irgendwie in Worten ausdrücken läßt – ein Bild, eine Plastik lassen sich beschreiben, man kann das Thema eines Dramas, eines Romans in Worte fassen – ist das bei Musik und Architektur nicht ohne weiteres möglich. Jedoch läßt sich auch hier eine Scheidung in Vorder- und Hintergrund durchführen. In der Musik ist lediglich das, was rein akustisch vernehmbar ist, Vordergrund. Dann erst erscheint das Musikalische, erscheint eine Einheit, die akustisch nicht mehr zu fassen ist. Einer solchen Einheit liegt z.B. das zugrunde, was man einen Satz nennt. Jeder Satz – eine Sonate etwa hat vier Sätze – bringt ein eigenes Thema in eigener Durchführung. Das Musikalische zieht langsam an uns in der Zeit vorüber wie die Handlung in einem Roman. Rein akustisch wird man immer nur wenige Takte präsent haben, aber darüber baut sich eben eine Einheit auf, die noch da ist, wenn das Hörbare schon verklungen ist.

Hinter dieser Einheit taucht noch ein Weiteres auf, das man populärerweise das Eigentliche der Musik genannt hat: ihr seelischer Gehalt. Es erscheint zunächst rätselhaft, wie sich der seelische Gehalt in einem so ganz andersartigen Material ausdrücken läßt. Es ist aber nicht rätselhafter als die Frage, wie sich z.B. Schicksal und Charakter in

Worten und Sätzen ausdrücken können. Die Musik ist eben eine Art von Symbol für das Seelische, und vom Symbol läßt sich in gewissem Sinne sagen, daß es das, was es ausdrücken soll, um so vollkommener wirklich auszudrücken vermag, je unähnlicher es ihm ist. Trotzdem ist in gewissem Sinne die Musik dem Seelischen auch homogen. Das wird deutlich einsichtig, wenn man sich überlegt, wie sich das Innere, das Ich, mit seiner Gefühls- und Stimmungswelt, seinem Wollen, seinem Lieben und Hassen von der Außenwelt der Dinge und dinglichen Geschehnisse unterscheidet. Das Seelische hat nirgendwo die krassen Konturen des Dinglichen, es hat keine Räumlichkeit – kurz gesagt, nichts, was den Dingen vergleichbar wäre. Das Bewußtsein ist nach einer Wendung Husserls ein einziger Strom, in dem alles fließt, sich tausendfach abtönt und dann wieder ineinanderfließt. In ähnlicher Weise unterscheidet sich auch die Musik von der dinglichen Außenwelt. Andererseits gleicht sie dem Seelischen in ihrer Dynamik. Unsere emotionalen Akte verlaufen in einem An- und Abschwellen, das sich auch in der Musik findet. Die Töne werden bald stärker, bald schwächer und erklingen nacheinander in der Zeit, wie auch die seelischen Akte, dem Fluß der Zeit folgend, einander ablösen.

Neben der Musik ist auch die Architektur eine ungegenständliche Kunst – ungegenständlich insofern, als sie nicht darstellt. Wie in der Musik der Komponist das Inhaltliche, das er zum Ausdruck bringen will, in das Musikalische selbst hineinlegen muß und niemanden hindern kann, diesen Inhalt ganz anders zu verstehen, so gibt es auch in der Architektur keine eigentlich inhaltliche oder gegenständliche Thematik. Deshalb hat man auch die Architektur eine

Musik in Stein bezeichnet. Eine gewisse Analogie zur Musik wird z.B. spürbar, wenn man einen Dom betritt. Und doch unterscheidet sich die Architektur von der Musik in einem Punkt: Sie haftet am Praktischen, ist ohne Nutzanwendung nicht möglich. Ein Gebäude, das nicht zu einem gewissen Zweck errichtet wäre – es braucht nicht immer gebaut zu sein, um Wohnung zu sein, es kann auch einen religiösen Zweck erfüllen –, würden wir auch künstlerisch nicht verstehen.

Dieses Gewicht des Praktischen, das an der Architektur hängt, bietet hier, so könnte man sagen, ein gewisses Gegengewicht gegen die unbegrenzt erscheinende Freiheit des Spiels mit den Formen. Wie erklärt sich nun diese ganz besondere Freiheit im Reich des Ästhetischen? Wir hatten schon früher (S. 189) bei unseren Bemühungen, das ethische Sollen kategorial zu erfassen, dieses Problem berührt. Während wir im Ethischen ein Überwiegen der Notwendigkeit über die Möglichkeit feststellten – was aber nur eine Aufforderung, eine Nötigung, keinen Zwang zur Verwirklichung der Werte bedeutete –, ermittelten wir im Ästhetischen ein Hinausschießen der Möglichkeit über die Notwendigkeit. Daraus erklärt sich, daß die Kunst ein Reich der unbegrenzten Möglichkeiten ist. Der Künstler kann vor unsere Augen hinzaubern, was es gar nicht gibt. Er kann uns menschliche Gestalten in übermenschlichen Dimensionen vorführen, kann das Menschliche in die Reinheit und Größe seiner Leidenschaften und seiner Konflikte erheben. Während es im Reich der Ethik nur eine Notwendigkeit des Sollens gibt, eine Freiheit im positiven Verstande, könnte man in der Kunst umgekehrt dieses Offenstehen der Möglichkeiten, die nicht realisiert werden können – es sei denn in der Phantasie –, Freiheit im negativen Verstande nennen.

Die deutlich zu empfindende Freiheit des Kunstschaffens liegt in einer fundamentalontologischen Besonderheit der ästhetischen Gebilde begründet. Diese werden in ihrem spezifisch ästhetischen Gehalt nicht von allen erfaßt, sondern nur von denen, welche die Bedingungen dazu mitbringen. Das Reale an einem Kunstwerk wird von jedem wahrgenommen, der Augen und Ohren hat, das Erfassen des Ästhetischen an ihm setzt aber etwas anderes voraus. Wie wir schon wissen, gliedert sich das Kunstwerk in Vorder- und Hintergrund (s. Zeichnung). Der Vordergrund ist sinnlich wahrnehmbar. Zum Erfassen des Hintergrundes aber gehört noch ein Drittes, dasjenige eben, wodurch sich der, welcher das Phänomen des Entrücktseins an sich erfährt, von dem nicht künstlerisch Auffassenden unterscheidet. Dieser dritte Faktor ist ein geistiger. Ohne ihn ist ein Erfassen des Hintergrundes

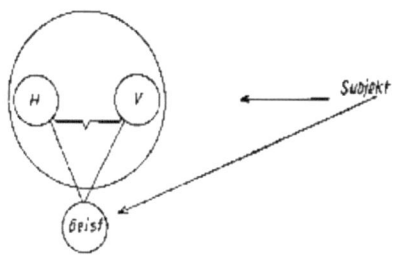

nicht möglich. Das besagt aber: was im Hintergrund erscheint, die Gestalten z.B., die der Dichter zeigt, besteht nicht an sich. Der ganze Hintergrund ist nicht da, wenn nicht Verstehende da sind, die dem Geist kongenial sind, aus dem das Kunstwerk geboren wurde. Eine solche kongeniale Geistigkeit kann in einem ganzen Volk oder einer ganzen Zeit liegen. Worin sie aber auch immer begründet sein mag, sie ist unerläßliche Vorbedingung, um den Hintergrund transparent durch den Vordergrund erschauen zu können. Nur sie bewirkt die Bindung des irrealen Hintergrundes an den realen Vordergrund, läßt ersteren vor unseren Augen erstehen.

Dieses Verhältnis ist nicht allein ein ästhetisches. Es eignet überhaupt allen kulturellen Erzeugnissen, die der Geist hinterläßt. Allerdings ist das Kunstwerk das stärkste Zeugnis vergangener Geistigkeit. Aber auch historische, philosophische, überhaupt wissenschaftliche Schriften und Briefe privater Art – um ihretwillen lernen wir die toten Sprachen – zeugen von dem Geist entschwundener Zeitalter. Diese Schriften erfordern zu ihrem vollen Verständnis neben der bloßen Sprachkenntnis einen in gewissem Sinn kongenialen Geist.

Was für eine Seinsweise hat nun ein Kunstwerk, z.B. eine Statue, die, jahrhundertelang von niemandem gekannt, begraben liegt, oder der Text einer antiken Komödie, die ein Zeitalter lang, von niemandem gelesen wurde? Von welcher Seinsweise – so ist vor allem zu fragen, und mit dieser Frage taucht ein echt ontologisches Problem auf – ist das Hintergründige an diesen Kunstwerken, sind z.B. die Gestalten der Komödien Menanders? Man wird wohl sagen müssen – was hier allerdings nur als Vorschlag zur Lösung dieses schwierigen Rätsels ausgesprochen sei –, daß sich nur der Vordergrund direkt erhält, dieser aber doch so geartet ist, daß, sobald ein dem Kunstwerk kongenialer Geist auftritt, der Hintergrund durch ihn transparent erscheint.

Ist es nun eigentlich wahr, was die Hegelsche Formel sagt, daß das Schöne »das sinnliche Scheinen der Idee« ist? Mit Recht hatte Hegel eine zu enge Formulierung, wie sie etwa in der Ansicht Platons, das Schöne sei die Idee selbst, zutage trat, abgelehnt. Schön kann ja nicht das nur denkbare Allgemeine, sondern immer nur das Konkret-Sinnliche sein. Die Idee bedarf, um erscheinen zu können, des sinnlichen Vordergrundes. Sie scheint durch ihn hindurch. Aber dürfen wir nun das, was im Hintergrund des Kunstwerkes erscheint, immer, wie es der Hegelschen Formel doch zu entsprechen scheint, als Vollkommenes bezeichnen? Es steht dort doch auch oft etwas, was gar nicht den Anspruch erhebt, vollkommen zu sein. Wenn auch vielleicht früher die Kunst vornehmlich das Vollendete, das Großartige darstellen wollte, wenn sich z.B. die Dramen alter Zeit um Könige und Helden drehten, so hatte der Dichter doch bald entdeckt, daß er Kaiser, Könige und Heroen nicht braucht, um das Tragische darzustellen, weil es sich in dem Schicksal anderer Menschen, das ebenso tief ist, genau so traurig und ergreifend findet, weil man ja auch dort auf die tragische Ausweitung der Konflikte, wie der Dichter sie nötig hat, stößt. Auch in der Malerei zeigt es sich, daß ihre hohen Werte in dem Alltäglichen genau so enthalten sind wie im Großen und Erhabenen. Ein Stilleben z.B. entbehrt des Großartigen und Gewaltigen und kann doch sehr wohl ein Kunstwerk sein. Das Vorurteil, das Schöne könne sich nur in etwas ganz Besonderem, Gehobenem und Vollkommenem darstellen, mag z.T. auf die Ansicht der Romantik zurückzuführen sein, das Schöne sei das Sichtbarwerden eines Unendlichen im Endlichen. Daß aber unbedingt ein Unendliches erscheinen muß, ist nicht einzusehen, es könnte doch ebensogut etwas Kleines, etwas Alltägliches sein. Es kommt nämlich letztlich für den ästhetischen Eindruck eines Kunstwerkes gar nicht darauf an, ob das im Hintergrund Erscheinende selbst erhaben oder gewöhnlich ist, denn das Schöne liegt nicht im Hintergrund allein, wie auch nicht allein im Vordergrund. Es besteht vielmehr im Ineinander von beiden, in dem besonderen Erscheinungsverhältnis, das zwischen dem irrealen Hintergrund und dem realen Vordergrund anzutreffen ist. Nicht am Hintergrund oder am Vordergrund allein hängt der ästhetische Wert eines Kunstwerkes, sondern am richtigen Verhältnis zwischen beiden, an der Adäquatheit des einen für den anderen. Es hat zwar eine ganz besondere Wirkung, wenn im Hintergrund des Kunstwerkes ein vollkommener Charakter, eine außerordentliche Persönlichkeit oder ein Heroe erscheint – nicht zu Unrecht hat man gesagt, daß Homer den Griechen nicht nur ihre Götter, sondern auch ihre Männer geschaffen habe –, aber diese Wirkung ist eine moralische und keine ästhetische, sie geht vom menschlichen Gehalt und nicht von der Schönheit aus. Die Schönheit besteht lediglich in der Fähigkeit des Künstlers, den Vordergrund so zu gestalten, daß der geistige oder seelische Gehalt, den er ausdrücken will, greifbar, plastisch vor den Augen des Betrachters erscheint.

Wie schon bemerkbar geworden sein wird, ist die Seinsweise des ästhetischen Gegenstandes schwer zu durchschauen. Kunstwerke sind der Vergänglichkeit unterworfen, da ihr Vordergrund zerstört werden kann und mit dessen Vernichtung auch der an ihn gebundene Hintergrund nicht mehr erscheinen kann. Man vermag nach der Vernichtung eines Kunstwerkes zwar noch von ihm zu reden, aber nicht mehr in seinem Genuß zu stehen. Deshalb kann man den Hintergrund eines ästhetischen Gegenstandes nicht zum idealen Sein rechnen, denn dieses ist der Vergänglichkeit entzogen. Daß es nicht möglich ist, das Kunstwerk in seiner Ganzheit in das reale Sein einzuordnen, hatten wir schon früher besprochen. Der Künstler realisiert nicht. Der ästhetische Gegenstand ist also weder real noch ideal, d.h. er gehört keiner der beiden primären Seinsweisen an. Es bleibt ihm nur eine sekundäre Seinsweise. Eine solche z.B. hat das Inhaltliche eines Gedankens. Doch auch dem Gedanken ist die Seinsweise des ästhetischen Gebildes nicht ähnlich, denn er ist ja immer an den Vordergrund gebunden. Der Gehalt des Kunstwerkes hat, so können wir nun feststellen, etwas vom Charakter der Idealität, aber es handelt sich lediglich um eine erscheinende Idealität, und er hat keine Realität und auch nicht erscheinende Realität. Die Idealität wird innerlich erschaut, sie ist nur für den da, der das Kunstwerk begreift. Durch die erscheinende Idealität wird der ästhetische Gegenstand herausgehoben, entrückt aus der realen Welt und wird hineingehoben in die ideale. Wie weit diese Entrücktheit gehen kann, dafür bietet das aufgeführte Schauspiel eines der besten Beispiele. Die Zeit, in der das Schauspiel abläuft, ist nicht die Zeit, in welcher die Vorgänge, die auf der Bühne vor sich gehen, ablaufen. Letztere kann Wochen, Jahre umfassen und in entfernter Vergangenheit liegen. Eine Zeitlichkeit erscheint hier also in der anderen, genau so wie bei einem Bild eine Räumlichkeit aus einer anderen hervortritt.

Mit der eigentlichen Seinsweise des Kunstwerkes hängen die merkwürdigsten Phänomene zusammen. Wir hatten schon erwähnt, daß ein Kunstwerk Jahrhunderte überdauern kann, in denen es nicht verstanden wird und unbeachtet irgendwo liegt. Eine andere problematische Eigentümlichkeit besteht darin, daß der Gehalt eines Kunstwerkes offenbar einem Wechsel unterliegt, daß ein und derselbe ästhetische Gegenstand nicht für jede Zeit und für jeden Menschen das gleiche bedeutet. Dieser Gehaltwandel findet sich eindrucksvoll z.B. in der Musik, die nicht schon dadurch da ist, daß sie vom Blatt gelesen wird, die vielmehr auf das Gespieltwerden, auf die Aufführung angewiesen ist. Wieviel kommt hier nicht auf die Auffassung an! – und diese ist, obgleich es sich immer um dieselbe Komposition handelt, in mannigfaltigen Variationen möglich. Es liegt geradezu im Phänomen des großen Kunstwerkes, daß es vieldeutig ist, daß es im Wechsel der Zeitalter, welches es überdauert, anders und wieder anders aufgefaßt wird. Besonders deutlich zeigt sich das an dem Gestaltwandel in der dramatischen Dichtung. Die Gestalten Hamlets, Wallensteins, Fausts und Mephistos bedeuten den mannigfaltigen Interpreten verschiedener Zeitalter immer wieder etwas anderes, und sie geben immer wieder etwas Neues her. Die einmal durch die Macht des Künstlers geschaffenen Gebilde wirken, da sie nicht bis zu Ende in die Erscheinung gebracht worden sind, weiter und weiter. Der Gehaltwandel des Kunstwerkes liegt in dessen Seinsweise begründet. Auch in den anderen, den bildenden Künsten, die nicht wie Musik und Schauspielkunst auf eine zweite, aufführende künstlerische Instanz angewiesen sind, zeigt sich der Wechsel der Auffassung. So gibt es auch hier Kunstwerke, mit denen die Zeit, in welcher der Künstler sie geschaffen hat, noch nichts anzufangen weiß und die erst von der Nachwelt verstanden werden. Und hier ist der eine ästhetische Gegenstand imstande, vieles herzugeben. Die Vieldeutigkeit ist in gewissem Sinn das Charakteristische für das große Kunstwerk, während das geringerwertige dadurch gekennzeichnet ist, daß es weniger hergibt.

Wir haben bisher nur von einer Zweischichtung des ästhetischen Gegenstandes – der Aufteilung in einen Vordergrund und einen Hintergrund – gesprochen. In dieser Zweiteilung ist aber die Seinsweise des Kunstwerkes noch nicht erfaßt. Es ist nicht nur eine Schicht, die hinter einem solchen Vordergrund sichtbar oder hörbar wird, sondern es sind mehrere. Der Hintergrund selbst hat eine Tiefe. Betrachten wir doch z.B. des näheren, was alles hinter dem Vordergrund eines Bildes, etwa eines Porträts, auftaucht! In einer ersten Schicht zeigt sich nur eine rein äußerliche Seite, das Dingliche des gemalten Menschen; es erscheint aber dreidimensional gegenüber der Zweidimensionalität des bloßen Vordergrundes. Als nächstes erst tritt die Lebendigkeit hervor. Aber auch sie ist nicht das Letzte. In ihr wieder erscheint ein seelisches Sein, ein menschliches Innere, das nicht malbar ist und dennoch so erscheint, wie es uns im Leben begegnet: durch die Gesichtszüge, die ganze Gestalt, die Haltung und die ganze Art des Sichgebens. Es kann sich weiterhin sogar etwas vom menschlichen Schicksal zeigen, das sich in die Gesichtszüge eingegraben hat und das z.B. Rembrandt in seinen Portraits so tief auszudrücken gewußt hat. Doch auch dieses Schicksalhafte, das im Bild in die erscheinende Idealität hinausgehoben wird, braucht noch nicht das Allerletzte zu sein. Über diesem vermag sich noch ein Allgemein-Menschliches zu erheben, das jeden von uns angeht und packt.

Wie weit nun die Vielschichtigkeit des Kunstwerkes, die im folgenden Schema dargestellt sein soll, geht, ist schwer zu sagen. Daß es sie aber gibt, läßt sich bei der Analyse der den einzelnen Künsten angehörigen ästhetischen Gegenstände deutlich analysieren. So erscheint z.B. in der Musik hinter der rein akustisch vernehmbaren Tonfolge eine Einheit, die nur noch unserem Innern vernehmbar ist. Dann taucht etwas Stimmungshaftes auf und dann das Seelische, das sich mit Worten kaum fassen läßt. Unsere Sprache, die ja nur äußerliche Vergleiche zur Hand hat, ist zu arm, um die unerschöpfliche Tiefe der inneren Welt ausdrücken zu können.

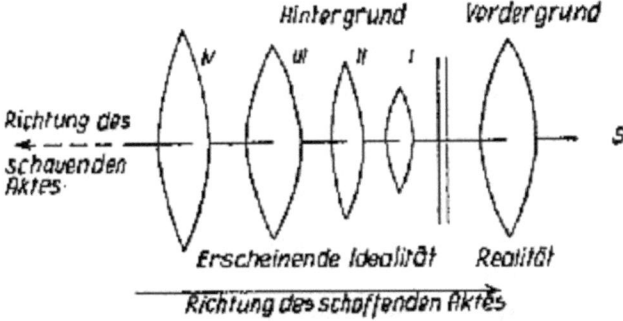

Auch in der Dichtkunst findet sich selbstverständlich dieses vielschichtige Verhältnis. Keineswegs geht der Dichter direkt von der Sprache, welche den Vordergrund bildet, zum letzten Gehalt des Kunstwerkes. Dann müßte er ja mit dem Werkzeug der Worte und Begriffe wie ein Psychologe gewissermaßen alles auf dem Tisch präparieren. Mit bloßen Begriffen aber und direkten Bezeichnungen könnte er uns nie in künstlerischer Weise in das Innere eines Menschen hineinführen. Der Dichter zwingt vielmehr die Sprache über die bloße Begriffsdeutung hinweg zu etwas ganz anderem. Er läßt die Menschen in Situationen gelangen, zeigt ihre Schicksale auf und stellt dar, wie sie sich in ihnen zurechtfinden. Er läßt sie sprechen und handeln. Wenn er ihre Stimmungen und Gefühle plastisch hervortreten lassen will, so gelingt ihm das nicht, wenn er diese direkt mit Namen und Begriffen bezeichnet. Aber er kann wohl z.B. eine Ungeduld greifbar vor den Augen des Lesers erstehen lassen, wenn er beschreibt, wie der Betreffende nervös hin und her läuft, mit den Fingern hastige Takte klopft oder vor lauter Ungeduld gar gegenüber seinen Mitmenschen ungerecht wird. So geht auch der Dichter von der Sprache zur rein dinglichen Erscheinung, dann zur Lebendigkeit, zur Art des Reagierens, in der wiederum das Seelische hervortritt, und weiter zum Schicksalhaften, zu den moralischen Konflikten bis zum Allgemein-Menschlichen.

In der soeben aufgeführten Schichtenfolge liegt, so wird uns erkennbar, so etwas wie eine Gesetzlichkeit des Ästhetischen. Diese nun besagt offenbar nicht, daß dasjenige, was wir künstlerische Form nennen, lediglich eine Sache des Vordergrundes sei, daß in diesem die Erscheinungen der tieferen Schichten schon mitgegeben wären. Es ist in gewissen Grenzen sogar umgekehrt. Der Dichter gestaltet doch von innen her, vom Schicksal und den Gestalten, die es tragen, von moralischen Problemen – er schafft, ganz allgemein gesprochen, von seelisch-geistigen Gestalten her. Das heißt, er gestaltet vom Hintergrund aus (vgl. Schema S. 265), denn sonst könnte der Hintergrund nicht im Vordergrund erscheinen.

Wir berühren hiermit das größte Geheimnis der gesamten Ästhetik: das Geheimnis der künstlerischen Form. Sie wäre leicht zu erklären, wenn sie nur daraus erwüchse, daß der Künstler (z.B. im Falle des Dichters) die Sprache in Reime, Strophen oder Satzperioden brächte. Aber sie besteht eben weder in der Form des Vordergrundes allein noch in der irgendeiner Hintergrundschicht allein, sondern nur in dem Ineinandergebundensein all dieser Schichten, so daß sie alle zusammen im Vordergrund zur Erscheinung kommen – immer unter der Voraussetzung, daß der Künstler vom Hintergrund aus gestaltet, weil dieser das Eigentliche ist, was zur Erscheinung gebracht werden soll. Das Schöne bleibt dabei aber immer an den Vordergrund gebunden. Wenn er nicht da ist, gibt es, weil ein sinnliches Erscheinen nicht mehr möglich ist, auch kein künstlerisch Schönes. Man hat lange darum gestritten, ob die Einheit der Form den großartigen Eindruck eines Kunstwerkes hervorrufe, oder – wie es die Ansicht Hegels war – ein an ihm erscheinendes Ideenhaftes. Beides ist falsch, weil die künstlerische Form nicht in einer einzigen isolierten Schicht liegt, sondern in einem Ineinanderstecken vieler Formen, vieler Schichten besteht, die ineinander erscheinen. Diese ineinander verflochtene Erscheinungsweise ist nicht weiter auflösbar. Deswegen läßt sich auch nicht sagen, wie die künstlerische Form im einzelnen aussieht und was es mit dem künstlerischen Schaffen des näheren auf sich hat.

Wenn so auch ein tiefes Geheimnis um den künstlerischen Schaffensakt zurückgeblieben ist – der Aufweis der Schichtenfolge am ästhetischen Gegenstand hat doch eine gewisse Aufklärung gebracht. Auch bei der Analyse des beschauenden Aktes ist uns die nähere Kenntnis von der Struktur des Kunstwerkes dienlich. Wenn man von ihr ausgeht, sieht man sofort, wie sich das ästhetische Schauen, die ästhetische Intuition, aufgliedert. Klar erkennt man das Phänomen des langsamen Hineinkommens in die Tiefe eines Kunstwerkes, dieses nämlich: daß man mit ihm und an ihm seelisch und menschlich und vor allem in seinem künstlerischen Auffassen wachsen kann, daß man sich immer tiefer hineinsieht – was nicht möglich wäre, wenn man alles auf einmal erfaßte. Das künstlerische Sehen ist keine einfache Schau, es setzt sich aus vielerlei zusammen. Es kann nichts ausgelassen werden, es ist kein Sprung möglich vom Vordergrund zum tiefsten Hintergrund. Ein Bewußtsein, das durch Überspringen zum letzten Gehalt eines Kunstwerks kommen zu können glaubt, wird in Wahrheit hohl. Wer die wahre künstlerische Auffassung nicht besitzt, gelangt freilich leicht in die Versuchung, sich mit leeren Begriffen zu behelfen, wie es etwa der Dilettant tut, der die gefällten Urteile der Kenner nachspricht und der vielleicht sogar glaubt, innerlich von der Sache erfaßt zu sein, wie es der Kenner war, welcher die ganze ineinander verflochtene Stufenfolge des Erscheinungsverhältnisses durchschritten hat. Diese Einstellung gibt es sehr oft, besonders überall da, wo etwas Neues auftaucht. Sie ist ein Epiphänomen, das menschlich ist. Wir lassen uns leicht von fertigen Urteilen täuschen und verlieren dabei den Überblick, wieviel wir wirklich selbst innerlich verarbeitet haben. Wo wir aber ein Kunstwerk ganz verstehen und in seiner Tiefe richtig auffassen wollen, da wird von uns gefordert, den langen Weg über jede einzelne Schicht aus uns zu nehmen.

Einen solchen Weg geht auch unser Verstehen im Leben diesseits des Reiches der Ästhetik. Wir Menschen, die wir einander gegenüberstehen, erfassen uns nur von Schicht zu Schicht. Durch das Sichtbare hindurch stoßen wir intuitiv auf das Lebendige, durch dieses sehen wir etwas vom seelischen Sein, und durch das Seelische wiederum die großen geistigen Zusammenhänge, in denen das Gegenüber steht. Es kann uns nicht wundern, daß wir hier auf dieselben Zusammenhänge stoßen, die wir am ästhetischen Gegenstande finden; denn es beruht ja alles auf einem Weltbau. Dieser ist, wie wir früher (S. 161ff.) ausführlicher dargelegt haben, ein geschichteter. Dieselben Schichten, die sich in der realen Welt aufweisen ließen, finden sich am Kunstwerk wieder und müssen vom Betrachter durchlaufen werden: zunächst eine (beim Kunstwerk vielleicht doppelte) dingliche Schicht, dann die der Lebendigkeit, dann die seelische und schließlich eine geistige. Deshalb ist das wirkliche Kunstwerk ein Gefüge, dessen Erfassen immer wieder die Durcharbeitung der Formung aller Schichten erfordert. Diese Formung ist in den einzelnen Schichten nicht dieselbe, sondern jedesmal eine andere, den Eigentümlichkeiten der betreffenden Schicht gemäß.

Kann man nun alle Kunst und alles Schöne im Leben durch diese Schichtenfolge erklären? Wo lassen sich denn, so könnte man fragen, in der Ornamentik, der man den künstlerischen Wert gewiß nicht absprechen kann, die mannigfaltigen Hintergrundschichten aufweisen? Und gibt es nicht auch gewisse Formen der Musik und Architektur, die aus dem Schichtenverhältnis herausfallen? Es hat Ansichten gegeben, die z.B. die Musik auf das rein Formale beschränken und ihr die Fähigkeit, irgend etwas darzustellen, absprechen wollten. So etwa hat Eduard Hanslick in seiner Schrift »Vom Musikalisch-Schönen« in rationalistisch-formalistischer Auffassung die Musik gesehen und sie als bloßes Spiel tönend bewegter Formen, das nicht thematisch zu nehmen sei, hinzustellen versucht. Durch Hanslick entstand eine scharfe Polemik gegen die Wagnersche Oper, in der nach Ansicht der Kritik das ganze Gewicht über die Musik hinaus verlegt worden sei. Wenn die Musik in der Wagnerschen Oper scheinbar doch etwas ganz außerhalb des Bereiches ihrer Ausdruckskraft Liegendes, z.B. Geschehen, Schicksalhaftes und menschliche Charaktere, auszudrücken vermöge, so liege das, so meinte man, nur an Wagners berühmter Zuordnung einzelner musikalischer Themen zu ganz bestimmten Gestalten. Nur auf assoziativem Wege, nämlich dadurch, daß beim Auftreten bestimmter Personen, bei gedanklichen Anklängen an sie immer wieder dieselben Motive aufklängen, erreiche die Wagnersche Oper ihre Ausdrucksfähigkeit; sie verfehle dabei aber das spezifisch Musikalische. – Es entstand dann eine Polemik um den ganzen Begriff der modernen Oper überhaupt. Das ist verständlich, weil die Verhältnisse in der Oper als einer vielfältig und hochkompliziert zusammengesetzten Kunst besonders schwer zu durchschauen sind.

Hinter diesem Streit steht eine wichtige Frage: Wie ist überhaupt das Verhältnis zwischen einer bestimmten Materie, in der etwas zur Erscheinung gebracht werden kann, und dem Inhalt, dem Gegenstand, der dargestellt werden soll? Läßt sich alles in jeder Materie, jeder Art des Vordergrundes, in Stein, in Farbe, in Worten oder Ton ausdrücken? Das eben ist nicht der Fall. Jeder bestimmte Gehalt erfordert einen bestimmten Vordergrund. Mit dem Vordergrundmaterial der Musik und in der Architektur läßt sich z.B. eine gegenständliche Thematik nicht ausdrücken. Die Grenzen freilich für das, was ausdrückbar ist, sind im allgemeinen nicht eng gezogen. Besonders in der Dichtung finden wir eine große Freizügigkeit, obgleich sie diejenige Kunst ist, die am wenigsten tief in das Sinnliche hinabsteigt, die das Sinnliche ohne direkten Appell an die wahrnehmenden Sinne erstehen läßt. Das Wort appelliert aber an die Vorstellungskraft der Phantasie. Und gerade weil der Vordergrund als Symbol dem Hintergrund als Symbolisiertem sehr unähnlich ist (vgl. S. 255), hat die Dichtung die Fähigkeit, uns bis in die letzten, ihrem Vordergrunde völlig heterogenen Schichten hineinzuführen.

6. Abschließende Betrachtung

Hiermit sei die Ästhetik zugunsten eines abschließenden Blickes auf einen größeren Problemkreis abgeschlossen. Wir wollen uns am Ende unserer Betrachtungen, die uns durch die grundlegenden und aufgeschlossensten Gebiete geführt haben und die uns immerhin – wenn auch auf die Rechts- und Religionsphilosophie verzichtet werden mußte und die Geschichtsphilosophie nur gestreift werden konnte – eine Einführung in das heutige philosophische Denken gegeben haben werden, noch einmal der Philosophie in ihrer Ganzheit zuwenden. Was kann man aus all dem, das hier vorgetragen wurde, lernen? Zum Teil wurde eine Antwort auf diese Frage schon früher angedeutet: Wir erkennen, daß die eigentlichen philosophischen Systeme ausgespielt haben. An sich sind sie schon seit der großen kritischen Arbeit von Descartes bis Kant, seit dem Auftreten der Frage nach der realitas objectiva, die schließlich von Kant mit der Deduktion der reinen Verstandsbegriffe entschieden wurde, nicht mehr möglich. Wir sehen, wie sie eines nach dem andern wie Kartenhäuser zusammenstürzen, wenn man an ihre unsicheren, unbegründeten Fundamente rührt. Wie konnten aber nun gerade nach Kant noch die größten Systeme auftauchen, die jemals gebaut worden sind? Nicht anders ist das erklärlich, als dadurch, daß damals die Erkenntnis der Gefahr, die eine Grenzüberschreitung für ernsthafte philosophische Arbeit mit sich bringt, nicht durchzudringen vermochte. Die häufigste Art einer solchen Grenzüberschreitung ist die, daß eine Kategorie höherer Art rückwärts nach unten gewandt wird und daß nach ihr die ganze Welt, z.B. teleologisch, gedeutet wird. Auf diese Weise erhält man freilich ein schönes Weltbild, an dem man sich ästhetisch erbauen kann. Aber gerade in der ästhetischen Wirkung, in der Bildhaftigkeit, liegt die Gefahr, daß ein solches Weltbild irrtümlicherweise für wahr gehalten wird. Kritisches Denken dagegen ist schwer, besonders wenn es gegen unser »metaphysisches Bedürfnis« (Schopenhauer) geht, das uns zu einer möglichst sinnvollen, übersichtlichen und günstigen Auffassung von der Welt treibt.

Nach einem Ausspruch Hegels ist das Weltbild, das wir Menschen uns in der Philosophie schaffen, das Bewußtsein der Welt. Die Bedeutung dieses Wortes geht über Hegels System hinaus. Die Philosophie ist zweifellos das Weltbewußtsein, in welchem der Mensch als in der Welt Stehender sich dieser und seiner selbst bewußt wird. Letzten Endes geht es ja um den Menschen und um sein Stehen in der Welt, und jede Philosophie ist eben ein Versuch, sich zum Bewußtsein zu bringen, was er als in der Welt Stehender ist. Die Philosophie ist nicht der einzige derartige Versuch. Auch Kunst und Religion tendieren auf ein solches Ziel. Deshalb findet auch für Hegel das Weltbewußtsein in der Philosophie nicht seine einzige, sondern nur seine höchste

Form. Auch in Religion und Kunst kommt es zu einem Bewußtsein von dieser Welt.

Das ist nicht selbstverständlich. Es mag nach den Voraussetzungen des Hegelschen Systems seine Berechtigung haben. Diese Voraussetzungen kann man jedoch nicht ohne weiteres anerkennen. Geht man vom Schichtenbau der Welt aus, so läßt sich aber eine solche Konsequenz auch aus gesicherter Grundlage ziehen. Der Punkt in dieser Welt, von dem ein Weltbewußtsein ausgehen kann, liegt in der obersten Schicht; dort handelt es sich um die Erkenntnis. Zu dieser zählt nicht nur die Begriffserkenntnis, die allein nicht zu einer Gesamtschau der Welt führen kann, sondern zu ihr gehören auch die Sinneserkenntnis, jede Form von Einsicht überhaupt, die Intuition. Die Erkenntnis bedeutet, daß es in unserem Geist eine Zuordnung zu der Welt und ihren Stufen gibt (vgl. Zeichnung). Der Zuwendung des Gebietes zu den einzelnen Schichten entsprechen bestimmte Wissenschaften, und zwar der Zuwendung zum Reich des Anorganischen die Naturwissenschaft, zum Reich des Organischen die Biologie und zum Reich des Seelischen die Psychologie. Die höchste Stufe erreicht der Geist da, wo er sich sich selbst zuwendet. Weil der Geist dies vermag, von sich selbst ein Bewußtsein haben kann, so ist hier tatsächlich die Möglichkeit eines Selbstbewußtseins der Welt gegeben. Wie Hegel ganz richtig gesehen hatte, findet es sich

in drei Formen: der Philosophie, der Religion und der Kunst. Es gibt keine Religion, die nicht den Anspruch erhebt, Weltanschauung zu sein.

Und auch die Kunst strebt zu einem Aspekt, in dem die Ganzheit der Welt irgendwie faßbar wird. Das Kunstwerk, das der Künstler schafft und der Beschauer genießt, ist notwendig individuell, ein einzelner Gegenstand. Nur dann aber ist es wirklich ein Kunstwerk, wenn in seinem Hintergrund etwas steht, das auf größere Zusammenhänge weist. In einzelnen großen Kunstwerken findet sich in besonderer Eindruckskraft ein weiter weltanschaulicher Hintergrund. Die meisten von uns werden vielleicht gerade in der künstlerischen Schau auf etwas stoßen, das sie sonst im Leben nur angesichts großer Schicksale erfahren. So stellt uns die Kunst Dinge gegenüber, die wir sonst nicht zu erschauen vermögen, deren letzte Tiefen aber, auch wenn sie die künstlerische Schau vor unsere Augen rückt, unserem Wissen nicht zugänglich werden. An dieses Letzte führt uns auch das philosophische Denken heran; hierin steht es der künstlerischen Schau und der religiösen Andacht nahe. Je tiefer wir aber in die ungelösten Rätsel hineinsehen, wie die Wissenschaft sie hinterläßt und die Philosophie sie aufgreift, um so deutlicher sehen wir einen irrationalen Rest der metaphysischen Probleme. Wir können ihm zwar näherkommen, ihn aber wohl nie ganz auflösen.

Personenregister

Abaelard 29
Aenesidemos 101f.
Albertus Magnus 29f.
Anaximander 15, 19, 65
Anselm von Canterbury 24f., 43, 81
Archimedes 34
Aristipp 95
Aristoteles 14, 19, 21, 23, 28f., 31, 33f., 47, 64, 86, 94, 100, 108, 120, 148f., 160, 183ff., 192ff., 197f., 207, 217, 224, 230, 235
Arkesilaos 101
Bacon, Francis 30, 41, 57
Bacon, Roger 30
Berkeley, George 51ff., 66, 69, 108f., 137
Bollnow, Otto Friedrich 214
Brahe, Tycho 36
Demokrit 31f., 38, 42, 106, 180
Descartes, René 33, 40ff., 50ff., 61, 63, 75, 82, 91, 96, 116, 127, 132, 165f., 178, 271
Driesch, Hans 52
Eckhart (Meister Eckhart) 28
Epikur 39, 192
Fichte, Johann Gottlieb 79, 95, 109f., 236f.
Galilei, Galileo 35, 40, 54, 61, 119
Gassendi, Pierre 39, 75
Geulincx, Arnold 44, 75, 97, 127, 131, 165
Goethe, Johann Wolfgang 46
Hanslick, Eduard 269f.

Hegel, Georg Friedrich Wilhelm *18, 82, 169, 248, 259f., 267, 272ff.*
Heidegger, Martin *144*
Hemsterhuis, Frans *222*
Heraklit *16, 120, 150*
Hobbes, Thomas *39*
Homer *261*
Hume, David *53ff., 61, 70, 136, 155*
Husserl, Edmund *98, 256*
Johannes Duns Scotus *28ff.*
Johannes Scotus Eriugena *21*
Kant, Immanuel *passim*
Karneades *101*
Kopernikus, Nikolaus *36*
Leibniz, Gottfried Wilhelm *26, 47ff., 60, 65, 67, 73, 75, 80, 99, 116, 128, 137, 160, 165, 178, 184, 186*
Lessing, Gotthold Ephraim *46*
Locke, John *49ff., 56, 136*
Mayer, Julius Robert *62*
Newton, Isaac *35, 37, 54, 122, 136*
Nicolaus Cusanus *26f.*
Nietzsche, Friedrich *150, 200, 203, 215*
Ockham, Wilhem von *30, 33f., 39*
Oresme, Nicolaus von *34*
Parmenides *15f., 115*
Platon *17-23, 29, 60, 94, 97f., 103, 115, 121, 138f., 178, 184, 193, 212, 242, 248, 260*
Plotin *20f., 23, 27f., 111, 179*
Pseudo-Dionysius Areopagita *21*
Rembrandt *264*

Scheler, Max 155, 157f., 200, 208, 218, 222, 244
Schelling, Friedrich Wilhelm Joseph 109f., 172
Schopenhauer, Arthur 25, 107, 272
Sextus Empiricus 101
Sokrates 18, 27, 95, 103, 215, 217, 219, 234
Spinoza, Baruch de 22, 27, 45f., 48, 75f., 97, 111, 121, 128, 159, 165
Thomas von Aquin 24, 27ff., 81
Wagner, Richard 269f.

Reihe »Intentio Recta«

Band 1
Nicolai Hartmann: Neue Wege der Ontologie, hg. von Thomas Rolf (Verlag: BoD - Books on Demand, 2024, 166 Seiten, 15 Euro, ISBN: 9-783-7597-1205-9)

Band 2
Nicolai Hartmann: Einführung in die Philosophie, hg. von Thomas Rolf (Verlag: BoD - Books on Demand, 2024, 277 Seiten, 20 Euro, ISBN: 978-3-759-76728-8)

[Weitere Bände in Vorbereitung]

Informationen zum Herausgeber:
www.thomas-rolf.de